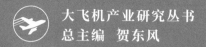

大飞机产业研究丛书
总主编 贺东风

挣扎与融入
英国飞机制造业和全球化

The British Aircraft Industry and American-led Globalisation

1943—1982

【日】坂出健 / 著
(Takeshi Sakade)

张 军
王 翮 / 等译

上海交通大学出版社
SHANGHAI JIAO TONG UNIVERSITY PRESS

内容提要

本书回顾了第二次世界大战后1943—1982年英国飞机制造业面临的困境和转型过程。通过梳理英美政府的相关原始档案,本书对所谓"英国飞机制造业在第二次世界大战后处于无可避免的衰落"的观点进行了批判,认为英国飞机制造业已经成功转型为美国主导的全球化体系中的重要角色。对于研究英国航空史,特别是对英国飞机制造史的读者而言,本书是很有价值的参考资料。

图书在版编目 (CIP) 数据

挣扎与融入：英国飞机制造业和全球化／（日）坂
出健著；张军等译. -- 上海：上海交通大学出版社,
2024. 12 --（大飞机产业研究丛书）. -- ISBN 978 - 7 - 313
- 31884 - 8

Ⅰ . F456.165

中国国家版本馆 CIP 数据核字第 20241JN973 号

挣扎与融入：英国飞机制造业和全球化

ZHENGZHA YU RONGRU: YINGGUO FEIJI ZHIZAOYE HE QUANQIUHUA

著　　者：[日] 坂出健(Takeshi Sakade)　　　　译　　者：张　军　王　翾 等

出版发行：上海交通大学出版社　　　　　　　　地　　址：上海市番禺路 951 号

邮政编码：200030　　　　　　　　　　　　　　电　　话：021 - 64071208

印　　制：上海万卷印刷股份有限公司　　　　　经　　销：全国新华书店

开　　本：710 mm×1000 mm　1/16

字　　数：297 千字

版　　次：2024 年 12 月第 1 版　　　　　　　 印　　次：2024 年 12 月第 1 次印刷

书　　号：ISBN 978 - 7 - 313 - 31884 - 8

定　　价：130.00 元

丛书编委会

学术顾问　余永定　林忠钦　路　风

总 主 编　贺东风

编　　委　张　军　王蒙蒙　张新苗　张小光
　　　　　　罗继业　彭英杰　王　翾　黄垚翀
　　　　　　阎　超　孔子成　王　璠　殷　瑛
　　　　　　李拥军　黄祖欢　孙志山　童　悦
　　　　　　屠方楠　何畏霖　刘美臣

译审团队

张 军 王 翾 殷 瑛 孔子成
孙畅驰 于凡超 周婉婷

总　序

飞翔是人类共同的梦想。从中国神话的列子御风、古希腊神话的伊卡洛斯飞天，到圣本笃修会僧人艾尔默的翅膀、明朝万户的火箭，人类始终未能挣脱地面的束缚。20世纪初，美国莱特兄弟驾驶自己制造的飞行者1号飞上天空，第一次实现了重于空气的动力飞行器可操纵、可持续飞行，人类文明一举迈入航空时代。从两次世界大战期间军用飞机大爆发，到和平年代商用飞机大发展，全球航空产业历经百年演进，孕育出大型客机（以下简称"大飞机"①）这一人类工业的皇冠。

大飞机的发展，是一部追逐梦想的不懈奋斗史。

几个世纪以来，无数科学家、梦想家、实践家用智慧、奋斗、奉献、冒险、牺牲铺就了人类飞天之路。从第一个开展飞行科学研究的达·芬奇，到开创流体动力学的丹尼尔·伯努利，从提出现代飞机布局思想的乔治·凯利，到首次将内燃机作为飞机动力的塞缪尔·兰利，经过前赴

---

①　大飞机这一术语并没有严格的定义。在本丛书中，学者们用到了商用飞机、民用飞机、大飞机等术语，商用飞机、民用飞机往往是相对于军用飞机而言的，民用飞机的概念相对宽泛，不仅包括航空公司用于商业运营的商用飞机，而且包括各种小型的民用飞机。大飞机一般指100座以上特别是150座以上的喷气式商用飞机。

后继的探索，经过两次工业革命的积淀，到 20 世纪初，飞机已经呼之欲出。继莱特兄弟之后，巴西的杜蒙、法国的布莱里奥、加拿大的麦克迪、中国的冯如、俄国的西科斯基，先后驾驶飞机飞上蓝天，将梦想变为现实。

百年来，从科学家、工程师到企业家，大飞机行业群星璀璨，英雄辈出。英国德·哈维兰研制了全球首款喷气客机，将民用航空带入喷气时代。美国比尔·艾伦领导波音公司推出波音 707、727、737、747 系列喷气客机，奠定了波音大飞机的霸主地位。法国伯纳德·齐格勒应用数字电传操纵和侧杆技术打造空客公司最畅销的机型 A320，奠定空客崛起的坚实基础。苏联图波列夫研发世界首款超声速客机图-144，安东诺夫推出世界上载重量最大、飞行距离最长的安-225 超重型运输机，创造了苏联民用航空的黄金时代。

大飞机的发展，是一部波澜壮阔的科技创新史。

天空没有边界，飞机的发展就永无止境。战争年代的空天对抗、和平年代的市场竞争，催动大飞机集科学技术之大成，将更快、更远、更安全、更舒适、更经济、更环保作为始终追求的目标，不断挑战工程技术的极限。飞机问世不久，很多国家就相继成立航空科学研究机构，科学理论探索、应用技术研究、工程设计实践、产品市场应用的紧密结合，使得飞机的面貌日新月异。

从双翼机到单翼机，飞机的"体态"愈加灵活；从木布、金属材料到复合材料，飞机的"骨骼"愈加轻盈；从传统仪表驾驶舱到大屏幕玻璃驾驶舱，飞机的"眼睛"愈加清晰；航空电子从分散连接到一体化高度集成，飞机的"大脑"愈加高效；飞行控制从机械液压到电传操纵，飞机的"肌肉神经"愈加敏锐；发动机从活塞式到涡喷式再到大涵道比、高推力的涡扇式，使人类的足迹从对流层拓展至平流层。现代经济高效、安全舒适的大飞机横空出世，承载着人类成群结队地展翅于蓝天之上，深刻改变了人类交通出行的方式,创造出繁荣的全球民用航空运输市场。

大飞机的发展,是一部追求极限的安全提升史。

安全是民用航空的生命线,"不让事故重演"是这个行业的基本准则。据不完全统计,20世纪50年代以来,全球民用航空发生九千余起事故,其中致命事故近两千起,造成六万余人遇难。事故无论大小,民用航空都会进行充分的调查、彻底的反思,一次次的浴火重生,换来一系列持续扩充、高度复杂、极为严苛、十分宝贵的适航条例,让大飞机成为世界上最安全的交通工具。今天,世界民用航空百万小时重大事故率低于1,相当于人的自然死亡率,远远低于其他交通工具,但仍然不是零,因此,确保安全永远在路上。

适航性①是大飞机的基本属性,不符合适航条例要求、没有获得适航认证的飞机,不允许进入市场。美国是世界上第一个拥有系统适航条例和严格适航管理的国家,美国联邦航空管理局(FAA)历史悠久,经验丰富,其强大的适航审定能力是美国大飞机成功的关键因素之一。1990年,欧洲国家组建联合航空局(JAA),后发展为欧洲航空安全局(EASA),统一管理欧洲航空事务,力促欧盟航空业的发展,为空客的崛起发挥了重要的支撑保障作用。我国自20世纪80年代以来,已逐步建立完备的适航体系,覆盖了从适航法规、航空营运到事故调查等民用航空的方方面面。今天,适航条例标准不断提升、体系日益复杂,不仅维护着飞行安全,也成为一种极高的技术壁垒,将民用航空显著区别于军用航空。

大飞机的发展,是一部激烈竞争的市场争夺史。

大飞机产品高度复杂,具有显著的规模经济性、范围经济性和学习经济性,促使飞机制造商努力扩大规模、降低成本。虽然大飞机的单价

---

① 适航性,指航空器能在预期的环境中安全飞行(包括起飞和着陆)的固有品质,这种品质可以通过合适的维修而持续保持。

高,但全球市场容量较为有限,相比智能手机年交付上十亿台、小汽车年交付上千万辆,大飞机年交付仅两千架左右,不可能像汽车、家电等行业容纳较多的寡头企业。大飞机的国际贸易成为典型的战略性贸易,各国飞机制造商纷纷以客户为中心、以技术为手段、以产业政策为支撑,在每个细分市场激烈角逐,谋求占据更大的国际市场份额。很多研制成功的机型没能通过市场的考验,而一款机型的失利,却可能将一家飞机制造商带向死亡的深渊。

20世纪50年代,波音707力压道格拉斯DC-8,打破了道格拉斯在客机市场近30年的垄断。60年代,波音747、麦道DC-10和洛克希德L-1011争雄,L-1011不敌,洛克希德退出客机市场。70年代,欧洲联合推出A300,在可观的财政补贴下,逐步站稳脚跟,空客公司成为大飞机领域的二号玩家。80年代,空客推出A320,与波音737缠斗数十年,而麦道MD-80/90在竞争中落败,导致企业于90年代被波音公司兼并。进入21世纪,加拿大庞巴迪力图进军大飞机领域,曲折艰难地推出C系列飞机并获得达美航空75架订单,引发波音公司诉讼而止步美国市场,遂将C系列出售给空客公司,彻底退出商用飞机领域。

大飞机的发展,是一部全球协作的产业变迁史。

早期的客机,技术相对简单、成本相对较低,有着众多的厂商。伴随着喷气飞机的出现,产业集中度快速提升。美国的马丁、洛克希德、康维尔、道格拉斯等一大批飞机制造商在激烈的厮杀中一一退出,最终仅波音公司一家存活。欧洲曾经孕育了一大批飞机制造商,如德·哈维兰、英宇航、达索、法宇航、福克、道尼尔等,最终或退出市场,或并入空客公司。今天,全球大飞机产业形成了波音、空客双寡头垄断格局,波音覆盖150~450座,空客覆盖100~500座,两家公司围绕全产品谱系展开竞争。在两大飞机制造商的牵引下,北美和欧洲形成两个大飞机产业集群。

在产业格局趋于垄断的同时,大飞机的全球分工也在不断深化。出于降低成本、分担风险以及争夺市场等方面的考虑,飞机制造商在全球化的时代浪潮下,通过不断加大业务分包的比例,建立和深化跨国联盟合作,形成飞机制造商—供应商—次级供应商的"金字塔"产业格局,将企业的边界外延到全球,从而利用全球的科技、工业、人才和市场资源。在此过程中,新兴经济体通过分工进入产业链的低端后,不断尝试挑战旧秩序,逆势向飞机制造商的角色发起了一次次冲锋。然而无论是采取集成全球资源、直接研制飞机的赶超战略,还是选择成为既有飞机制造商的供应商、切入产业链后伺机谋求发展的升级战略,以塑造一家有竞争力的飞机制造商的目标来衡量,目前成功者依然寥寥。

大飞机研制投入大、回报周期长、产品价值高、技术扩散率高、产品辐射面宽、产业带动性强,是典型的战略性高技术产业。半个多世纪以来,各国学者围绕大飞机产业的发展,形成了琳琅满目、浩如烟海的研究成果,涉及大飞机产业发展历程、特点规律、战略路径、政策效果等方方面面,不仅凝聚了从大量失败案例中积累的惨痛教训,也指引着通往成功的蹊径,成为后发国家汲取智慧、指导实践以及开展理论创新的重要参考。相比之下,中国的研究相对较少,可以说凤毛麟角。为此,我们策划了这套"大飞机产业研究丛书",遴选、编译国外相关研究成果,借他山之石以攻玉,帮助更多的人了解大飞机产业。

我们的工作只是一个开始,今后将继续努力推出更多优质作品以飨读者。在此,感谢参与本丛书出版工作的所有编译者,以及参与审校工作的专家和学者们,感谢所有人的辛勤付出。希望本丛书能为相关人员提供借鉴和启迪。

译者序

　　第二次世界大战（以下简称"二战"）结束后，曾经的日不落帝国——英国逐渐衰退，国家经济陷入持续性困境，各殖民地纷纷独立。随着 1968 年英国正式撤出苏伊士运河以东，帝国已经荣光不再。长期以来，学术界经常将这段历史视为英国无可避免的衰落。然而，这种衰落是否意味着英国工业的全面衰落？在这种历史进程下，英国飞机制造业是否也处于无可避免的衰落中？既有研究往往将英国飞机制造业视为二战后英国衰落进程的一部分，甚至整体上是失败的。本书《挣扎与融入：英国飞机制造业和全球化》对这种观点提出了批判性看法。

　　本书作者坂出健（Takeshi Sakade）是日本京都大学经济学院研究生院的副教授，发表过数篇有关英国航空史和飞机制造业方面的学术文章，并出版了研究英国飞机制造业与霸权兴衰的专著。本书正是他基于这些研究成果完成的。

　　本书的价值在于，作者参考了大量的英国和美国政府的原始档案，并结合当事人的回忆录和日记，通过对二战后英国航空史的梳理，描绘了英国飞机制造业转型的历史画卷，总结了英国航空产业政策的变迁逻辑。作者审慎地看待宏大的传统历史结论，重新检验每个历史细节的事实和影响,这些研究是读者了解二战后英国航空史的宝贵材料。同时,作者敏锐地从飞机制造业和发动机制造业两个视角统筹思考英国航空产业的发展,提出了许多具有创新性的观点。

在研究中,作者对所谓"二战后英国处于无可避免的衰落"的历史叙述提出了质疑。全书分为三个部分,每部分包括三章内容。第一部分以民用航空"布拉巴宗"项目(Brabazon Programme)为核心,介绍了1943—1964年英国飞机制造业的困境。第二部分以军用航空 TSR-2 战斗轰炸机项目为核心,介绍了 1964—1969 年英国飞机制造业的阵痛和转型。英国飞机制造业面临在美国和欧洲之间选择的困境。第三部分通过罗尔斯-罗伊斯公司(Rolls-Royce,以下简称"罗罗")的发展经历,介绍了 1968—1982 年英国飞机制造业在与美国的激烈竞争压力下,成功转型为美国主导的全球化体系中重要角色的过程。

影响一个国家飞机制造业发展的核心因素是国家综合实力。面对二战后英国综合实力的全面下降,英国飞机制造业的相对衰落是不可避免的。在这一点上,本书研究问题的答案似乎很明确。

成长于维多利亚时代的温斯顿·丘吉尔(Winston Churchill),带着日不落帝国的固有记忆,提出"三环外交"理念,希望在美苏两极格局中尽可能保持英国的国际影响力。"三环外交"也代表着战后英国飞机制造业发展的三条路径:研发国家自主项目、与美国合作以及参与欧洲合作。然而,覆巢之下岂有完卵。国家实力对飞机制造业的影响,很难由政治家的个人意志改变。1965 年,在沉重的经济压力下,英国首相哈罗德·威尔逊(Harold Wilson)先后决定取消 P.1154 战斗机、HS.681 运输机和 TSR-2 战斗轰炸机这三个英国自主研发的核心航空项目。这意味着"三环"中的第一环——本国自主研发已经名存实亡,只剩下与美国或欧洲合作两种路径。

此后,英国政府试图采取"骑两匹马"(ride the two horses)的策略,即与美国和欧洲同时保持航空合作。这一策略最终取得了成功。一方面,英国宇航公司(British Aerospace)重新加入欧洲空客联合体;另一方面,罗罗公司为波音公司提供发动机,巩固了世界航空发动机制造业三大公司之一的地位。到 20 世纪 80 年代,英国已经成为美国主导的全球化进程中的重要力量,英国飞机制造业成为美国飞机的重要供应商,并成功融入全球航空供应链,保持着强大的竞争力。

在本书这段历史叙事的尾声,1982 年英阿马岛战争爆发(英国称"福克兰战争")。不同于 68 年前福克兰海战时的意气风发,此时的英国早已衰落。但在国家威望和利益的推动下,英国政府不惜组织舰队远征马岛。由于战场远离本土,英军能够直接使用的固定翼飞机,只有 20 多架"海鹞"和"鹞"式飞机。这种亚声速飞机,原本并非为空战设计,但因拥有先进的垂直/短距起降(V/STOL)技术,承担起保卫整个远征舰队的重任。同时,为了威慑阿根廷,服役于 20 世纪 50 年代、已是垂暮之年的"火神"轰炸机不惜万里远征,对马岛上的阿军目标进行攻击。这次艰难却成功的军事行动,反映出二战后英国旧有飞机制造业的衰落和新兴飞机制造业的转型在美国主导的全球化体系中找到了自己的位置。这可能就是本书所研究问题的最终答案。

此外,作为一名日本人,坂出健教授在序言中也提到,希望英国飞机制造业的经验能够为日本的 MRJ 客机项目和 F-3 战斗机项目带来启示,这也是本书研究的现实意义。但在译者翻译本书时,日本三菱重工已经正式宣布放弃 MRJ 项目。日本飞机制造业似乎也走上了与英国类似的发展之路。不过,飞机制造业的发展路径并非只有零部件供应商模式,拥有较强综合实力和广阔市场的国家,仍然有机会走飞机自主研制模式。马岛战争结束 40 多年后,日不落航空帝国的余晖依然在远方映照,但新的力量正从东方的地平线冉冉升起。

英国飞机制造业和美国主导的全球化

坂出健是日本京都大学经济学院研究生院的副教授。他对英国制造业重心"从帝国转向欧洲"的说法提出了质疑。他认为，在二战后，跨大西洋关系（即美国与欧洲的关系）成为国际关系的关键所在。

很多人认为，在20世纪，英国制造业面临无可挽回的衰落，英国失去了工业霸权。但这种观点有些过于简单。事实上，在1945年之后的几十年里，英国为自己确立了一个新角色，即成为美国主导的全球化进程的关键参与者。英国不仅是欧洲市场的参与者，还成功地在全球市场中保留了关键份额，英国的国防工业在很大程度上也得以成功恢复。坂出健对关于英国衰落的争论进行重新分析，特别是关于战后高科技和国防工业基础衰落的问题。他以具有战略重要性的军用和民用飞机制造业为例，得出英国工业仍然相对强劲的结论。

本书对于研究英国航空和20世纪英国工业的历史学家来说，是一本有价值的读物。

序

　　"拿回自主权!"——这是英国脱欧派的战斗口号。英国最终成功退出了欧盟,其目标是重新获得被认为在 1973 年英国加入欧洲共同体(European Communities,EC)时失去的自主权和自决权(基本上是幻想)。尽管如此,更理性的英国脱欧支持者并未忽视一个事实:如此重大的举措将严重破坏英国与其最重要的经济伙伴之间的贸易和投资关系。事实上,英国脱欧对英国经济的许多领域都产生了威胁,那些最依赖国际联系的领域尤其危险,其中包括航空产业。英国航空产业在脱欧后必须应对诸多挑战,包括新的监管制度、因新冠疫情影响而加剧的出行限制,以及制造业关键零部件供应的不确定性。

　　甚至在公投之前,英国脱欧对英国经济和那些面临国际竞争的部门造成的不良影响就已经非常明显。尽管如此,脱欧支持者认为,现成的替代方案可以弥补脱欧造成的损失,特别是将希望寄托在与美国的关系上。尽管特朗普政府奉行"美国优先"的政策,但许多英国的脱欧人士援引了一段基本上是神话般的过去,即英国与美国建立了"特殊关系",英国成为美国处理全球事务方面的最重要伙伴。这让人回想起了所谓的冷战黄金时代,当时,英国巧妙地管理和应对了其核心联盟的

"三环"——美国、欧洲和英联邦。

但这种叙述轻易地略过了 1945 年之后的几十年，当时英国似乎正走上不可逆转的衰落之路。20 世纪五六十年代，欧洲重新崛起成为经济巨人，英国的经济增长率似乎无法与之匹敌。事实上，英国曾在 1956 年推动欧洲一体化的墨西拿会议上不体面地退出了欧洲经济共同体的谈判。与此同时，大英帝国的残余势力正在瓦解。1956 年的苏伊士运河危机打破了英国与美国之间所谓的自然利益共同体的信念，而 1968 年所谓的从"苏伊士运河以东"撤军实际上终结了英国在亚洲扮演重要角色的野心。在接下来的几十年里，当美国在越战影响、冷战代价和接连不断的经济危机中苦苦挣扎时，英国的幻灭感被一次次证实。英国经济的相对停滞和英镑的持续困境充分表明：这个昔日的超级大国出了问题。

20 世纪 60 年代，英国三次申请加入欧洲共同体正是这种形势的结果。前两次申请都被法国总统夏尔·戴高乐（Charles de Gaulle）羞辱性地拒绝。英国固然最终在 1973 年成为欧洲共同体成员，然而，英国的大部分政治机构、媒体和民众始终无法摆脱一种感觉：加入欧盟只是由于暂时的绝望而采取的权宜之计。因此，英国继续不安地坐在欧盟的众多席位之间，直到微弱的多数决定，通向未来的道路是回到过去。然而，一旦一些更为严酷的孤立现实变得清晰时，当英国脱欧尘埃落定、新冠疫情造成的特殊情况得到解决时，我们似乎可以预计，英国将继续寻求一个角色。

这种对二战后 20 世纪 50 年代至 70 年代英国历史的悲观解读，催生了大量由记者和学者撰写的文献，这些文献旨在探讨英国明显"衰落"的各个方面。例如，科雷利·巴尼特（Correlli Barnett）的《战争审计：英国作为一个伟大国家的幻想与现实》（*The Audit of War: The Illusion & Reality of Britain as a Great Nation*）（Macmillan，1986）等著作产生了重大影响。玛格丽特·撒切尔(Margaret Thatcher)的保守主义革命和托尼·布莱尔(Tony Blair)的"第三条道路"思想就是从这种衰落主义叙事中得到的启示,两位领导人都郑重表示其政策将扭转战后英国的惨淡轨迹。然而,戴维·埃杰顿(David Edgerton)[①]等学者反对这些决定论式的英国衰落史,他们认为,如此宽泛的历史回顾掩盖了英国社会和经济在许多领域确实正在实现现代化并仍然保持竞争力。

坂出健教授对1945年后英国飞机制造业的详细研究就涉及这个问题。这项研究基于英国和美国档案中大量未被研究的原始文件。坂出健教授详细追溯了英国航空航天业在民用和军用领域的发展,展示了在一个技术迅速创新和美国具有压倒性经济优势的时代,历届英国政府是如何试图通过谈判争取英国航空产业的生存和提高持续竞争力的。

二战后,英国飞机制造业规模庞大,约有70家飞机制造商,这些制造商的生存与否取决于能否进入全球市场并取得成功。然而,其中的许多制造商很快就挣扎于实现足够的销售量,而摇摇欲坠的英联邦使英国飞机制造业失去了一个享有优先进入权的市场。此外,英国的先进研发项目,如全球第一款喷气式客机德·哈维兰"彗星"(Comet)遭遇了制造问题,发生多起事故,严重影响了英国航空产业的声誉。当这些技术问题得到解决后,英国在商用飞机市场上的优势已经被波音公司和麦克唐纳·道格拉斯(以下简称"麦道")公司等美国巨头夺走。有前景的新飞机项目很难获得足够的订单,以具备商业可行性[②]。制造商

---

① 见埃杰顿最新著作"*The Rise and Fall of the British Nation: A Twentieth Century History* "(London, Allen Lane, 2018)。

② Devereux, D. R. (2021), "Jets across the Atlantic?: Britain and its civil aviation industry, 1945 - 63", *Journal of Transatlantic Studies*, 19, pp. 99 - 113.

曾试图说服英国的国有航空公司——英国海外航空公司（British Overseas Airways Corporation，BOAC）专门"购买英国产品"，但以失败告终。众多项目的取消削弱了英国航空产业的活力。对于许多依赖英国飞机制造商提供就业机会的地区来说，由此引发的裁员加剧了经济形势的严峻程度。

1957年，哈罗德·麦克米伦（Harold Macmillan）政府发布了著名的国防白皮书[①]，就是对这些艰辛的回应。保守党政府及国防大臣邓肯·桑兹（Duncan Sandys）试图迫使飞机制造业的民用和军用部门合并成规模更大、利润更丰厚的企业集团。随着时间的推移，仅有的两个主要制造商诞生：英国飞机公司（British Aircraft Corporation）和霍克·西德利航空（Hawker Siddeley Aviation）公司。此外，《桑兹白皮书》认为，研究焦点应该由过去的军用飞机转向火箭技术。然而，尽管在改革方面做出了这些努力，英国在随后的几年里还是被迫放弃了其他主要项目，包括TSR-2[②]战斗轰炸机[③]，一种先进的打击和侦察飞机。该机型仅有一架原型机进行了试飞。本书的主角之一、当时英国政府的首席科学顾问索利·朱克曼爵士（Sir Solly Zuckerman）的一句话捕捉到了当时那种非常沮丧的全景。据说，在调查了TSR-2的情况后，他打趣道："麻省理工学院一位教授的小指掌握的技术比整个英国工业界都多。[④]"

TSR-2的灾难开启了英国在航空领域的一种政策特征。英国当时面临这样的选择：要么与美国结盟，成为次级合作伙伴；要么与新兴

[①] Ministry of Defence，*Defence: Outline of Future Policy*，Cmnd. 124（London，HMSO，1957）（又称为《桑兹白皮书》）。

[②] 全称是战术打击、侦察飞机2（Tactical Strike and Reconnaissance aircraft-2）。

[③] 译者注：原文称为TSR-2战斗机，实际上该机被归类为战斗轰炸机或轰炸机。本书均改称为战斗轰炸机。

[④] Wood，D.，*Project Cancelled. The Disaster of Britain's Abandoned Aircraft Projects*，2nd ed.（HIS Global Inc.，1987），p.185.

的欧洲国家合作碰碰运气。"协和"飞机（Concorde）、空客（Airbus）或"多用途作战飞机"计划的"狂风"（MRCA Tornado）战斗机的研发对美国的主导地位构成了明显的挑战。"协和"飞机从未盈利，但它作为欧洲技术进步的象征引人注目。与此同时，空客已经发展成为美国巨头的强大竞争对手——但英国早就退出了空客联合体。

坂出健的书生动地说明了美国一直试图削弱来自大西洋彼岸的竞争者。美国官员经常以巧妙的方式让挑战者之间相互竞争。1964 年，英国成立了普洛顿委员会（Plowden Committee），谋划英国飞机制造业的未来。委员会的报告建议政府接受与欧洲和美国的合作。事实上，这是英国一段时间以来一直奉行的路线。因此，英国继续"双管齐下"，既参与美国主导的飞机制造业全球化，同时又有选择地与其他欧洲国家共同开展项目。其中一些项目非常成功，如 1979 年英国重新加入后的空客，帕纳维亚的"狂风"（Panavia Tornado）战斗机以及法英合资的"美洲虎"（Jaguar）攻击机。

坂出健的书追溯了这段痛苦且复杂的历史。该书密切关注英国政府内部的辩论，以及政府官员与外国同行和英国工业界代表的激烈讨论。坂出健阐述了英国如何解决各种各样的问题和困境，以及如何为自己开拓细分市场，从而使一些企业得以蓬勃发展。罗罗公司就是一个典型的例子。在 1966 年与布里斯托尔·西德利（Bristol Siddeley）公司合并后，罗罗公司成功地在全球飞机发动机市场上占据了很大份额。

本书表明，历史上很少有符合记者和历史学家所描绘的非黑即白的形象，因为通常他们都带有相当明显的政治色彩。相反，我们有必要对行政斗争、商业起伏、技术进步等细节进行深入研究，以了解各国如何把握本国产业和经济部门的未来。一方面是民族主义，关注所谓的自给自足和所有英国产品的优越性；另一方面是适应经济全球化的力量，在这两者之间存在许多中间路径。前方的正确道路往往是不明确的。战后英国的政治家不得不驾驭这些相互矛盾的力量。为了理解他们的选择，我们必须仔细研究外交记录。这正是坂出健教授在这本书中所做的。

这样的深入研究使观察者不至于对政策制定者的决策做出轻率的判断，因为政策制定者面临巨大的不确定性和艰难的选择。这些研究也为今天的政府提供了重要的经验教训。切实可行的政策很少来自对排他性意识形态的坚持，无论是对英国例外论的宣扬，对纯粹市场驱动的经济政策的完全接纳，还是对泛欧洲利益共同体的那种压倒一切其他考虑的愿景。事实上，最好的结果似乎往往产生于以一种开放的心态应付各种各样的政治选择，从而产生可接受的结果。

对于英国航空产业来说，英国的政策制定者必须从中吸取教训。纵观当前的英国政治，以及由夸大其词的头条新闻和喧嚣的民粹主义所主导的媒体格局，我们会发现，其中许多教训很快就会被重新吸取。毕竟，中国的崛起和航空领域对环境的影响等挑战，与该书所讲述的历史人物所面临的任何挑战一样严峻。

休伯特·齐默尔曼·菲利普斯（Hubert Zimmermann Philipps）

马尔堡大学

2021 年 5 月 11 日

前　言

　　这是一部军事史。在这个故事中,一个前霸权国家与一个新兴霸权国家在一个被称为"特殊关系"的表面上紧密的联盟背后展开了斗争。双方的焦点是极为关键的国防工业部门,特别是飞机制造业。最后,众所周知,不能说英国赢得了这场斗争。但或许,在漫长而疲惫的保卫行动中,英国最终还是拿出了一些有利可图的东西。或许英国在这场斗争中取得的成果和经验为脱欧后的某些优势埋下了种子。但这是另一个故事,不在本书所研究的时期内。

　　为什么一位日本研究人员会对英美航空航天的纠葛感兴趣?这个问题的答案与我十几岁时的个人经历有关。我早年的政治记忆之一是1976 年洛克希德公司的贿赂丑闻。田中角荣(Kakuei Tanaka)(1972—1974 年担任日本首相)因涉嫌收受贿赂,以便洛克希德公司向日本出售"三星"(TriStar)客机(配备罗罗公司的 RB211 发动机)而被逮捕。当我在邱园为这本书收集英国政府的文件时,我看到了爱德华·希思(Edward Heath)首相和田中首相之间引人注目的对话。希思在敦促日本购买"三星"客机时曾表示:"日本人可以像喝波旁威士忌一样便宜地喝苏格兰威士忌。"①当然,他说苏格兰威士忌指的是"三星"客机,劣质的波旁威士忌则是麦道公司的 DC-10。当时和现在,令我印象深刻的是,日本的最高权力人士似乎受到一家美国飞机制造商和一家英国航空发动机制造商合作联盟的支配,这一联盟还得到了英美两国高级政客的支持。我至今仍对二战后这些神秘的纠葛很感兴趣。

在我看来,第二个关键的事件是 1980 年美日 FS-X 战斗机危机。这是美日科技的危机。日本曾对一个独立的自主项目寄予厚望,却被迫采购与美国联合研发的战斗机(后来被命名为 F2)。日本记者担心地评论道,日本如果选择单打独斗,那么就有踩到老虎尾巴的危险。甚至在当时,年纪尚轻的我也意识到战斗机的研发和生产不仅是军事事业,也是民族自豪感的关键所在。

作为一名研究英国航空航天的研究生,我了解到英国的机型有着与 FS-X 相同的经历：TSR-2 于 1965 年被取消。事实上,TSR-2 的取消是我硕士论文的主题,也是本书第 4 章的重点。在写这本书的过程中,我的文字编辑,一位名叫亚历克斯·伯克哈特(Alex Burkhardt)的年轻英国历史学家给我讲了一个他年轻时的故事,这使我更加意识到战斗机生产与民族自豪感息息相关。亚历克斯在普雷斯顿附近长大,他朋友的兄弟在那里的英国宇航公司工作。在哈罗德·威尔逊(Harold Wilson)领导下的工党政府取消 TSR-2 项目之前,该工厂正是 TSR-2 的生产场所。项目被砍后,亚历克斯朋友的父亲——一个坚定的工党支持者,再也没有投票给该党。这个故事证实了我的猜测——这种研发项目可以超越经济利益,重塑政治认同。FS-X 危机也表明了这一点——这关乎民族自豪感。事实上,这是名古屋居民的骄傲,尤其是对于那些在位于名港的三菱重工(Mitsubishi Heavy

---

① TNA PREM15/1052，Second Talk Between the Prime Minister and Mr. Tanaka - At 3. 45 p. m. on 19th September 1972.

Industry)工厂工作的人更是如此。正是这家工厂研发并生产了零式战斗机(Zero fighter)。在二战期间,日本人驾驶该机型与美国飞行员在太平洋上空作战。这些确实是复杂的历史。

但英国取消 TSR-2 项目得到了什么? 从这里我们可以看出 20 世纪 70 年代英国制造业的活力。许多日本人一直认为英国历史上的这段时期是衰落和贫困的时期,是"英国病"的时期。按照这种解读,直到 1979 年撒切尔上台,这个病入膏肓的霸主才得以复苏。然而,本书讲述了关于这明显黑暗的几十年的另一个故事,一个关于坚韧、外交诡计和最终成功的故事。在 MRJ 客机的商业失败中受挫和期待 F3 战斗机研发的当代日本航空产业,或许可以从战后艰难的英国飞机制造业的经历中有所收获。

在我撰写本书时,我需要感谢的人有很多。齐默尔曼对本书初稿提出了犀利的评价。亚历克斯·伯克哈特的文字编辑提高了书稿的可读性。正是有这两位的合作和评论,我才能完成这个项目。戴维·埃杰顿对涉及英国近代史的内容提出了一些重要的建议。在将他的优秀著作《战争状态:英国,1920—1970》翻译成日语版的过程中,我对英国"衰落"争论有了初步了解。河崎信树(Nobuki Kawasaki)对我的研究提出了最尖锐的批评,但他也是最不可替代的支持者。藤木刚康(Takeyasu Fujiki)和筱原健一(Kenichi Shinohara)对该书日语版的评论是该书英文版的指路明灯。田康戈(Tian-Kang Go)的鼓励性建议让我决定出版英文版。阿斯利·M. 科尔潘(Asli M. Colpan)对第 7 章的解读使我得以从一个极其丰富的商业历史角度进行深入思考。日本美国经济史协会(American Economic History Association of Japan)的西川淳子(Junko Nishikawa)和同事们为我提供了一个坦率而富有挑战性的场合,让我介绍这本书的研究结果。武田展雄(Nobuo Take)、已故的尾崎义治(Yoshiharu Ozaki)、渡边尚(Hisashi Watanabe)和今久保幸生(Sachio Imakubo)一直在关注和支持着我的进步。最后,我的家人洋子（Yoko）、津名（Tsuna）、信（Shin）和我的母亲清子（Kiyoko）为我的研究提供了不可或缺的支持。

我还要衷心感谢京都大学经济学院、法学院和文学院的图书管理员们，也感谢那些一直为图书馆积累藏书的教授们，还要感谢国家档案馆、邱园、大学公园和丘吉尔学院档案中心的档案管理员，他们为我这样一位对欧洲档案缺乏经验的外国研究人员提供了巨大的帮助。

本书得到了京都大学基金和日本科学促进会（Japan Society for the Promotion of Science，JSPS）基金的支持。京都大学的约翰·蒙（John Mung）项目为我提供了在伦敦进行一年研究的机会。JSPS青年科学家资助项目（B）（18730231：2006—2007）、科研资助项目（C）（23530316：2011—2013）（17K03835：2017—2019）和京都大学研究发展计划（Kyoto University Research Development Program Ishizue）（2016）为我的研究提供了基础设施。包括佐佐木结（Yu Sasaki）在内的京都大学研究管理处（Kyoto University Research Administration Office，KURA）一直帮助我获得这些研究资金。

我想把这本书献给坂井昭夫（Akio Sakai）教授，是他教会了我关于国际政治经济学的知识，并鼓励我学习军事经济学——这是日本的一个小众领域。他曾对我说，预算和财务因素可以解释80％以上的国际政治经济学问题。通过专注于产业因素，我想我最终能够对剩下的20％进行研究。尽管如此，我希望我对二战后英国飞机制造业的研究不仅能有助于了解这一历史时期，还能够为构成国际政治经济学核心的预算、金融和产业维度的结合做出贡献。

坂出健

京都吉田

2021 年 5 月 1 日

1945 年后英国在欧洲和美国之间的"新角色"

我们如何才能最好地描述英国在二战后几十年的总体历史困境和方向？迅速崛起的美国霸权、欧洲一体化和大英帝国解体在这一时期扮演了什么角色？顾名思义，所谓的"衰落论者"认为，英国战后的历史是一个渐进的、不可逆转的衰落故事。在回答上述问题时，他们可能会指出几个严重危害英国经济复苏的因素，尤其是在经济领域。这些因素可能包括英国不愿完全接受新兴的欧洲共同市场、徒劳和自我损害的维持帝国地位的决心、与美国建立并不总是有益的"特殊关系"，以及持续的巨额国防开支。

本书重新研究了其中一些问题，并聚焦二战后几十年的英国飞机制造业，为战后英国经济和商业历史、产业政策、国际关系和安全研究做出了学术贡献。本书对 1945 年之后英国历史轨迹的描述与上一段关于英国的描述截然不同，其反衰落论的核心主题和论点如下：二战后，英国成功地构想并创造了自己的"新角色"，即成为美国的一个主要伙伴。二战后英国飞机制造业通过全力参与美国主导的全球化进程（而不是主要通过与欧洲的合作）取得了相当大的成功。

为此，本书追溯了历届英国政府的政策决定和商业运作，英国工业界和公共生活中的关键人物，以及一系列非英国行为者。正如我们将看到的，本书的一个重要主题是，英国官员在其忠诚和利益方面经常被欧洲和美国夹在中间。在本书所述的整个时期内，英国的决策者们在航天领域都面临在欧美之间开辟发展方向的压力。

自 20 世纪 50 年代以来，美国和欧洲航空产业之间的商业斗争日益激烈。本书展示了在此时期，英国航空发动机制造商罗罗公司是如何成为美国机体制造商的发动机供应商，而英国机体制造商英国宇航（British Aerospace，BAe）公司则被整合到欧洲的空客联合体，英国最重要的航空公司英国航空（British Airways，BA）公司成为美国波音公司的启动客户。所有这一切是否可以被视为背信弃义的英国对欧洲大陆缺乏诚意，以及英国决意两面讨好的进一步历史证据？鉴于英吉利海峡两岸的政策制定者目前都非常关注英国脱欧，这是一个很有吸引力的问题。

本书首先回顾了美国和英国飞机制造业争夺国际市场主导权的竞争过程，这一过程主要发生在二战结束至 20 世纪 70 年代的 30 年间。本书重点关注企业层面的竞争与合作动态。这 30 年见证了军用和商用飞机的推进方式从活塞式向喷气发动机的转变，以及其他引人注目的技术创新。在这场技术革命的背景下，本书将展示美国和英国飞机制造业之间是如何在商用和军用飞机领域展开竞争的。竞争最初是在英国具有喷气发动机技术方面总体优势的背景下出现的。事实上，美国"没有发明喷气发动机"[1]。二战即将结束时，美国学习了英国的发动机技术。本书的最终目的是解释这种最初的激烈竞争关系如何以及为何会促使英国与美国在生产上进行合作，而牺牲了与欧洲的密切合作。

---

① Giffard(2016，p. 235).

英国的"衰落"

通过评估二战后几十年里英国、美国和欧洲大陆之间错综复杂的关系,本书希望提出对英国衰落争论的新见解。自 20 世纪 70 年代以来,人们对 20 世纪的英国经济应该被定性为衰落主义还是反衰落主义一直争论不休。阐述衰落主义观点的著名书籍包括安东尼·桑普森(Anthony Sampson)的《英国的本质解剖:危机中的民主》(1992)、科雷利·巴尼特(Correlli Barnett)的《失去的胜利:英国梦,英国现实》(1995)和马丁·J. 威纳(Martin J. Wiener)等人的《英国文化与工业精神的衰落》(1850—1980)[1]。

这些书描绘了 20 世纪英国工业令人震惊的衰落景象。巴尼特对英国精英文化及其在衰落中所扮演的角色提出了严厉的控诉,而威纳同样指出了英国工业精神的日益衰落[2]。与此同时,汤姆林森(Tomlinson)对"巴尼特-威纳理论"[3]的解释特别关注了英国飞机制造业的弱点,尤其是与其死敌纳粹德国相比[4]。

这些著作对我们了解战后英国十分有益。这些书中提到的基本立场如下:由于坚守立场,英国不参与英吉利海峡对岸迅速推进的欧洲一体化运动,英国经济在二战后停滞不前。有人认为,英国在战后时期试图保持独立的飞机制造业,这占用了大量的国家资源。例如,保罗·肯尼迪(Paul Kennedy)曾指出,1945 年后:

> 英国继续依赖殖民地市场,徒劳地挣扎着维持英镑原来的平

---

① Sampson (1992); Barnett (1995); Wiener (1981).
② Wiener (1981, p. 154).
③ Tomlinson ([2000] 2001, p. 60).
④ Tomlinson ([2000] 2001, pp. 58 - 61).

价，维持着大量的海外驻军（这会大量消耗货币），拒绝加入早期的欧洲统一行动，在国防上的开支超过除美国以外的任何其他北约国家①。

与此形成对比的是西德和日本，这两个国家把国家资源集中在了经济上，只负担最小的国防开支。衰落论者描绘的战后英国经济特点是国内经济停滞和非殖民化。按照这种说法，英国飞机制造业具有重大的象征意义。在《失去的胜利：英国梦，英国现实》(1995)中，科雷利·巴尼特指出，英国保留其飞机制造业的能力不过是一个"新爱德华时代的梦想"②，与处于困境的英联邦的政治和经济息息相关。

此外，凯恩(Cain)和霍普金斯(Hopkins)等学者试图通过指出英国金融业在这一历史时期的复苏，来反对衰落论的观点③。他们的分析强调英国在后殖民时代、美国主导的全球化进程中作为"东道主和代理人"的"角色"④。同样，威廉·鲁宾斯坦(William Rubinstein)在《1750—1990 年英国的资本主义、文化和衰落》(1993)中提出，英国经济实际上并没有衰落，但确实开始依赖金融业和服务业⑤。鲁宾斯坦认为，"英国经济一直以来（甚至在 1815—1970 年）都主要是一种以商业/金融为导向的经济，其比较优势一直存在于这些领域，1870 年后这一优势变得越来越明显……⑥"

然而，总体而言，衰落论争论双方都承认，英国制造业确实开始衰落，但是他们就衰落对英国经济和英国全球地位产生的整体影响存在

---

① Kennedy (1987，pp. 423 - 424)；Holland (1991, p. 10).
② Barnett (1995, p. 228).
③ Cain and Hopkins (2002).
④ Cain and Hopkins (2002, p. 678).
⑤ Rubinstein (1993).
⑥ Rubinstein (1993, p. 25).

分歧。正如上述学者所指出的,一种普遍接受的观点是在 20 世纪,英国制造业出现了无可避免的衰落,英国失去了工业霸权。所以,一个广泛的共识由此形成,即制造业在此期间确实出现了衰落。

本书重新研究了衰落争议的原始学术参数,特别是关于 1945 年后英国在高科技和国防工业基础(即军用飞机制造业)领域衰落的问题。本书旨在解决衰落论最初的争议点,即英国制造业是否真的已经"衰落",最终得出的结论是:实际情况比直截了当的衰落论者所论述的更加复杂。

戴维·埃杰顿在他的《战争状态:英国,1920—1970》(2006)①一书中也提出了类似的观点,他认为战后的英国不仅是一个福利国家,也是一个战争国家。根据这一解读,军事部门(主要是飞机产业和核工业)并不是战后英国"衰落"的原因,而是战后英国活力的驱动力②。埃杰顿通过关注国内制度和社会来论证上述观点,而本书则在更加国际化的背景下展开分析,从一个更全球化的视角对埃杰顿的观点进行了扩展。

总体来说,本书否定了英国自 19 世纪以来就陷入一个简单的工业衰落过程这一直截了当的、被普遍接受的观点。当然,即使在二战后,英国也想以帝国的形式维持地区霸权,但由于预算和技术原因,它在 20 世纪 60 年代无法跟上美国的步伐。然而,英国却在美国主导的新世界秩序中为自己开拓出一个关键的利基市场,保住了在全球市场的关键份额,并重振了国防工业。总的来说,这是一个成功的故事。

美国的胜利,英国的失败?

就像造船业在 18 世纪和 19 世纪是英国帝国霸权的基石那样,初级制造业和飞机制造业的国防工业基础帮助英国在 20 世纪从海洋霸

---

① Edgerton([2006] 2008).
② Edgerton([2006] 2008, pp. 2 - 3).

主变为天空霸主。"英国强权下的和平"是建立在海洋实力和造船业的基础之上的。自二战以来，"美国强权下的和平"一直依托于空中实力和飞机制造业。

帕特里克·奥布赖恩（Patrick O'Brien）认为，英国的海洋霸权大致从 1805 年持续到 1914 年①。这个"海洋帝国"②的基础最初由 18 世纪的辉格党寡头政权奠定。19 世纪，英国为了保持其统治地位，采用了所谓的"两强标准"③，即英国海军力量必须等于世界上第二和第三海军强国（法国和俄国）力量的总和。即使在 20 世纪上半叶，当英国在全球范围内越来越"无法发挥领导作用"时④，它仍然"毫无疑问是一个海军强国"⑤。这种海洋霸主地位建立在英国的国防工业基础之上：为皇家海军提供船只的造船能力，以及军火工业生产军械和火炮的能力。从 19 世纪下半叶到第一次世界大战，英国的造船业、商船队和海军都是无法超越的。

杰弗里·欧文（Geoffrey Owen）指出了 19 世纪英国造船业相对于其竞争对手的两个显著优势。首先，从工业革命开始，英国积累了大量的钢铁制造和蒸汽机知识；其次，得益于其强盛的航运业和强大的海军力量，英国拥有巨大的国内市场。这在很大程度上要归功于 1651 年的《英国航海法》，该法规定英国的贸易应该用英国船只进行，从而剥夺了荷兰船只作为重要竞争对手的地位。凭借强劲的国内市场，英国制造商开始进军国际市场⑥。

然而，在 20 世纪，制空权逐渐取代制海权，成为决定一个国家军事

---

① O'Brien（2002，pp. 99 - 100）.
② Lichtheim（1971，p. 42）.
③ O'Brien（2002，p. 99）.
④ Kindleberger（1973，p. 296）.
⑤ Edgerton（[2006] 2008，p. 26）.
⑥ Owen（1999，pp. 91 - 93）.

实力的关键因素。此后各国为此展开激烈的竞争，以决定谁将继承霸权的衣钵。这一事实在第一次世界大战期间首次显现，当时飞机成了一种革命性的新型战争工具。在两次世界大战期间，美国、英国、法国等主要大国成立了国家航空公司，开通了本国往返殖民地的航线。英国皇家航空公司、法国航空公司、美国泛美航空公司和德国汉莎航空公司在全球各地争夺航线和客户①。

继 19 世纪的造船业之后，飞机制造业在二战后全面崛起，成为决定一个国家军事和经济优势的关键产业。一份 1948 年的美国国会文件《国家航空政策》指出：

> 为了在原子弹、放射性沉降物、细菌污染和导弹（更不用说一些新的可怕武器）的时代保卫自己，我们必须拥有至高无上的空中力量②。

杰弗里·恩格尔（Jeffrey Engel）曾指出，在冷战初期，前霸主英国和新兴霸主美国在一种看似"特殊关系"的假象下，都在争夺全球航空运输的领导地位③。恩格尔的关注点是冷战时期英美对制空权的争夺，而本书将缩小研究范围，有针对性地着眼于飞机制造业，因为这是制空权的技术基础（可以说，这也是一个国家全球投射力量的基础）。

本书特别关注从二战结束到 20 世纪 70 年代向喷气发动机的过渡。这一时期，发动机从活塞式推进向喷气式推进转变，喷气技术导致时代变迁，机体制造商和发动机制造商之间的关系也发生了变化。历届英国政府（包括保守党和工党）都期望英国的飞机制造业最终能通过出口促进经济繁荣并带来外汇。丘吉尔政府的第二任供应大臣邓肯·

---

① Davies（[1964] 1967，pp. 141 - 186）；Bender and Altschul（1982，p. 339）.
② U. S. Congress（1948，p. 3）.
③ Engel（2009）.

桑兹（Duncan Sandys）认为：“从经济角度来说，飞机是最具吸引力的出口产品①。”他在提交给内阁经济政策委员会的政策文件中提到，从每磅成品的材料价值来看，与船舶或汽车相比，飞机制造尤其具有吸引力②。他的这种解读部分基于英国非常高水平的技术能力，而全球第一款商用喷气客机彗星的面世就是明证。

本书挑战了对 20 世纪核心霸权过渡的传统解读，即“美国的胜利和英国的失败”。这种假设在文献中广泛存在。约翰·B.雷的《迈向伟大：美国飞机制造业，1920—1960》（1968）将二战后的美国飞机制造业描述为“一个成功故事，或者说是一系列成功故事，具有传统的美国特色”③，而这在很大程度上是以英国为代价的。巴尼特认为，英国战后试图“获得对道格拉斯、洛克希德和波音公司的优势”④不过是一个梦。显然，英国飞机制造业的所谓衰落，被视为美国飞机制造商在战后击败其最强大对手的巨大胜利，以及美国经济在工业产出、出口和就业方面巨大的工业成功故事。

但这过于简单化了。事实上，在 1945 年之后的几十年里，英国确立了自己的新角色，成为美国主导的全球化进程的关键参与者。英国不仅仅是欧洲的一个参与者，还成功地在全球飞机制造市场中占据了关键份额，其国防工业在很大程度上得以成功恢复。如果我们接受美国“成功”和英国“失败”的简单化描述，我们就无法解释某些问题，例如，英国杰出的航空发动机制造商罗罗公司在 1945 年之后的几十年里保持强劲竞争力。事实上，认为英国企业对二战后美国飞机制造业的迅速崛起不可或缺的说法并不为过。

---

① TNA AVIA63/25，EA（52）69th，Expansion of Aircraft Exports，23rd May 1952.

② 同上。

③ Rae（1968，p.Ⅶ）.

④ Barnett（1995，p.246）.

1962年12月，就在英美拿骚会议之前，美国前国务卿迪安·艾奇逊（Dean Acheson）指出，"英国已经失去了一个帝国，并且还没有找到新角色①。"随着帝国的终结，在寻求这样一个"新角色"的过程中，英国飞机制造业最终没有选择通过加强欧洲一体化来获得确定但有限的市场。相反，通过与美国制造商的合作，英国飞机制造业进入了由美国主导的全球市场。在制造业领域，尤其是国防工业，英国保持了相对强劲的势头。英国制造业能够重新定位在很大程度上是因为它全力参与了美国主导的全球化进程。

美欧之间的英国

二战后，英国面临着决定其基本发展轨迹的三种选择。温斯顿·丘吉尔（Winston Churchill）曾将这些选择称为"三环外交"：

> 对我们来说，第一环自然是英联邦和大英帝国，以及它所包括的一切；第二环是英语世界，其中英国、加拿大以及其他英联邦自治领和美国都扮演着重要的角色；第三环是联合起来的欧洲②。

首先，英国可以通过关注大英帝国和英联邦来维持地区霸权；其次，英国可以追求欧洲一体化的领导地位［如艾伦·米尔沃德（Alan Milward）所说的"领导欧洲③"］；最后，英国与美国的联系可能会更加紧密（或许还会依赖于美国）。在战后的头几年，英国在很大程度上奉行第一种选择。然而，随着帝国在20世纪60年代中期土崩瓦解，以及预算状况日益严峻，英国不得不在剩下的两个选项中做出选择。

① Ashton（2002，p. 170）.
② Churchill（1950，p. 417）.
③ Milward（［1992］2000，p. 424）.

然而，这使英国卷入了北约盟国之间迅速发展的商业冲突。在此期间，高科技，尤其是航空航天领域，成为跨大西洋关系竞争的焦点。1967年，让·雅克·塞尔万-施赖伯（Jean Jacques Servan-Schreiber）的畅销书《美国的挑战》出版，就是一个特别生动的例子[①]。为了缩小美国和欧洲之间的"技术差距"，欧洲领导人认为，技术合作（包括英国的航空航天技术）是必要的。英国在西方联盟中的独特地位和强大的讨价还价能力，在很大程度上（尽管不是唯一的）是基于英国卓越的飞机制造业，尤其是航空发动机产业，围绕着控制全球货币政策的英镑美元外交，以及英国对美国越南战争的普遍支持。

然而，美国担心欧洲的联合封锁，特别是戴高乐对美国和英国的挑战，法国企图限制美国对西欧的主导地位。埃利森（Ellison）在1963—1968年提出了"戴高乐的挑战"这一问题。这意味着法国拒绝"美国在西方的霸权和英国在西欧的领导"[②]。为了了解法国与英美之间复杂的政治关系，本书特别关注了英法与英美在航空航天国际合作方面的技术和经济冲突。正如我们将看到的，英国的政策制定者越来越被夹在大西洋两岸的裂痕之间——他们在应对这一裂痕方面表现出了令人瞩目的技巧。

欧文的《从帝国到欧洲》用了整整一章来描述飞机制造业，并将飞机制造业定位为"战后英国最成功的行业之一"[③]。然而，欧文也认为，英国政府在"20世纪50年代至60年代对美国的追赶是徒劳的"，花费太多，而"这些钱本可以用在其他更有建设性的方面"[④]（可能是指在与欧洲的合作上）。然而，该书表明，英国越来越不愿与美国竞争，而是选择建立一种互利的伙伴关系，尽管第二种选择——欧洲选择——已经

[①] Servan-Schreiber (1968).
[②] Ellison (2007, p. 189).
[③] Owen (1999, p. 295).
[④] Owen (1999, pp. 326 - 327).

强势崛起。1969 年 4 月,英国退出了欧洲空客项目,而在此之前,英国一直支持该项目[1]。此后,空客项目主要由法国和德国联合发起,尽管英国后来在 1978 年重返该项目,但已无法就新空客研发工作的份额进行谈判[2]。

一些学者指出,这对英国来说是"错失良机"[3]。事实上,本书作者非常仔细地观察了大英帝国解体后,英国在对欧洲一体化的忠诚和与美国的特殊关系之间摇摆不定的趋势,强调了英国作为全球航空发动机供应商的巨大成功,而不是选择一个确定但有限的市场,成为欧洲合作项目的潜在领导者。这可以被视为英国在美国主导的全球化框架下生存甚至繁荣的象征,不仅在金融业,还包括高科技制造业。

本书结构和资料来源

本书共有 9 章,每章都遵循实证研究方法,按时间顺序叙述。每章都论述了二战后英国飞机制造业历史上一个特别重要的特定发展时期。这 9 章分为三部分,每一部分都聚焦这段历史中一个不同阶段。本书的重点是二战后英国决策者和经济活动者在航空领域所经历的痛苦的矛盾:从维持独立的英国飞机制造业,还是选择国际合作;到选择国际合作的伙伴;再到国内飞机制造业的哪些部门应给予优待,哪些部门应予以忽视。

本书的第一部分对 1943—1964 年的英国飞机制造业进行了分析,时间跨度从温斯顿·丘吉尔的二战时内阁到哈罗德·麦克米伦的保守党内阁。第 1 章主要介绍了战时"布拉巴宗"(Brabazon)民用客机计划,以及英国民用和军用喷气飞机取得的相对成功。第 2 章分析了供

---

[1]　Johnman and Lynch (2006, p. 139).

[2]　Aris (2002, p. 115).

[3]　Camps (1964, p. 507).

应大臣奥布里·琼斯（Aubrey Jones）和航空大臣邓肯·桑兹的政策。这些政治人物试图使英国工业合理化，以赶上美国，这推动了军用飞机 TSR－2 和民用客机 VC10 的研发。第 3 章揭露了 BOAC 在 VC10 项目上的财政困难，其根源在于日益昂贵的"飞行英国"政策，以及董事长格思里爵士（Sir Guthrie）致力于改善 BOAC 管理水平所做出的尝试。

第二部分讲述了发生在 20 世纪 60 年代中期的故事，彼时哈罗德·威尔逊领导的工党政府刚刚上台。这部分的主题包括英国从独立制定军用航空航天政策逐步过渡到开展国际合作，以及英国将主要与哪些国家合作的巨大不确定性。第 4 章追溯了政府取消 TSR－2 项目的决策过程——这是战后英国航空史的分水岭。第 5 章分析了在取消 TSR－2 项目后，英国在为国际航空研发项目选择新伙伴时的矛盾心理，其中法国和美国参与了竞争。第 6 章分析了威尔逊的"欧洲技术共同体"概念，这一概念将西德纳入其中，最终研发了英德 MRCA"狂风"战斗机。

第三部分主要集中在三款民用飞机上，以说明第二部分中出现的一些困境和不确定性最终是如何得以解决的。第 7 章以宽体客机为主题，揭露了英国在欧洲空客和美国洛克希德"三星"之间的尴尬处境——这种矛盾心态最终导致 1971 年罗罗公司破产。第 8 章追溯了英法超声速运输机协和飞机项目情况，以及该项目的失败对英国飞机制造业国际地位产生的影响。第 9 章再次分析了美国和欧洲制造商之间的冲突，分析了 20 世纪 80 年代英国三大航空企业——英国宇航公司、罗罗公司和英国航空公司——在欧洲空客的 A310 和美国波音 757 之间的谈判中所扮演的角色。

本书大量使用了英国首相办公室、内阁、财政部和外交部以及其他多个航空相关组织未公布的政府文件。另外，还参考了美国国务院和财政部未公布的美国政府文件。这些资料来源的完整清单可参见每章注释、参考文献和附录一和附录二。

目　录

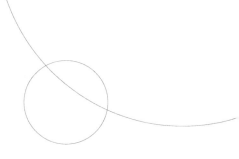

第二部分 1964—1969 年：英国的困境

第 4 章
1963—1965 年：英国顶级项目的取消 085

第 6 章
1966—1969 年："欧洲技术共同体"和英德 MRCA 项目   163

第三部分 1968—1982 年：欧洲客机合作项目和英美产业合作

第 7 章
1967—1971 年：第二代喷气机时代和罗罗公司的破产 195

第一部分

1943—1964 年：
战后英国飞机制造业

对于二战后的英国历史,传统叙事是英国处于明显且不可避免的衰落中。本书第一部分通过分析二战后20年英国飞机制造业的发展情况,对这种叙事进行了重新审视。可以肯定的是,与传统叙事一致,英国飞机制造业在此期间确实在各个领域都遭遇了挫折。然而,一家英国航空发动机制造商(罗罗公司)正悄悄地为成为美国客机的主要供应商而努力。最后,第一部分还说明了,英国在美国主导的全球化进程中扮演关键角色的种子是如何在二战后这暗淡的20年内播下的。

第 1 章
1943—1956 年：
第一代喷气机时期
英美生产合作的起源

1.1　概述

对战后美欧秩序进行研究的前提是，不断深化的欧洲一体化与大西洋联盟(Atlantic Alliance)存在紧密联系。这在某种程度上是大英帝国解体的必然结果。二战结束以前，美国一直期待着大英帝国在战后解体。然而在二战之后，美国在与苏联不断增强的对抗中意识到大英帝国的战略价值。这在一定程度上与当时英国基于温斯顿·丘吉尔"三环外交"政策的指导原则相辅相成[①]。按丘吉尔"三环外交"的设想，如果英国希望保持其大国地位，就必须扮演以下三个角色：大英帝国的领导者、与美国有特殊关系的亲密盟友以及在西欧占主导地位的大国。此后，历届英国政府也沿用了这一周密的外交政策。

美国的援助是否在英国战后恢复中发挥了重要作用？这个问题是学术争论的焦点。迈克尔·J.霍根(Michael J. Hogan)认为，马歇尔计划对西欧的复苏至关重要，而艾伦·S.米尔沃德(Alan S. Milward)认为，即便没有马歇尔计划，西欧也会复苏[②]。本章通过探讨美国援助和英国战后重建，来论及此争议，且对美国 K 计划(Plan K)援助和境外采

[①]　Churchill (1950，p. 417).

[②]　Kawasaki and Sakade (2001，p. 3)；Hogan (［1987］1989)；Milward (［1984］1992，p. 465).

购计划(offshore procurement program，OSP)进行了深入分析。这两项计划在之前的学术文献中得到的关注不多。

美国继续提供援助是以英国重整军备的性质为条件，因此，美国援助与英国军事生产密切相关。而重整军备计划的重点便是飞机制造业。军事历史学家科雷利·巴尼特(Correlli Barnett)认为，英国其实浪费了马歇尔援助提供的资金，因为英国将这些资金用于维持甚至扩张军用飞机制造业，而这一做法注定要失败。这是一个"新爱德华梦"[①]，与美国的竞争显然是"技术上的过度扩张"[②]。事实上，与英国海外航空公司在航线网络上展开激烈竞争的，是来自大西洋另一侧的美国载旗航空公司——泛美世界航空公司(以下简称"泛美航空")。虽然泛美航空是一家私有航空公司，但这家在二战背景下诞生的公司，被视为美国外交政策的一个"选定的工具"。巴尼特认为，英国希望维持其飞机制造业的繁荣，纯粹是出于"威望"这一非理性原因[③]。

本章对英国在战后追求空中实力进行了不同的评估，包括战时制造的"布拉巴宗"客机、尝试生产由军用轰炸机改装的临时客机、通过喷气客机获得英国的最初优势，以及在1955年后美国客机制造崛起的情况下，英国航空发动机产业得以幸存。文中提到，许多历史学家认为这些计划是对资源的挥霍，毫无意义。与巴尼特一样，基思·海沃德(Keith Hayward)认为："令人难过的是，'布拉巴宗'计划的大多数项目令人失望，有些项目不论是在商业上还是技术上都是巨大的失败。[④]"然而，正如本章提出的，战时英国试图建立独立的飞机制造业这一行为，为该产业的复兴打下了基础。

---

① Barnett (1995，p. 228).
② Barnett (1995，p. 229).
③ Barnett (1995，p. 228).
④ Hayward (1983，p. 17).

1.2　1942 年 6 月 22 日的《阿诺德-托尔斯-斯莱瑟协定》

1942 年 6 月 4 日至 7 日的中途岛战役是太平洋战争的重要转折点，不仅对同盟国（Allied Powers）如此，对同盟国之间也是如此。英国皇家空军（Royal Air Force，RAF）海岸司令部呼吁美国生产团结飞机公司的 B-24"解放者"轰炸机和波音的 B-17"空中堡垒"轰炸机[①]，且英美于 1942 年 5 月底开始讨论此事。当时，美国空军司令 H. H. 阿诺德（H. H. Arnold）和美国海军航空局上将约翰·H. 托尔斯（John H. Towers）访问了伦敦。1942 年 6 月 21 日，阿诺德、托尔斯和英国皇家空军元帅约翰·G. 斯莱瑟（John G. Slessor）在华盛顿特区签署了《阿诺德-托尔斯-斯莱瑟协定》。根据此协定，美国将向英国派遣飞机，但值得注意的是，1943 年派遣的运输机数量仍有待讨论和修改[②]。

在签署《阿诺德-托尔斯-斯莱瑟协定》之后，英国对美国飞机，特别是运输机的依赖性仍然很强。斯莱瑟在其自传《中央蓝色》中写道：

> 我们（英国人）没法用运输机让阿诺德动摇，因为英国的运输机供应完全依赖于美国制造。在这个阶段，我们没有能力在英国开始制造任何类型的运输机，大家一致认为，在需要时，我们应当

[①]　Buckley（1995，pp. 180-182）.

[②]　TNA AIR8/1360，Memorandum of Agreement between Lt. Gen. Arnold，Rear Admiral Towers and Air Chief Marshal Portal；FRUS，*The Conferences at Washington，1941—1942，and Casablanca，1943*，Document 299；Buckley（1995，pp. 180-181）. As for the controversy over the Arnold-Towers-Slessor agreement on transport aircraft allocation，see Engel's（2009）footnote 28 for Chapter 1 [Engel（2009，pp. 308-309）].

主要依赖美国运输机来运送英国的空降部队[①]。

在美国官方最终敲定 1943 年的生产计划之前，英国生产大臣奥利弗·利特尔顿（Oliver Lyttelton）访问了华盛顿，试图实现英国和美国飞机生产的整合。他坦率地表示，英国在运输机领域"几乎 100％"依赖于美国[②]。这实际上促成了美国对战后客机（配备 4 台活塞发动机）市场的垄断。正如供应大臣约翰·威尔莫特（John Wilmot）和民航大臣温斯特勋爵（Lord Winster）在一份内阁备忘录中所述："战时运输机的生产集中在美国手中将会在战后给美国带来丰厚的回报"[③]。

不难理解，丘吉尔战时内阁对英国专注于制造战斗机和轰炸机的前景感到不安，因为此举可能会使英国失去运输机技术。实际上，1943 年初，内阁就意识到，战后拥有"对航空运输的建造、使用、服务和引导控制"[④]方面的霸权，对于重建和保持帝国地位十分重要。这样的担忧促使英国政府组建了顾问委员会——布拉巴宗委员会（Brabazon Committee），由塔拉的布拉巴宗勋爵（Lord Brabazon of Tara）担任委员会主席。该委员会负责确定战后国内的商用客机的规格参数，并于 1942 年 12 月 23 日召开了首次会议[⑤]。

① Slessor（1957，p. 410）；阿诺德未在其自传《全球任务》中提及该协定［Arnold（1951）］。

② TNA CAB66/30，WP（42）486th（Revised），Visit of the Minister of Production to America，29th October 1942.

③ TNA CAB129/12，CP（46）317th，Civil Aircraft Requirement，2nd August 1946.

④ TNA CAB87/104，Committee on Reconstruction Problems，Sub-Committee on Civil Aviation，3rd March 1943.

⑤ Hayward（1989，pp. 39-40）；Phipp（2007，p. 15）.

1.3 "布拉巴宗"计划

1943 年，丘吉尔内阁开始更加深入地着手战后重建问题。1943 年2 月 22 日，战后重建委员会下辖的民用航空小组委员会得出结论：战后英国航空运输的规模和质量应符合英国的世界地位，努力完成新型民用飞机的设计以及现有军用飞机的改装工作。[1]

根据这一结论，布拉巴宗委员会向空军大臣和飞机生产大臣提出设计 5 款新机型的建议。这 5 款机型如下：

（1）1 型：用于北大西洋航线的多发陆地飞机（即后来的布里斯托尔"布拉巴宗"飞机）。

（2）2 型：用于欧洲和支线航线的中型双发陆地飞机（与道格拉斯DC‑3 类型相同，即后来的维克斯"子爵"飞机）。

（3）3 型：用于帝国干线运营的四发陆地飞机（即阿芙罗 685"约克"运输机的替代机型）。

（4）4 型：用于北大西洋航线的喷气邮政飞机（即后来的德·哈维兰"彗星"客机）。

（5）5 型：用于服务国内的小型双发陆地飞机[2]。

按照该设想，这些新机型在战争结束后才能投入使用。因此，布拉巴宗委员会还建议研发"过渡机型"，以填补新机型服役前的空白，将"兰开斯特"轰炸机[3]改装成民用飞机[4]。布拉巴宗委员会最初最重视的是"布

---

[1]　TNA CAB66/34，WP (43) 83rd，Civil Air Transport，24th February 1943.

[2]　Phipp (2007，p. 17).

[3]　译者注：原文是"York Bomber"，有误，应为"Lancastrian Bomber"。布拉巴宗委员会建议的是在"兰开斯特"轰炸机的基础上研发民用飞机，即阿芙罗 685"约克"运输机。

[4]　Phipp (2007，p. 17).

第1章 1943—1956年：第一代喷气机时期英美生产合作的起源

拉巴宗"1型飞机,该机型由布里斯托尔飞机公司研发,是一款配有增压系统的远程客机,能够从伦敦直飞纽约①。根据预期,该机型能够在战后与美国道格拉斯DC-4、洛克希德"星座"飞机和波音377"同温层巡航者"竞争。

最终,英国政府使布里斯托尔"布拉巴宗"飞机和桑德斯-罗SR.45"公主"(水上飞机)项目起死回生,以争取主动权。为了确保英国在战后扮演一个令人尊敬的角色,布拉巴宗委员会督促英国政府应立即启动上述研发项目。根据民用航空小组委员会的建议,空军大臣阿奇博尔德·辛克莱爵士(Sir Archibald Sinclair)和飞机生产大臣斯塔福德·克里普斯爵士(Sir Stafford Cripps)要求内阁拨付足够的资金,以便在战后可以立即提供最低数量的规定型号的飞机②。

1.4　英国与美国运输机对比

1943年年底,在"布拉巴宗"飞机从模型成为现实之前,英国政府面临必须在大西洋和帝国航线上引进道格拉斯C-54A和C-54B(民用机型为DC-4)的境况。阿芙罗685"约克"运输机可能不适合此用途,唯一适用的英国机型是阿芙罗688"都铎"客机(阿芙罗"兰开斯特"Ⅳ轰炸机的一种民用机型)。掌玺大臣比弗布鲁克勋爵(Lord Beaverbrook)明确警告:"如果英国不能在战争结束后为自治领提供英国制造的飞机和发动机,那么英国在帝国航线上的领导地位就不得不交给美国③。"实际上,比弗布鲁克勋爵承认,需要采取行动让飞机尽快服役,此方面工作的关键型号是"都铎"客机。

---

① Simons (2012a, p. 13).
② TNA CAB66/34, WP (43) 83rd, Civil Air Transport, 24th February 1943.
③ TNA CAB66/43, WP (43) 537th, Post-War Civil Aviation, 3rd December 1943.

1944 年 9 月 1 日召开的内阁会议提出了要进一步关注战后时期民用航空的发展状况。比弗布鲁克勋爵认为，"约克"飞机没有民用价值，"都铎"飞机的民用价值很小，英国真正需要的是"布拉巴宗"飞机，特别是"布拉巴宗"1 型飞机。内阁成员强调了发展民用航空的重要性，但同时也表达了对"布拉巴宗"机型的不满，并就引进美国成熟机型的可能性进行了讨论。此次讨论结束后，战时内阁要求辛克莱爵士和克里普斯爵士提交一份关于英国和美国运输机的对比报告，且要求报告要准确地回答出英国的飞机设计是否可靠这一问题，还应纳入英国海外航空公司对"布拉巴宗"机型的意见[①]。

辛克莱爵士和克里普斯爵士于 1944 年 9 月 1 日提交了对比报告。报告总结出英国的飞机能够与美国的同类机型相媲美（见表 1.1）。具体总结如下：首先，"布拉巴宗"机型与美国正在研发的机型处于同等水平；其次，美国飞机的发展速度必定快于英国飞机的。因此，要在英国战争需求的范围内，最大限度地加快"布拉巴宗"机型的研发进度[②]。

虽然"布拉巴宗"飞机已经在研发中，但要到 1950 年之后才能投入使用。因此，1950 年前可用的机型是"约克"和"都铎"等过渡机型。与英国使用过渡机型不同，美国很快就能够提供舒适的客机，如道格拉斯 DC - 4、DC - 6，洛克希德"星座"飞机和波音"同温层巡航者"飞机。艾德礼政府将不可避免地面临 BOAC 产生对优于英国过渡机型的美国飞机的需求。BOAC 补充道，应当尽快研发配备喷气发动机的"布拉巴宗"4 型飞机（后来命名为"彗星"飞机），以便在新领域建立主动权，这也"事关威望，以及确立英国在这个新领域的领导地位"[③]。

---

① TNA CAB65/43，WM（44）114th，1st September 1944.

② TNA CAB66/57，WP（44）611th，Comparative Performances of British and American Civil Transport Aircraft，1st November 1944.

③ TNA CAB66/57，WP（44）611th，Comparative Performances of British and American Civil Transport Aircraft，1st November 1944.

表 1.1 美国与英国客机对比

美国客机				英国客机			
型号	重量/磅①	发动机数量/台	原型机首飞时间	型号	重量/磅	发动机数量/台	原型机首飞时间
道格拉斯 DC-7	162 000	4	1945 年初	"布拉巴宗"1 型	250 000	8	1948 年
波音"同温层巡航者"	120 000	4	1944 年	"布拉巴宗"3A	120 000	4	1948 年初
洛克希德"星座"	82 000	4	—②	阿芙罗"都铎"	70 000	4	1945 年
道格拉斯 DC-6	80 000	4	1945 年 3 月	阿芙罗"约克"	68 000	4	—
道格拉斯 DC-4(C-54)	78 000	4	—	"布拉巴宗"4 型("彗星")	—	喷气发动机	—
道格拉斯 DC-3	25 200	2	—	"布拉巴宗"2 型	45 000	2	1947 年初

资料来源: TNA CAB66/57,WP(44)611,附录 A,1944 年 11 月 1 日。

① 译者注: 1 磅=0.453 6 千克。
② 译者注: 原文未提供具体数据。

1.5　1945—1950 年："飞行英国"政策

1945 年，克莱门特·艾德礼（Clement Attlee）接替丘吉尔担任英国首相，领导新的工党政府。艾德礼沿用了战时内阁实施的民用运输飞机发展政策，继续恪守"飞行英国"（Fly British）原则。此举有效地迫使 BOAC 和英国欧洲航空（British European Airways，BEA）公司购买英国客机。1945 年的《航空白皮书》对此做了较为详尽的阐述：

> 艾德礼政府的总体政策是要求航空公司（BOAC 和 BEA 公司）使用英国研发的机型。但根据与盟友达成的战时政策，战争期间英国不生产运输机，英国民用飞机的研发自 1938 年以来就中断了。因此，我们目前处于非常不利的地位①。

不过，现实与这一原则相反，英国政府在战争结束后被迫接受 BOAC 立即购买美国飞机这一现实。"布拉巴宗"机型最初计划于 1950 年后首飞，但 1946 年 2 月，BOAC 从美国购买了 5 架洛克希德"星座"飞机，投入北大西洋航线，与外国航空公司竞争。当时，大多数外国航空公司也使用美国飞机。在帝国航线（悉尼—伦敦）上，澳大利亚官员也对购买美国飞机进行了认真权衡。这种行为损害了英国-澳大利亚"以使用相同机型为基础的合作经营关系"②。

1946 年 7 月 23 日，民用飞机需求跨部门委员会（Interdepartmental

　　①　Ministry of Civil Aviation，*British Air Services*，Cmd. 6712（London，HMSO，1945）.

　　②　TNA CAB129/12，CP（46）317th，Civil Aircraft Requirement，2nd August 1946.

Committee on Civil Aircraft Requirements）发布了第一份中期报告。该报告重申了一个事实，即1948—1950年，没有一款英国客机能够在北大西洋航空服务和帝国干线航线上与美国机型竞争。因此，委员会建议，应当优先研发德·哈维兰"彗星"客机（"布拉巴宗"4型）、纯喷气客机和维克斯VC2（后来命名为"子爵"飞机，即"布拉巴宗"2型），而布里斯托尔"布拉巴宗"机型（"布拉巴宗"1型）可能延期。委员会预计"彗星"客机能够执飞北大西洋和帝国航线，对乘客有强大的吸引力，甚至可能出口到美国市场[①]。

1946年夏季，供应大臣约翰·威尔莫特和民航大臣温斯特勋爵提议购买美国飞机，即波音377"同温层巡航者"或共和XF-12"彩虹"飞机。到1947年年底，美国、瑞典、荷兰和法国的各家航空公司可能会将新型波音"同温层巡航者"飞机投入使用。该机型将完全超越BOAC的"都铎"客机和"星座"客机[②]。

按照英国各位大臣的观点，这种情况显然是"战争后遗症"。英国把精力集中于研发轰炸机和战斗机时，美国已经研发出了军用运输机。这样一来，美国能轻松地将其军用机型改装成民用机型，如"星座"客机、"同温层巡航者"和DC-6。大臣们指出，英国必须"在未来10年[③]探索喷气推进系统的商用可能性"[④]。尽管如此，他们提议英国"在本国设计的机型投入生产前"，购买6架"同温层巡航者"，以便与国外航空公司在北大西洋航线上展开竞争[⑤]。

1948年7月，随着英国政府提出引进加拿大飞机公司（Canadair）

①　TNA CAB129/12, Annex B to CP（46）317th, Interdepartmental Committee on Civil Aircraft Requirements, First Interim Report, 23rd July 1946.

②　TNA CAB129/12, CP（46）317th, Civil Aircraft Requirement, 2nd August 1946.

③　同上。

④　同上。

⑤　同上。

的 DC - 4M 飞机，英国购买美国飞机这一敏感问题再次浮现。这成为英国政府的一大败笔。BOAC 已经订购了 16 架"都铎"Ⅳ 和 25 架亨德里·佩奇公司(Handley Page)的"赫尔墨斯"(Hermes)飞机。掌玺大臣克里斯托夫·艾迪生(Christopher Addison)向内阁提议，应当继续研发"布拉巴宗"1 型和"彗星"飞机，但不应开展"都铎"Ⅱ 飞机及其衍生机型"都铎"Ⅴ 飞机的研发工作；另外，应当允许 BOAC 购买 22 架加拿大飞机公司的 DC - 4M 飞机作为替代方案。他坚称，此项采购绝不会影响英国新机型的投入使用①。

艾迪生的观点遭受内阁的强烈反对。在 1948 年 7 月 10 日的一份备忘录中，供应大臣乔治·斯特劳斯(George Strauss)反对艾迪生的提议，即购买 22 架 DC - 4M 飞机而不是利用"都铎"Ⅳ 飞机执飞北大西洋和帝国航线。斯特劳斯认为，尽管 DC - 4M 配备罗罗公司的梅林发动机，但几乎所有其他飞机部件均是美国制造。因此，BOAC 放弃运营"都铎"飞机，引进美国飞机背离了"飞行英国"政策。根据斯特劳斯的说法，BOAC 的做法将会给英国飞机制造业的技术进步、英国出口，甚至是英国的潜在战备状态都带来负面影响②。

根本问题是 DC - 4M 和"都铎"Ⅳ 相比，谁能够更好地满足 BOAC 的过渡需要？经讨论，内阁批准了艾迪生备忘录中要求获准购买 DC - 4M 飞机的内容③。这表明，在"布拉巴宗"机型投入运营之前，BOAC 公开希望购买美国飞机，如"星座"客机、"同温层巡航者"和 DC - 4M。只有这样，BOAC 才有希望与外国航空公司竞争，共同运营已有美国飞机执飞的英联邦航线。

---

① TNA CAB129/28，CP (48) 179th，The Civil Aircraft Programme，9th July 1948.

② TNA CAB129/28，CP (48) 182nd，Future of the Tudor Aircraft and of the "Fly British Policy"，10th July 1948.

③ TNA CAB128/13，CM (48) 51st，15th July 1948.

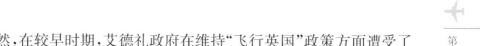

显然，在较早时期，艾德礼政府在维持"飞行英国"政策方面遭受了巨大困难。可以确定的是，正如巴尼特所说，该政策面临来自美国民用客机严峻且反复的挑战①。然而，在此关键时期，英国仍将希望寄托于两款即将推出的"布拉巴宗"计划民用喷气客机，即德·哈维兰"彗星"和维克斯"子爵"。

1.6　K 援助计划和美国海外采购计划

1951 年，丘吉尔回到唐宁街 10 号，保守党重新执政。这届政府很快意识到，艾德礼的 3 年重整军备计划是基于一种完全不切实际的假设而制订的，即劳动力、材料、机床等所有必要资源都能以所需的数量供应。1951 年 11 月 20 日，供应大臣邓肯·桑兹建议对美国采取一种措施，以便延长"最终产品援助"期限②。

丘吉尔于 1952 年 1 月 5 日至 9 日访问了美国华盛顿，然后在当月 16 日至 18 日再次出访。他与美国总统杜鲁门讨论了英美合作问题，取得的主要成果是达成"业务合并"（operation dovetail），英美双方将根据更紧密结盟军事生产原则，对军事项目进行合并③。1952 年 1 月 10 日，美英官员举行会议，对该协议的具体框架做了更明确的规定。这次会议在查尔斯·欧文·威尔逊的办公室内召开。威尔逊当时是通用汽车总裁，后来担任美国国防部长。参会人员包括威尔逊（主持会议）、埃

①　Barnett (1995，pp. 241 - 244).

②　NARA RG59/E1548/Box 3，Super Priority；TNA CAB129/48，C (51) 27th，Progress of Rearmament Production，26th November 1951.

③　FRUS，*1952—1954*，*National Security Affairs*，*Volume Ⅱ*，Part 2，Document 2；NARA RG59，E1548，Box 2，Lovett-Ismay Agreement (Operation Dovetail)，Military Production Program of the United States and United Kingdom，12th January 1952.

夫里尔·哈里曼（Averell Harriman）、威廉·德雷珀（William H. Draper）和丘吉尔的密友彻韦尔勋爵（Lord Cherwell）。实际上，"业务合并"需要两个关键条件：首先，美国要扩大在英国的军事采购，以便增加英国日益减少的美元储备；其次，美国应尝试用美元购买"军用成品"，而不是简单地以经济援助的形式提供美元①。

1952 年 5 月 23 日，桑兹和空军大臣威廉·西德尼（William Sidney）向内阁经济政策委员会提交了一份名为《扩大飞机出口》（Expansion of Aircraft Export）的报告。该报告指出，在未来几年，英国有机会将其飞机制造业发展为一个关键的出口行业。报告还提及了多款即将进入市场的英国民用和军用喷气飞机："彗星""子爵"和"不列颠尼亚"（Britannia）客机，"堪培拉"（Canberra）和"勇士"（Valiant）轰炸机，以及"猎手"（Hunter）战斗机②。桑兹还建议，内阁要向工程行业（包括飞机制造业）提供更多钢材，并加大对非英镑区国家军备出口的支持力度③。

1953 年 4 月 23 日，美英在巴黎的乔治五世酒店再次召开峰会。参会人员包括桑兹、首席规划官埃德温·普洛登爵士（Sir Edwin Plowden）、美国共同安全局局长哈罗德·史塔生（Harold Stassen）和伦敦共同安全署（Mutual Security Agency，MSA）的林肯·戈登（Lincoln Gordon）。与会者讨论了美国以境外采购（OSP）形式向英国提供 4 亿美元军事援助的可能性。根据 OSP，英国能够向北大西洋公约组织（以下简称"北约"）的欧洲成员国出口飞机。在此次讨论中，史塔生对英国

---

① NARA RG59/E5148/Box2，Meeting 5：00 pm，10th January 1952 in Mr. C. E. Wilson's office with U. K. Representatives to Discuss Operation Dovetail.

② TNA AVIA63/25，EA（52）69th，23rd May 1952.

③ TNA CAB129/52，C（52）181st，Expansion of Engineering Exports，28th May 1952.

"标枪"（Javelin）全天候战斗机作为 OSP 项目表示出兴趣①。

在 1953 年的巴黎北约理事会会议上，美国表示将加强对英国工业恢复的支持。美国代表非正式地同意为英国的整个国防预算和英国皇家空军现代化计划（即 K 计划）提供支持，包括 2.1 亿美元的 OSP、2.75 亿美元的经济援助和 4 310 万美元的其他支援②。

1.7　"彗星"和"子爵"喷气客机的成功

布拉巴宗委员会最初强调布里斯托尔"布拉巴宗"I（1 型）飞机的重要性。但事实上，最有希望推出的是小型喷气客机"彗星"。大型飞机布里斯托尔"布拉巴宗"I 和桑德斯-罗 SR. 45"公主"水上飞机的研发进展缓慢。这些项目预计耗资 1 400 万英镑，但事实是，BOAC 对运营上述两款飞机不感兴趣③。同时，"布拉巴宗"客机发生了多起螺旋桨和支架周围区域出现疲劳故障的情况，因此并未获得适航证。1953 年 7 月 17 日，供应大臣邓肯·桑兹在下议院宣布放弃布里斯托尔"布拉巴宗"飞机项目，该项目不体面地结束了④。

相比之下，英国在喷气飞机领域的发展比美国更胜一筹。实际上，英国成功推出了全球第一款喷气客机——"彗星"，美国的航空公司（如首都航空和大陆航空）还采购了英国制造的涡桨客机"子爵"（"布拉巴宗"

---

① 　NARA RG56，Office of the Assistant Secretary for International Affairs/UK9/11，Agreed Minutes of a Meeting held at Georges V Hotel Paris on 23rd April 1953.

② 　U. S. Congress（1954，p. 14）.

③ 　TNA CAB129/50，C（52）58th，Brabazon and Princess Aircraft，3rd March 1952.

④ 　Simons（2012a，p. 121）.

3 型)①。1952 年 5 月 2 日，BOAC 开始利用全球首款商用喷气客机英国德·哈维兰"彗星"客机执飞伦敦—约翰内斯堡航线②，随后将"彗星"客机用于远东航线，并利用喷气飞机建立了覆盖整个英联邦的航线网络。

1952 年 10 月，泛美航空签署了德·哈维兰"彗星"喷气客机的购机合同③。泛美航空公司总裁胡安·特里普（Juan Trippe）在 1952 年秋季订购了"彗星"客机④。这是二战后美国航空公司第一次进口外国飞机。美国航空专家对英国在国际市场上取得的进展感到不安。实际上，1952 年喷气飞机"彗星"1 型的推出对美国的航空公司和制造商产生了巨大影响，因为使用喷气飞机能够显著缩短纽约与伦敦之间的飞行时间。

在"彗星"客机获得成功后，维克斯"子爵"涡桨客机也投入使用。该机型为涡轮螺旋桨客机，其优势是更低的运营成本和购买价格，最终成为战后英国航空产业在出口市场上取得的最大成功。"子爵"客机成功出售给了英国欧洲航空公司、法国航空公司、环加拿大航空（Trans-Canada Air Lines，TCA）公司和环澳航空公司⑤。1954 年 6 月，美国首都航空订购了多架维克斯"子爵"客机⑥。

朝鲜战争爆发后，西方重整军备，这在一定程度上提高了军用飞机的需求。在美国海外采购政策的支持下，英国的军用飞机出口稳定，主要面向北约国家。其出口的机型包括"猎手"战斗机（"猎手"共计生产 1 525 架，其中出口 636 架）和"堪培拉"轻型轰炸机（"堪培拉"共计生产

---

① Phipp（2007，p. 86）.

② Simons（2013，p. 101）.

③ *Aviation Week*（AW），27th October 1952，pp. 13 - 14.

④ Verhovek（2010，p. 8）.

⑤ AW，2nd March 1953，p. 251；13th September 1954，pp. 99 - 101；Hayward（1989，p. 54）.

⑥ USNA RG59/E1548/Box 2，Capital Airlines $45 Million Purchase of British Commercial Transports.

935 架，其中出口 197 架)[①]。

在此期间，英国通过研发喷气客机，在国际市场确立了一定的地位。这标志着英国客机在二战结束后首次进入美国市场。英国的喷气机技术具有显著的竞争优势，这也是英国在飞机制造行业工业实力的突出体现。

1.8 "彗星"的悲剧和技术选择

英国在喷气飞机技术方面的国际野心，在取得良好开端后很快就戛然而止。1953—1954 年，BOAC 运营的德·哈维兰"彗星"客机发生了多起坠机事故，这导致英国航空产业对于美国的竞争优势开始减弱。"彗星"客机事故的原因后来被认定为金属疲劳引起的机身解体[②]。BOAC 和其他航空公司暂停运营"彗星"客机。这些事故不但导致 BOAC 和德·哈维兰的经营业绩恶化，还导致喷气客机的技术可信度丧失。BOAC 在进行机队规划时也出现明显转变，不再选择喷气客机维克斯的 V‐1000，而选择了涡桨客机布里斯托尔"不列颠尼亚"。

在喷气客机"彗星"1 型推出之后，美国航空公司和制造商就进一步研发颠覆性的喷气技术，还在更多地采用涡桨技术的问题上产生了严重分歧。美国载旗航空公司泛美航空与 BOAC 展开市场竞争，需要有更多的喷气客机来运送更多乘客。当时波音公司正基于从轰炸机和军用运输机获得的喷气技术研发喷气客机，其中包括在生产波音 47 和

---

① Minister of Aviation，*Report of the Committee of Inquiry into the Aircraft Industry*，Cmnd. 2853 (London，HMSO，1965)，Appendix E. Canberra light bomber was exported to Australia, as the name itself (*AW*, 2nd March, p. 251)；Sampson (1977，p. 107).

② Simons (2013，pp. 125‐131).

波音 52 喷气轰炸机过程中获得的大量喷气技术方面的经验。1952 年 4 月 21 日,就在第一架"彗星"客机开始商业运营前不久,波音公司董事会决定研发喷气飞机 707,秘密代号为 367 - 80①。

道格拉斯公司最初在 1952 年宣布研发 DC - 8 喷气客机,而 BOAC 于同年 5 月开始了喷气客机"彗星"1 型的商业飞行。然而,人们很快就发现,美国国内航空公司对波音 707 和 DC - 8 喷气客机都不感兴趣,因为这些机型可能会导致运力过剩,进而增加成本。而且,这些航空公司试图避免引进喷气客机,如果引进,现有机型就会被快速淘汰。1953 年,在动力飞行 50 周年庆典上,道格拉斯公司总裁唐纳德·道格拉斯(Donald Douglas)宣布停止研发 DC - 8 机型。这样一来,道格拉斯公司的未来就押注在配备涡轮复合式发动机的 DC - 7 机型上了。与此同时,洛克希德公司基于在研发洛克希德 C - 130"大力神"(Hercules)军用运输机的过程中积累的经验,决定研发 C - 130 的民用机型,即 L - 188"伊莱克特拉"(Electra)②。

1.9　V - 1000 喷气运输机项目的取消,泛美航空订购波音 707 和 C - 8

1940 年年底开始,罗罗公司开始研发全球第一款涡轮风扇发动机康威(Conway)。汉德利·佩季"胜利者"轰炸机(Victor V-bomber)和维克斯的 V - 1000 运输机计划配备该型发动机。维克斯的 V - 1000 采用了维克斯"勇士"轰炸机机翼,并由罗罗康威发动机提供动力③。V -

---

① Rodgers (1996,pp. 164 - 167).
② Eddy et al. (1976,p. 42).
③ Phipp (2007,p. 134).

1000本是为英国皇家空军研发的远程运输机。1955年11月，由于交付延期且军事需求和国防预算发生变化，供应部取消了V-1000的订单。最终，V-1000是否继续研发取决于该机型能否改装成商用飞机[①]。

遗憾的是，当时民用飞机的需求主要来自BOAC，但其并不需要V-1000。"彗星"4型客机和不列颠尼亚客机适合BOAC的机队规划，也足以满足北大西洋和帝国航线的需求。最初，有人提议将V-1000改装成商用飞机。然而，1954年以后，在看到"彗星"客机发生多起坠机事故后，BOAC开始担忧引进喷气客机可能还为时尚早。因此，BOAC取消了采购配备罗罗康威涡轮风扇发动机的维克斯喷气客机V-1000，而是选择了布里斯托尔"不列颠尼亚"涡轮螺旋桨发动机客机作为其远程航线上的主力机型[②]。

当然，BOAC的这一变化对飞机制造商的研发策略产生了显著影响。维克斯公司开始集中力量研发"先锋"（Vanguard）客机，并加大"子爵"客机的尺寸；布里斯托尔公司致力于研发尺寸更大的"不列颠尼亚"机型。两家制造商均致力于研发涡轮螺旋桨发动机客机[③]。由于"胜利者"轰炸机的销售数量有限，即便康威发动机具有竞争优势，罗罗公司也无法确保能够出售足够数量的发动机，从而收回研发投资。

美国的推进技术从活塞式发动机向喷气发动机过渡显然是为了满足军事需求。普拉特·惠特尼集团公司（以下简称"普惠公司"）为波音707和DC-8研发的JT3D和JT4D喷气发动机是J57和J75军用发动机的民用改型。机体也经历了类似的研发路径。波音707机身和机翼的设计以波音47和波音52轰炸机为基础，而美国空军（United States

---

① *AW*, 22nd June 1953, pp. 91-92; Hayward (1983, pp. 22-23); Phipp (2007, pp. 134-135).

② Hayward (1983, p. 23).

③ TNA AVIA65/745, Note by the Minister of Supply, 13th October 1955; Higham (2013, p. 134).

Air Force，USAF)的波音 KC-135 军用同温层加油机是根据波音 707 原型机(367-80)研发的。在订购数架波音 707 和 DC-8 之后，多家美国航空公司陷入了严重的财务危机。美国政府被迫启用民用后备航空机队(Civil Reserve Air Fleet，CRAF)计划。这样，美国国内航空公司能够因美国空军军事空运局(United States Air Force Military Air Transport Services，USAF MATS)推迟引进喷气运输机而得到补偿①。

所有这些都强调一个事实，美国从活塞式发动机向喷气发动机技术过渡是源自军事需求，以及军事领域的技术发展。然而，英国的飞机制造业缺少这样的军事采购背景，也没有与之相关的大量政府资金。因此，英国皇家空军取消对维克斯 V-1000 运输机的采购，使 V-1000 民用机型 VC7 的研发陷入困境。这是 VC10 项目启动推迟的主要原因之一，严重削弱了该机型在全球市场上的竞争力。此外，与美国空军不同，英国皇家空军对喷气飞机不感兴趣，直接导致 BOAC 决定以"不列颠尼亚"机型为主，发展涡轮螺旋桨飞机机队。

最迟到 20 世纪 50 年代中期，美国与英国各自国内市场规模以及国家财政能力的巨大差异开始显现。从长期来看，英国利用其在飞机生产某些方面的技术优势来缩小这一差距的做法，前景并不乐观。

1.10　美国国会对英国成功的反应

1954 年 3 月 1 日至 2 日，美国参议员布里奇和赛明顿(拨款委员会)访问了英国，对英国飞机制造业展开了调研。1954 年 6 月，美国首都航空公司购买了维克斯"子爵"涡轮螺旋桨客机，这引发了美国国会

---

① U.S. Congress (1959, p.15).

对英国飞机制造业的危机感①。这与次年的财政预算审议问题紧密相关，继续向英国飞机制造业提供资金援助的前景也变得并不明朗。

1954年7月2日，《美国对英国飞机项目的援助》（又称为《布里奇-赛明顿报告》）被提交给美国国会。这份报告从三个关键问题出发，严厉批评了美国政府对英国飞机项目给予资金支持。第一，美国纳税人的钱正被直接和间接用于支持英国飞机制造业，这一产业还受到英国政府补贴的保护。第二，由美国提供部分资金的英国皇家空军现代化计划对美国的航空产业，包括发动机制造商、飞机制造商和航空公司构成了严重威胁。报告称，不合理的是，美国的援助正被用于增强其他国家的工业基础，具有高度战略性的美国航空产业正受到威胁。第三，向英国皇家空军提供的资金支持使英国能够向研发私人喷气飞机注入大量资金。总之，该报告谴责了美国在这一方面的政策②。

1954年9月3日，美国共同安全局的W. G. 布朗（W. G. Brown）向位于华盛顿的援外事务管理署的英国代表发去了一封长长的电报，要求英国代表立即对《布里奇-赛明顿报告》做出答复。英国试图辩解，美国向英国皇家空军现代化计划（K计划）提供的资金支持与英国预算中用于资助商用喷气客机研发的大量资金之间实际上并没有联系③。1954年9月29日，美国共同安全局的英国代表林肯·戈登也反驳了"美国的援助正被用于资助英国民用喷气飞机的研发"这一说法④。

---

① NARA RG59/E1548/Box 2，Capital Airlines ＄45 Million Purchase of British Commercial Transports.

② U. S. Congress（1954，p. 30）.

③ NARARG59/E1548/Box 3，Mission Comments on Senate Appropriations Committee Staff Report，3rd September 1954；U. S. Congress（1954）.

④ NARA RG59/E1548/Box 3，USOM/UK Comment on Senate Committee Report on Aid to UK Aircraft Industry，29th September 1954.

《布里奇-赛明顿报告》还称，美国给英国的援助已经影响到了美国军事海外采购计划，特别是格洛斯特"标枪"超声速全天候战斗机的研发和销售。虽然部分欧洲国家，如比利时和意大利，对"标枪"战斗机表现出兴趣，但是，意大利由于接受了大量美国援助，因此还是决定购买美国北美航空公司研发的 F-86"佩刀"战斗机，而比利时对"标枪"战斗机感兴趣，前提是要保证英国皇家空军通过 OSP 引进该机型[①]。

更不用说，英国军用与民用喷气飞机的成功让美国飞机制造业感到非常不安。美国国会和胡佛委员会向艾森豪威尔政府施压，要求削减国外军事援助。毫不夸张地说，参议院拨款委员会的批评导致美国政府的英国皇家空军支持政策发生转变。随后，美国国会在进行预算审查后，最终将飞机专项规划经费从最初申请的 7 500 万美元削减为 3 500 万美元[②]。可以说，美国的钱包正在合上。

1.11　争先恐后购买喷气发动机

1954 年 12 月 15 日，罗罗公司董事长海夫斯勋爵（Lord Hives）、罗罗公司飞机发动机分部总经理丹宁·皮尔逊（Denning Pearson）和供应部的一位官员开会讨论了波音 707 配备康威发动机的可能性。海夫斯勋爵提出，波音公司"对康威发动机用于波音 707 民用机型非常感兴趣"[③]。实际上，波音公司已经获得了美国空军 80 架同温层加油机（KC-135）的订单。相比之下，V-1000 只获得 8 架的订单。皮尔逊表

①　TNA AIR2/14568，Brief in Support of Efforts to Obtain a Revision of the American Decision to Cancel the Offshore Javelin Contract.

②　TNA T225/1566，U. S. Aid.

③　TNA AVIA65/745，Notes of a meeting held on 15th December 1954.

示，就配备康威发动机的波音707民用机型而言，"合作已经取得了一定进展"①。

围绕下一代客机技术选择上的不确定局面很快就发生了改变。这一改变促使泛美航空订购了大量喷气客机。1955年6月，道格拉斯公司再次推出了喷气飞机DC－8。然而，与在役的波音707相比，当时DC－8仅处于设计阶段。而且泛美航空总裁胡安·特里普，对配备普惠J57发动机的波音707和DC－8机型并不满意，因为这些机型不能直飞北大西洋航线。相反，他想要的是一款配备普惠J75发动机的真正的洲际客机②。

然而，波音公司因额外研发成本压力，对推出配备J75发动机的波音707机型犹豫不决。此时，特里普表现得像一位精明的运营商，他分别与波音公司和道格拉斯公司进行了秘密接洽。1955年10月13日，泛美航空宣布订购25架道格拉斯DC－8飞机和20架波音707飞机。其中，用于国内航线的DC－8配备J57发动机，用于国际航线的DC－8配备J75发动机，而20架波音707均配备J57发动机③。当波音公司总裁艾伦从《华尔街时报》上看到这则新闻后，"感觉遇到了一场大地震"④。波音公司很快意识到，欧洲航空公司想要的是配备J75发动机的波音707。因此，波音公司被迫研发配备J75发动机的波音707－320国际机型。

正是波音公司的这一重大投资，美国航空公司争先恐后地购买喷气客机。为与泛美航空竞争，欧洲航空公司也争相订购了波音707和道格拉斯DC－8。其中，法国航空和比利时航空（Sabena）订购了多架

---

① TNA AVIA65/745，Notes of a meeting held on 15th December 1954.
② Bender and Altschul (1982，p. 473).
③ Bender and Altschul (1982，pp. 474－475).
④ Bender and Altschul (1982，p. 475).

波音 707，用作远程航线上的主力机型；荷兰皇家航空公司、瑞士航空公司和北欧航空公司订购了多架道格拉斯 DC‐8。纷沓而至的订单促使航空产业的技术和商业支配地位从英国转向了美国[①]。波音 707 和道格拉斯 DC‐8 在远程客机市场取得了主导地位，这对英国航空政策的基础"飞行英国"产生了深远的影响。

1955 年 12 月 17 日，皮尔逊与英国政府官员就欧洲航空公司购买波音 707 和道格拉斯 DC‐8 一事进行了讨论。他汇报称，荷兰皇家航空公司、北欧航空公司和法国航空公司全部决定使用美国的喷气客机，比利时航空公司和瑞士航空公司也会采取相同做法。现在唯一的希望是，这些航空公司有意愿为其美国制造的机体配备罗罗康威发动机[②]。

1.12　海外采购计划的结束

对英国而言，美国共同安全局针对 1955 年和 1956 年预算提出的财政争论很残酷。美国国会为保护本国产业，进一步加大了限制。为调查政府工作而成立的胡佛委员会已经开始对超出界限的采购协议中的英国战斗机进行密集审查。审查得出的结论是，此笔交易未能完全满足美国军方的要求，应当取消支付购买英国制造的"标枪"战斗机的费用[③]。1956 年 8 月 30 日，美国大使馆的马丁·汤克（Martin Tank）在写给国防部理查德·鲍威尔爵士（Sir Richard Powell）的信中正式提出了这一要求。不过，信中只提出美国国防部已建议取消"标枪"战斗

---

①　*AW*，4th November 1957，p. 41；Hayward（1983，p. 21）.

②　TNA AVIA65/745，Conway；Discussion on 17th December 1955.

③　NARA RG59/E1548/Box 2，James Hay Stevens to Eric Bradley，29th August 1955.

机采购合同,因为"该机型未能满足性能和合同规格要求"①。

1956 年 10 月 30 日,英国财政大臣哈罗德·麦克米伦告诉首相安东尼·伊登爵士(Sir Antony Eden),美国政府正考虑暂停 K 计划中剩余 1.08 亿美元(3 900 万英镑)(包括价值 6 400 万美元的"标枪"战斗机采购项目和 4 400 万美元的待定项目)的援助。他概述了暂停的两个理由:第一,美国方面质疑"标枪"战斗机能否满足其军事要求;第二,英国预计将在一定程度上削减军事开支,在此情况下,美国的援助不再合理。当然,英国还有其他客户(如比利时)购买"标枪"战斗机②。

美国的财政援助对英国经济和重整军备计划具有相当大的影响。与英国 15 亿英镑的军事预算相比,1.08 亿美元(3 900 万英镑)的 K 计划援助看似是很小一部分,但仍达到英国 23 亿黄金储备的 1/20。没有了军事援助,相比 1954 年英国的国际收支盈余 1.6 亿英镑,1955 年为赤字 1.33 亿英镑③。

事实上,K 计划援助支撑了英国经济的三个根本弱点。第一,英国经济存在因政府支出导致的通货膨胀趋势。第二,生产投资不足,国防、出口和投资之间存在竞争。第三,国际收支不稳定。K 计划援助使制造行业的商业基础从政府订单转向出口。如果没有 K 计划援助,英国的外汇需求会减少,因此,需要中央财政的持续补充。这 1.08 亿美元的 K 计划援助由三部分组成:购买"标枪"Ⅳ战斗机的预算 6 400 万美元,购买下士导弹的预算 2 800 万美元,购买"堪培拉"轻型战斗机的预算 1 600 万美元④。

---

① TNA AIR2/14568, Brief in Support of Efforts to Obtain a Revision of the American Decision to Cancel the Offshore Javelin Contract, November 1956.

② TNA PREM11/1276, Harold Macmillan to Prime Minister, 30th October 1956.

③ TNA AIR2/12871, Aide-Memoire on Plan K Aid.

④ USNA RG56/UK9/14, American Embassy, London to the Department of State, Washington, 25th October 1956.

20 世纪 50 年代中期，美国的军事援助政策从向英国飞机制造业提供慷慨的支持转变为向北约欧洲成员国大量出售美国战斗机。此政策转变的最明显例子是，向西德、意大利、荷兰和比利时出售洛克希德 F-104G 星际战斗机。实际上，由于美国的海外采购计划，英国在西欧军事市场上的根基逐渐崩塌。

1.13 BOAC 购买配备罗罗康威发动机的波音 707-420 机型

上文已经提到，BOAC 对全面使用喷气客机持怀疑态度。这种怀疑的产生主要是由于"彗星"客机事故，以及维克斯 V-1000 喷气飞机订单被取消。对 BOAC 不利的是，这意味着，如果美国和欧洲竞争对手决定在 1958 年以后将美国喷气客机投入商业运营，它就没有任何合适的英国制造机型与其竞争。这促使 BOAC 于 1956 年 7 月 26 日向英国政府申请订购 17 架波音 707[①]。

波音公司和道格拉斯公司均对为其飞机配备罗罗康威发动机感兴趣。1956 年 5 月，供应大臣雷金纳德·麦德宁（Reginald Mauling）与皮尔逊召开会议，讨论"胜利者"轰炸机和"火神"轰炸机的发动机选型问题。此次会议上，皮尔逊提出了为美国机体配备罗罗康威发动机。他注意到美国制造商对"子爵"客机配备的达特发动机和发动机零部件服务印象十分深刻。因此，他们希望有机会为波音飞机提供康威发动机。皮尔逊还提及，环加拿大航空公司计划采购配备康威发动机

---

① Higham（2013，p. 209）.

的 DC - 8[①]。

在 1956 年 7 月 27 日向供应大臣麦德宁提交的一份声明中,罗罗公司表示支持 BOAC 订购美国飞机的决定。罗罗公司认为,如果没有这一订单,环加拿大航空公司可能会为其飞机选择普惠 J75 发动机。印度航空公司最有可能订购康威发动机,但如果出售用于商业用途的康威发动机数量未达到 100 台,那么印度航空公司也可能转而选择普惠发动机。还有消息称,如果没有 BOAC 的订单,汉莎航空公司或许会考虑选择普惠发动机而不是康威发动机。总之,如果 BOAC 不购买美国飞机,康威发动机的生产计划将泡汤[②]。

如果 BOAC 确认订购飞机,国泰航空公司、澳洲航空公司和南非航空公司后续也有望签署订单。同时,如果 BOAC 和汉莎航空公司订购配备康威发动机的美国飞机,比利时航空公司和法国航空公司都会重新考虑其发动机选型问题[③]。英国政府显然被这一推论说服。1956 年 10 月 24 日,BOAC 获准购买 15 架配备罗罗康威发动机的波音 707 - 420。然而,BOAC 董事会早在 10 月 20 日就被告知此次采购的附加条件是购买 20 架英国客机[④]。

10 月 24 日,交通民航大臣哈罗德·沃特金森(Harold Watkinson)公布了此次采购决定。他表示,此次采购的目的是维持 BOAC 在 1958—1960 年相对于利用波音 707 执飞北大西洋航线的国外航空公司的竞争优势。这几年只能采取权宜之计,因为这段时间内英国没有推出可与美国飞机媲美的机型。沃特金森强调,在英国研发出新机型之

---

① TNA AVIA65/745, Note of the Minister's meeting with Rolls Royce Ltd. on 2nd May 1956.

② TNA AVIA65/745, Rolls Royce Limited to Reginald Maudling, 27th July 1956.

③ 同上。

④ 至于购买 20 架英国飞机,由于德·哈维兰对 BEA 的"彗星"5 型飞机感兴趣,BOAC 被迫购买维克斯客机 [Higham (2013, p. 210)]。

前,BOAC 购买美国飞机是一项"非常措施" ①。

尽管如此,此项"非常措施"还是遭到了英国议会的强烈反对。他们是否批准取决于波音 707 是否配备罗罗康威发动机。显然,英国政府希望波音 707 的纯美国飞机形象可以通过使用罗罗康威发动机而被削弱②。毫无疑问,有必要从这一非常合理,但相当冷静,又不能说是令人沮丧的研发中得到某种爱国回报。

这个决定确实让波音公司与英国航空产业位于前英联邦地区的重要客户关系变好,包括 BOAC、印度航空公司和以色列航空公司。表 1.2 展示了配备不同发动机的波音 707 的全球订单情况,数据来源于 1960 年《波音年报》。从表 1.2 可以看出,配备罗罗康威发动机的波音 707 - 420 飞机获得了 31 架订单(占波音 707 订单量的 20%)。美国与英国发动机产业合作为配备罗罗康威发动机的波音 707 - 420 飞机创造了市场。

表 1.2　波音 707 订单

单位：架

航 空 公 司	波音 707 - 120/220 [普惠 JT3(J57) 发动机]	波音 707 - 320 [普惠 JT4(J75) 发动机]	波音 707 - 420 (罗罗康威 发动机)
法国航空		20	
印度航空			4
美国航空	26		
BOAC			15

① TNA PREM11/3680, Statement by the Minister of Transport and Civil Aviation, 24th October 1956.

② Hayward (1983, pp. 23 - 24).

航 空 公 司	波音 707 - 120/220 〔普惠 JT3(J57) 发动机〕	波音 707 - 320 〔普惠 JT4(J75) 发动机〕	波音 707 - 420 (罗罗康威 发动机)
布兰尼夫航空	5		
美国大陆航空	5		
古巴航空	2		
以色列航空			3
加纳航空			2
汉莎航空			5
泛美航空	6	31	
澳洲航空	10		
比利时航空		5	
南美航空		3	
环球航空	15	12	
巴西航空			2
合计	69	71	31

最终,英国的罗罗康威发动机使波音公司进入前英联邦国家市场成为可能。而且,在设计配备康威发动机的维克斯 V - 1000 项目被取消的情况下,罗罗公司想要收回大量研发投资,就必须促成这些交易。

英国航空发动机制造商罗罗公司成功研发了代表第二代喷气发动机的涡轮风扇发动机,在发动机产业比美国制造商更具技术竞争优势。英国发动机产业与美国机体产业的此次合作是英国发动机产业获得生

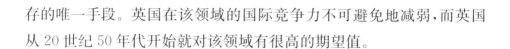

存的唯一手段。英国在该领域的国际竞争力不可避免地减弱，而英国从 20 世纪 50 年代开始就对该领域有很高的期望值。

1.14 结论

在二战刚结束的时候，英国不但要努力保持其帝国地位，还要保持其不断下降的航空优势。即使在这时，英国仍争取充分利用其在喷气技术上的优势，成为航空产业的全球杰出领导者。

丘吉尔的战时内阁推出了"布拉巴宗"计划，艾德礼政府在"飞行英国"的政策下继续推进这些项目。根据该政策，BOAC 需要购买国内生产的客机，而不是美国客机。此外，英国在军事生产和出口方面的制造也开足了马力，部分原因是美国提供了 OSP 和 K 计划援助。在此期间，英国实质上使用美国资金，通过生产喷气发动机提供动力的"彗星"客机和"子爵"客机来试图达到与美国航空产业旗鼓相当的地位。然而，英国的喷气客机成为它们在美国市场取得成功的牺牲品。美国国会逐渐意识到英国航空产业是一个威胁，所以美国突然中断了向英国的 K 计划援助。1955 年，美国客机（如波音 707 和道格拉斯 DC‐8）重新获得了竞争优势。

这些发展看似说明罗罗公司等英国航空发动机制造商在当时已经进入了由美国机体制造商主导的全球喷气客机市场。然而，对于美国机体制造商而言，与英国飞机发动机产业进行生产合作似乎前景光明。美国机体制造商向 BOAC 和其他航空公司出售飞机，而这些航空公司是英国飞机发动机制造商的客户。对于英国航空发动机制造商而言，为美国机体提供动力关乎切身利益，如果发动机只用于英国飞机，这等于商业自杀。为进入全球市场，英国航空发动机制造商需要美国的飞机。

正是在这种背景下，英-美/机体-发动机生产合作局面才形成了。研究英国飞机制造业的著名学者基思·海沃德(Keith Hayward)认为，除"彗星"客机外，其余所有"布拉巴宗"机型都是失败之作。然而，通过利用过渡客机，在英国客机与美国飞机竞争的背景下，维克斯"子爵"客机取得了商业成功。巴尼特认为英国建立飞机制造业是一个"梦想"，且是"技术上的过度扩张"。然而，由于喷气客机"彗星"和"子爵"，实际上，英国飞机制造业把自己打造成了美国客机不可缺少的一部分。即便美国客机在1955年重新获得优势之后，与美国航空发动机制造商和美国喷气客机相比，英国航空发动机制造商罗罗公司仍保持其技术优势。

第 2 章
1957—1960 年：《桑兹白皮书》与英国飞机制造业的合理化

2.1 概述

正如第 1 章所述，在 1945 年之后的约 10 年时间里，英国的外交政策是建立在温斯顿·丘吉尔著名的"三环外交"之上的。丘吉尔认为，"三环外交"包含了战后英国想要保持其大国地位所必须扮演的角色。这些角色指大英帝国的领袖、美国最亲密的盟友以及在西欧占主导地位的强国。然而，苏伊士危机和"斯普特尼克冲击"[①]这两个创伤性事件，表明英国的全球地位正在下降，且英国别无选择，只能丢弃自认为与美国和苏联平起平坐的全球大国这一伪装。苏伊士危机之后，大英帝国解体的逻辑最终将英国推向了加入欧洲共同体的方向。然而，这需要英国在美国与欧洲之间，尤其是与自诩为西欧领袖的法国之间，采取一种平衡措施，十分具有挑战性。

许多学者从这些发展中看到了英国不可避免的衰落、去殖民化、失败和欧洲一体化的线性过程。该过程包括英国从苏伊士以东地区撤军[②]，1967 年英镑的第二次贬值，以及英国在 1973 年加入欧洲共同体。

---

① 译者注："斯普特尼克冲击"（Sputmik shock）指 1957 年苏联发射首颗人造卫星给全球带来的冲击。

② Saki Dockrill 认为"苏伊士以东地区"包括波斯湾和远东地区（Dockrill，2002：2）。本书采用上述定义。

凯尔(Kyle)和佐佐木(Sasaki)将苏伊士危机描述为这段历史上的一个分水岭,标志着英国全球霸权的终结①。同样,约翰·W. 杨(John W. Young)将这些过程分为三个时期:1945—1956年英国被视为欧洲与美国之间的"第三股力量",1957—1972年英国逐渐"失去了角色",1973年以后英国成为"不情愿的欧洲人"②。

1945—1956年对英国而言尤其充满灾难。由于英国坚持大英帝国与美国的"特殊关系",因此必须承担大量的国防和研发开支,这阻碍了其参与欧洲一体化的进程。因此,英国经济增长率长期处于较低水平,直到帝国崩溃之后,且出于促进战后经济复苏的迫切需要,英国才作为正式成员加入了欧洲共同体。

这种说法忽略的一方面是,英法联军在军事行动中战胜了埃及。事实上,正是美苏的干预才导致了英国的撤军。在这里要说明的是,如果对战后英国的飞机制造业进行仔细研究,就会发现对英国衰落做出的总体叙述存在疑点,本章的论点并不是基于苏伊士危机的影响。实际上,正是在20世纪50年代的后半段,即"灾难性"衰落的5年时间里,英国航空发动机制造业的整顿和复苏奠定了英国工业和商业基础。在20世纪的最后三分之一的时间里,这一结果甚至变得更加明显。

第2章和第3章重点讨论了20世纪50年代末到60年代保守派政治家重组英国飞机制造业的尝试。第3章主要讨论了哈罗德·麦克米伦的女婿朱里安·埃默里(Julian Amery)在苏伊士危机期间的表现。埃默里是反纳赛尔"苏伊士集团"中的一位关键人物。作为航空大臣(1962—1964年),他试图通过研发远程客机和超声速运输机(supersonic transport,SST),从美国手中夺回航空优势(第3章)③。

---

① Kyle (1991);Sasaki (1997).
② Young (1997,p. ii).
③ Onslow (2008,pp. 67 - 68).

另一位保守派政治家也是本章的主要焦点，即温斯顿·丘吉尔的女婿邓肯·桑兹。桑兹认为，"苏伊士危机什么也没改变[1]。"他拒绝接受英国已经成为"二流大国"的说法[2]。作为麦克米伦政府的国防大臣（1957年1月—1959年10月）和航空大臣（1959年10月—1960年7月），桑兹发起了英国核威慑和空中力量计划。

本章主要讨论两位重要的政治家——奥布里·琼斯（1957—1959年担任供应大臣）和邓肯·桑兹（1957—1959年担任航空大臣），旨在展示这两位政治家是如何处理英国飞机制造业在20世纪50年代末所面临的危机。对于该行业和英国决策者来说，这是一个令人痛苦的时期。美国的援助已经枯竭，苏伊士危机似乎预示着一个不光明的未来。桑兹和埃默里雄心勃勃的改革似乎注定要失败。事实上，这些改革在20世纪60年代造成了一些近乎毁灭性的后果。然而，正如本书后面章节所述，它们构成了英国飞机制造业合理化的基础，英国飞机制造业在20世纪最后三分之一的时间里迎来了复苏。

2.2 《桑兹白皮书》和英国飞机制造业的危机

苏伊士危机之后不久，发生了"斯普特尼克冲击"事件，引发了先进导弹研发的新一轮竞争。危机刚一结束，哈罗德·麦克米伦保守党政府就开始上台执政。在英国的黄金和美元储备持续流失的背景下，麦克米伦政府却面临研发导弹的迫切需求[3]。此外，如果美国停止或减少对英国的军事援助，英国预计将无法在1958年以后继续其现行的军事

---

[1] Brooke（2018，p.25）.
[2] 同上。
[3] Jones（1985，p.71）.

战略①。

然而,即使美国军事援助完全枯竭,麦克米伦也不会改变维持英国独立的军工基础的决心。因此,国防大臣邓肯·桑兹于1957年3月发表了著名的国防白皮书《国防:未来政策概论》(所谓的《桑兹白皮书》)②。《桑兹白皮书》设想将"蓝光"火箭导弹作为核投射的一种方式③。

总体而言,桑兹提出了两种英国国防概念:第一,弹道导弹作为核威慑力量;第二,"用导弹取代飞机进行防空"④。《桑兹白皮书》指出,"这些核武器的运载工具是V型中型轰炸机。弹道火箭将在适当时候作为这些轰炸机的补充,之后完全取代轰炸机⑤。"显然,桑兹认为,英国不会在现有V型轰炸机之后研发其他远程轰炸机,也不会在"闪电"战斗机之后研发尖端战斗机⑥。在国防预算有限的情况下,英国内阁不得不削减载人飞机研发项目。这让英国飞机企业陷入了困境。麦克米伦政府的两位大臣琼斯和桑兹面临的任务是通过产业重组来重建英国的飞机企业。

英国供应大臣奥布里·琼斯为使英国飞机制造业摆脱困境做出了大量的努力。这些努力包括减少军事订单以及减少民用出口。他的主

---

① TNA AIR2/12871,The R. A. F. Programme in relation to American Aid,13th January 1956.

② Minister of Defence,*Defence: Outline of Future Policy*,Cmnd. 124 (London,HMSO,1957)(Sandys White Paper).

③ TNA CAB129/86,C (57) 69th,Statement of Defence,1957,Note by the Minister of Defence,15th March 1957.

④ Jones (1985,p.72).

⑤ TNA CAB129/86,C (57) 69th,Statement of Defence,1957,Note by the Minister of Defence,15th March 1957.

⑥ Minister of Aviation,*Report of the Committee of Inquiry into the Aircraft Industry*,Cmnd. 2853 (London,HMSO,1965),para. 92;TNA CAB129/86,CC (57) 17 Statement of Defence,1957,Note by the Minister of Defence,15th March 1957.

要方法是,规定政府只将合同授予少数飞机制造商。在《桑兹白皮书》的背景下,琼斯向英国内阁提交了一份于 1957 年 7 月 1 日撰写的备忘录。在这份备忘录中,琼斯认为,《桑兹白皮书》中概述的影响在未来两三年才能完全显现出来。他预测,到时候许多企业将会倒闭,飞机制造业的总就业人数将在 4 年或 5 年内从 266 000 人左右降至约 100 000 人。因此,军用飞机的产量将受到限制,飞机制造业将不得不主要依靠民用工程和出口来维持[1]。

出于这些原因,琼斯首先建议,政府应当利用其权力来授予合同,使飞机产业的企业数量变少,而剩下的企业将拥有更大的规模。他还建议,政府应通过最初的国内订单(BOAC、BEA 和英国皇家空军运输司令部),引导制造商以私有企业的形式来研发新型民用飞机[2]。然而,负责 BOAC 和 BEA 公司的交通和民航大臣哈罗德·沃特金森反对琼斯的立场。在回应琼斯的提议时,沃特金森称 BOAC 和 BEA 公司均不可能订购大量飞机[3],这两家隶属于该部门的航空公司都没有兴趣购买新客机,也没有任何单独的飞机需求。

在 1957 年 7 月 9 日的内阁会议上,飞机制造业的问题再次被提起讨论,会上还研究了琼斯和沃特金森的备忘录。琼斯认为,一些持续的财政援助似乎至关重要。没有财政援助,该产业就会瘫痪,所以需要大量的初始订单,并需要英国皇家空军运输司令部与 BOAC 和 BEA 公司协调飞机需求。对于英国飞机制造业而言,排除任何非预期的外国客户之后,英国航空公司唯一可能的客户只有 BOAC、BEA 公司和英国皇家空军运输司令部[4]。

---

① TNA CAB129/88,C (57) 154th, The Aircraft Industry,1st July 1957.
② 同上.
③ TNA CAB129/88,C (57) 159th, The Aircraft Industry,5th July 1957.
④ TNA CAB128/31,CC (57) 50th,9th July 1957.

在对这一论点的答复中,沃特金森称,运输司令部已经订购了布里斯托尔"不列颠尼亚"飞机,而 BOAC 和 BEA 公司已经签署了主要机型的订单。这些飞机已满足 BOAC 和 BEA 公司未来 5 年的需求。因此,短期内无法预见会有大订单。琼斯需要 BOAC 和 BEA 公司与英国皇家空军运输司令部订购相同机型的运输机,以使运输机订单达到特定数量。他相信,这 3 笔订单有利于飞机制造业形成合理化结构①。

然而,沃特金森认为,BOAC 和 BEA 公司不会订购大量飞机。在内阁会议上,两位大臣之间不断激化的矛盾未得到解决。首相哈罗德·麦克米伦表示,财政大臣彼得·霍尼戈夫(Peter Thorneycroft)应该对飞机制造业的未来发展情况进行调查,以寻求解决这一问题的方法。霍尼戈夫特此担任了飞机制造业工作组的主席②。

2.3 BEA 新中程喷气飞机订单的问题

1957 年底,BEA 公司计划订购 70～80 座的飞机,并于 1963—1965 年开始交付运营③。1957 年 12 月,琼斯建议合并霍克·西德利和布里斯托尔公司,组成一个联合体,以获得 BEA 公司的订单。然而,这使政府陷入了困境。BEA 公司想要的是德·哈维兰 DH.121("三叉戟")客机。德·哈维兰公司本想以私有企业的形式来承接该项目。然而,琼斯仍然认为,得到 BEA 公司喷气机订单的企业应与机体制造业的另一家主要企业合并④。随后,德·哈维兰公司于 1958 年 1 月 30 日成立了

---

① TNA CAB128/31, CC (57) 50th, 9th July 1957.

② 同上。

③ TNA CAB129/91，C (58) 19th, Aircraft for British European Airways, 23rd January 1958.

④ TNA CAB129/92，C (58) 94th, Aircraft Industry, 2nd May 1958.

联合体，名为英国飞机制造有限公司（Airco）。此联合体由德·哈维兰公司、费尔雷航空（Fairey Aviation）公司和汉廷飞机（Hunting Aircraft）公司组成。每家合伙企业都将失去各自原本的身份和独立性[①]。霍克/布里斯托尔联合体与英国飞机制造有限公司争夺 BEA 公司订单，双方都准备通过私有企业的形式研发飞机。

1958 年年初，BEA 公司说明了选择德·哈维兰项目的原因。德·哈维兰公司是唯一一家拥有民用喷气飞机制造经验的英国公司，其"三叉戟"客机将是"彗星"客机顺理成章的后继机型[②]。最初，琼斯试图说服 BEA 公司放弃对德·哈维兰设计的偏好，转而支持霍克·西德利/布里斯托尔联合体的项目，因为这符合英国减少飞机企业数量的政策。琼斯担心德·哈维兰是"一家财力较弱的公司，并且希望获得供应部的财政支持"[③]，并确信霍克/布里斯托尔联合体更有可能在全球市场上展开竞争。他还认为，BEA 公司的 24 架订单不能带来经济利益。事实上，为了保证合理的利润，有必要向泛美航空出口大量飞机[④]。

1958 年 2 月 4 日，琼斯向内阁提交了一份关于 BEA 公司喷气飞机订单的文件。他提出两个主要论点：第一，英国必须大力发展飞机制造业，才能与美国的飞机制造业竞争；第二，必须减少飞机制造业对国家财政的严重依赖。然而事实上，英国在军事领域没有新的合同，而在民用领域，也只有一个 BEA 公司购买喷气飞机的新订单[⑤]。

琼斯还讲述了他在 BEA 公司订购飞机之前试图对英国飞机企业进行整合的结果。他表示，布里斯托尔公司和霍克·西德利公司不需

---

① Hartley (1965，p. 849).

② TNA CAB129/91，C (58) 31st，British European Airways，31st January 1958.

③ Jones (1985，p. 76).

④ TNA CAB129/91，C (58) 19th，Aircraft for British European Airways，23rd January 1958.

⑤ TNA CAB129/91，C (58) 32nd，The Aircraft Industry and the British European Airways，1st February 1958；TNA CAB128/32，CC (58) 14th，4th February 1958.

要政府资金，而德·哈维兰公司显然需要。他进一步建议，应将 BEA 公司的订单交给霍克/布里斯托尔联合体，以促进产业合理化。但他再次遭到了沃特金森的反对，沃特金森认为，应允许 BEA 公司与德·哈维兰签署订单①。

在 1958 年 2 月 12 日的内阁会议上，总检察长雷金纳德·曼宁厄姆·布勒（Reginald Manningham-Buller）认为，BEA 公司没有法定义务就其购买或不购买飞机征求政府同意。如果 BEA 公司能够利用自有资源支付从德·哈维兰购买的飞机，那么它就可以自由地这样做。此外，德·哈维兰已经明确表示，"三叉戟"客机项目是以私有企业的形式进行的。最终，霍克·西德利/布里斯托尔和德·哈维兰均确定以私有企业的形式承担即将签署的 BEA 公司订单。此外，德·哈维兰成立英国飞机制造有限公司也是符合英国政府的产业合理化政策的。因此，内阁授权沃特金森通知 BEA 公司，其可以就新喷气客机的生产与德·哈维兰进行谈判②。

总而言之，在"三叉戟"客机事件之后，琼斯试图通过将多家小型制造企业与大型企业合并来实现产业合理化。为此，他规定政府只能将合同授予少数经过合理化的飞机制造商。尽管他付出了努力，但德·哈维兰等知名制造商出于保持管理独立性的目的，抵制了政府的合理化政策。在苏伊士危机之后，英国的飞机制造业政策执行得并不一帆风顺。

---

① TNA CAB129/91, C (58) 31st, British European Airways, Memorandum by the Minister of Transport and Civil Aviation, 31st January 1958; TNA CAB129/91, C (58) 32nd, The Aircraft Industry and the British European Airways, Memorandum by the Minister of Supply, 1st February 1958; TNA CAB128/32, CC (58) 14th, 4th February 1958.

② TNA CAB128/32, CC (58) 16th, 12th February 1958; TNA PREM11/2597, Viscount Replacement, 2nd July 1959.

2.4　TSR‑2(OR339)合同

在军事生产领域，桑兹和航空部都认为他们不再需要有人驾驶飞机[1]。OR339 在琼斯的产业合理化政策中发挥了重要作用。OR339 后来被称为 TSR‑2 战斗轰炸机(TSR 指战术攻击/侦察)，这成为英国电气公司(English Electric)"堪培拉"轻型轰炸机的继承者。

1957 年 9 月 16 日，琼斯在供应部与九家机体企业召开的会议上做出四点重要声明。第一，《桑兹白皮书》的发布明确了未来政府对军用飞机的需求。第二，只有少数项目仍在供应部手中，其中 OR339 是迄今为止最重要的项目。第三，为减少飞机制造业中小型企业的数量，他提出了一项强有力的重组措施。第四，在签署 OR339 合同时，供应部必须确保合同的中标方拥有承接该项目所需的资源[2]。

军方青睐维克斯公司的 OR339 设计方案。然而，政府的合理化政策和飞机企业的"理想标准"是一个潜在的干扰因素。经确认，没有一家企业具备在给定的时间范围内独立完成该项目的技术和财政资源。因此，在 1959 年 1 月 1 日，政府与维克斯‑阿姆斯特朗(Vickers-Armstrong)公司签订了主合同，项目将由该公司按 50∶50 的比例与英国电气航空(English Electric Aviation)公司共同承担。这似乎是政府强迫成立合资公司的唯一案例，而合作企业是由供应部选定的[3]。

---

[1]　Jones(1985，p. 74).

[2]　TNA AVIA65/1276，Size and shape of the aircraft industry and G. O. R. 339，13th September 1957；TNA AVIA65/1276，G. O. R. 339，Note of a meeting held in Shell Mex House on 16th September 1957；Hayward(1989，pp. 72‑73).

[3]　Hartley(1965，p. 849).

2.5　飞机制造业工作组批准报告

1958年4月14日，由财政大臣彼得·霍尼戈夫担任组长的飞机制造业工作组，向内阁提交了一份题为《飞机制造业的未来：航空研究与发展》的报告。在编写报告时，工作组被要求考虑一系列问题。第一，《桑兹白皮书》提出要将飞机制造业缩减到什么样的规模，缩减的时间跨度是多久？第二，缩减后的产业是否应当重组，减少的企业数量是多少？如果是这样，如何更好地实现这一目标，并保留哪些现有企业？第三，政府继续向飞机制造业提供资金支持是否符合国家利益，如果符合，应该提供何种规模的资金支持[①]？

1958年5月2日，新上任的财政大臣希思科特·艾默里（Heathcoat Amory）在一份备忘录中对工作组的报告做了充分的总结和回应，并提出以下两条重要建议：第一，政府应维持目前对军用和民用领域研发的支持水平，条件是飞机制造业需进行重组，加强自身实力，以便更好地应对国际竞争。第二，民用研发领域可能需要大量的政府援助。此类援助对未来一代的飞机，例如超声速运输机或垂直起降（vertical take off and landing，VTOL）飞机至关重要[②]。

内阁经济政策委员会大体上同意飞机制造业工作组的意见，且明确建议，在军事订单减少和国际竞争激烈的艰难过渡期内，政府要把注意力放在少数实力雄厚的企业上[③]。

---

① TNA CAB129/92，Appendix B to C（58）94th，The Future of the Aircraft Industry：Aeronautical Research and Development，First Report by the Aircraft Industry Working Party.

② TNA CAB129/92，C（58）94th，Aircraft Industry，2nd May 1958.

③ 同上。

1958 年 5 月 6 日的内阁会议集中讨论了艾默里的备忘录。根据财政大臣的说法，如果飞机制造业想要得到政府的资金支持，就必须重组并提高效率。内阁同意按照工作组建议，政府继续为研发提供资金支持，同时还一致认为应当研发供出口的大型客机①。然而，内阁的焦点逐渐转向《桑兹白皮书》中政府对飞机制造业政策的性质上。特别值得注意的是，政府要继续向飞机制造业提供资金援助。5 月 13 日，琼斯在下议院解释称，政府的援助要用于民用客机研发，并概述了提供援助的条件②。

1958 年上半年，英国飞机制造业在军事和民用领域依然面临困境。在军事领域，《桑兹白皮书》提出了减少军事采购。在民用领域，美国喷气客机已经主导了全球市场。因此，琼斯制定了一家理想的飞机企业应具备的标准，即"同时从事军用和民用飞机以及工业和非工业活动的企业，从而其可以基于整体多元化结构筹集资金"③。看来，当务之急似乎是合上政府的钱包。

2.6 民用领域的危机

1958 年 1 月，BOAC 与维克斯公司签署了 35 架 VC10 的确认订单，以及 20 架的选择权订单①。然而，维克斯公司表示无法承担 800 万～1 000 万英镑的预期亏损。维克斯公司认为，如果 VC10 仅有 BOAC 的 35 架订单，并且 BOAC 手头没有其他可能成功的项目，那么

---

① TNA CC (58) 38th, 6th May 1958.
② 588 HC Deb., 13th May 1958, cols. 228 - 229.
③ Hartley (1965, p. 848).
① 选择权是指航空公司有权订购额外飞机。

这种损失就会增加。这些项目包括希望替代"子爵"而研发的 VC10 缩短型。VC10 在技术上优于现有美国同类机型波音 707 和道格拉斯 DC-8，但其生产工艺不如美国机型的先进，因此，其在全球市场上取得成功的前景也不确定①。

政府对 VC10 的援助可以采取多种形式。维克斯公司需要具备一定的条件，以避免该机型出现严重亏损，甚至可能获得出口订单。这些条件包括 BOAC 愿意将 20 架选择权订单转变为确认订单，以及英国皇家空军可能签署 20 架 VC10 订单。然而，即使 BOAC 打算增加订购 VC10，可能在 20 世纪 60 年代中叶在其"不列颠尼亚"和"彗星"客机退役前也不需要这些飞机，或许要到 1967 年或之后，英国皇家空军才可能对 VC10 产生需求，以取代"不列颠尼亚"客机②。

到 1959 年 7 月，英国飞机制造业已经到了一个关键阶段。作为英国的主要制造商，维克斯公司因"先锋"民用客机项目的失败而遭受亏损，再加上 VC10 远程客机项目的前景暗淡，计划终止民用飞机业务。这无疑意味着，BOAC 需要用波音 707 执飞大西洋航线。此外，德·哈维兰公司只能获得微薄的资金来源。该公司没有在"彗星"客机上获利，近期也没可能向 BEA 公司出售 24 架"三叉戟"客机。如果德·哈维兰公司完成这项合同，公司将损失一大笔钱。所以，政府不得不控制这种局面。替代方案要么要求英国完全放弃其飞机制造业，要么对英国施加不可抗拒的压力，对飞机制造业进行完全国有化③。

琼斯在 1958 年 12 月 18 日向内阁提交的文件中指出，在过去的 5 个月里，飞机制造业的就业岗位减少了约 1 万个，预期在不久的将来还

---

① TNA PREM11/2597，The Aircraft Industry，Record of a Meeting held at 10，Downing Street，S. W. 1.，on Thursday，9th July 1959 at 6. 30 p. m.

② 同上。

③ TNA PREM11/2597，Note for Talk with the Chancellor of the Exchequer，14th July 1959.

会减少 2.5 万个。他指出，由于国防预算削减，霍克·西德利集团、布里斯托尔飞机公司，甚至维克斯公司和德·哈维兰公司都可能会发生管理危机。有进一步迹象表明，维克斯公司即将启动的"先锋"民用客机项目不会取得商业成功，并且会给公司财务带来灾难性后果。琼斯得出结论，英国飞机制造业不但在军用领域处于困境，而且在民用领域也面临着重重困难。他预测：在接下来的 10 年里，英国飞机制造业可能会退出民用飞机领域，并几乎消失①。在 1958 年 12 月 23 日的内阁会议上，琼斯呼吁政府大力支持民用客机的研发②。

1959 年 7 月 3 日，首相哈罗德·麦克米伦主持了一次部长会议，试图解决民用领域的这些问题。在这次会议上，琼斯重申了内阁在 1958 年批准德·哈维兰公司以私有企业的形式为 BEA 公司研发"三叉戟"客机。BEA 公司决定要一架比最初设想更小的飞机，而罗罗公司要求政府为新发动机斯贝提供高达 700 万英镑的财政资助③。

琼斯认为，政府不应该支持采用斯贝发动机的"三叉戟"客机，理由是"三叉戟"客机无法获得使其取得商业成功所需的出口订单。另外，他还推荐了维克斯公司的新型客机，因为环加拿大航空公司已经对这款机型表现出了一定的兴趣。如果加拿大订购 50 架这种设计的飞机，那么环加拿大航空公司的订单可以与 BEA 的订单合并。这样，就可以为该机型取得商业成功奠定基础④。

琼斯要求交通大臣努力说服 BEA 进行合作。交通和民航大臣哈罗德·沃特金森则反对这一提议。沃特金森认为，"三叉戟"客机实际上是"子爵"客机的替代机型，所以，要谨慎行事，避免做出支持这两种

---

① TNA C (58) 257th, The Aircraft Industry, 18th December 1958.

② TNA CC (58) 87th, 23rd December 1958.

③ TNA PREM11/2597, The Aircraft Industry, Record of a Meeting Held at 10, Downing Street, S. W. 1., on Friday, 3rd July 1959 at 10 a. m.

④ 同上。

机型的任何承诺。最好的解决方法是，由维克斯公司和德·哈维兰公司通过某种形式的联合经营来进行"子爵"替代机型的研发和生产。麦克米伦的结论是，英国飞机制造业只会研发未来民用飞机的每一种主要类别中的一种机型①。

2.7　维克斯公司可能会退出民用航空业务问题

维克斯公司可能会放弃VC10的研发和生产，这是一个严重的问题。这意味着英国飞机制造业可能会退出远程客机市场②。在1959年7月9日举行的一次大臣级会议上，大臣们讨论了"子爵"替代机型和VC10远程客机这两个问题。关于第一个问题，大臣们同意，维克斯公司的项目将为英国飞机制造业在全球市场中竞争"子爵"的替代机型提供最佳前景。为启动维克斯公司的项目，维克斯公司应考虑BEA的要求。此时，BEA和德·哈维兰英国飞机制造集团正在就这些要求进行谈判③。

在这次大臣级会议上，琼斯还谈到了VC10问题的棘手之处。VC10项目需要2 100万英镑的投资才能进行。琼斯邀请了库珀兄弟（Cooper Brothers）会计师事务所的高级合伙人亨利·本森（Henry Benson）在会议上发言。本森在报告中称，VC10的预期损失为1 500万英镑，且BOAC必须购买35架VC10。琼斯建议维克斯公司与英国

①　TNA PREM11/2597，The Aircraft Industry，Record of a Meeting Held at 10，Downing Street，S. W. 1.，on Friday，3rd July 1959 at 10 a. m.

②　TNA PREM11/2597，The Aircraft Industry，Record of a Meeting Held at 10，Downing Street，S. W. 1.，on Thursday，9th July 1959 at 10 a. m.

③　同上。

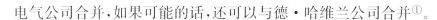
电气公司合并，如果可能的话，还可以与德·哈维兰公司合并①。

琼斯的目的仍然是完成英国飞机制造业的整合优化，这主要通过利用政府的军事合同（TSR－2）和 BEA 的订单来实现。但他仍与交通与民航大臣沃特金森的观点存在分歧，而沃特金森代表着 BEA 的偏好。琼斯并未给飞机制造商留下好的印象，在这些飞机制造商看来，琼斯"对市场无知，不顾成本，贪求公共资金"②。

2.8　桑兹和英国飞机制造业的重组

供应部是英国政府负责飞机采购的部门，与飞机制造业关系密切。飞机制造业也与民航有着密切的联系。这样的责任划分明显会导致两个部门的意见相左，一个倾向于代表供应方，而另一个则倾向于代表需求方。在这种情况下，邓肯·桑兹担任了航空大臣，从而将供应部和运输及民航部的职责结合起来。桑兹试图在这个职位上完成飞机制造业的合理化。

作为 1957 年国防白皮书的作者，桑兹的立场和抱负很明确：整合优化就是他的议程。1959 年航空部的成立实际上消除了飞机制造业与航空公司之间的分歧③。20 世纪 60 年代，航空部负责规划军用和民用项目，旨在与美国制造商争夺市场控制权。该部门为通过合作赢得项目合同创造了条件④。

1956 年 10 月，英国政府允许 BOAC 购买波音 707 飞机作为权宜

---

① Jones（1985，p. 79）.
② Jones（1985，pp. 77－80，83－84）.
③ Hartley（1965，p. 846）.
④ Hayward（1989，p. 74）.

之计,直到英国制造的机型进入市场。但政府也坚持,此笔交易是以BOAC购买20架英国客机为条件的①。1957年初,英国政府决定批准BOAC订购一款英国制造的大型四发远程客机。而BOAC仍希望购买英国版的波音707,或者是获得波音公司授权,由英国制造的波音机型。然而,BOAC在政府部门的主事者坚持要求购买英国设计的客机,潜在竞争机型有德·哈维兰DH.118、汉德利·佩季HP.97、布里斯托尔200和维克斯VC10。最终,BOAC决定购买25架维克斯VC10。该机型是根据BOAC的要求量身定制的,可以在高温和高空条件下飞行,也能够在短跑道机场起降,这些是BOAC飞行的帝国航线的典型特点。相比之下,波音707和道格拉斯DC-8是针对全球需求而设计的②。

1959年11月,桑兹会见了飞机制造业的高级代表,讨论了其合理化计划。他试图将政府启动援助计划引入民用项目,并在军用(TSR-2项目)与民用(VC10项目)领域制订了核心计划③。他还提议政府为民用客机的研发提供资金援助,并通过这一措施完成产业合理化④。

最重要的是,桑兹向飞机制造业的代表明确表示,有必要将几家公司合并为不超过两个主要机体集团和两个主要航空发动机集团⑤。他希望一个集团以霍克·西德利为基础(或许与德·哈维兰公司合作),另一个集团以维克斯公司和英国电气公司为基础。航空发动机领域已经存在两大集团,即罗罗公司和布里斯托尔-西德利公司。桑兹估计,为帮助飞机制造业,政府有必要在民用飞机和航空发动机项目上提供

---

① 至于购买20架英国客机,由于德·哈维兰公司对向BEA公司提供"彗星"5型客机感兴趣,BOAC被迫购买维克斯公司的客机[Higham(2013,p.210)]。

② Cole(2017,pp.95,97).

③ Hayward(1989,pp.74-75).

④ TNA CAB129/99,C(59)185th,The Aircraft Industry,16th December 1959.

⑤ Hayward(1983,p.41);Hayward(1989,pp.74-75).

额外的援助。结合飞机制造业面临的困难，他将资金额度定为每年1 500 万英镑①。

飞机制造业的代表同意了桑兹的合理化计划。在获得了代表们的同意后，桑兹向财政大臣寻求政府援助的保证。在 1959 年 12 月 17 日的内阁会议上，财政大臣希思科特·艾默里声称，如果为这些项目提供额外的政府援助，可能要超过 1 500 万英镑的平均水平。首相哈罗德·麦克米伦同意桑兹的观点，认为飞机制造业应该在两个主要机体和两个航空发动机集团的基础上维持和重组。然而，政府长期援助的规模似乎无法确定，只能对当前和可能的未来项目，尤其是维克斯认为自己面临巨大困难的项目进行预测②。

1959 年 12 月 21 日，艾默里主持召开了一次大臣级会议，桑兹也参加了。此次会议的主要议题是政府的启动援助。艾默里表示，飞机的长期研发和生产成本是出了名的难以预测。而且，这些成本通常大大超出最初的估算。总体而言，英国飞机制造业的销售前景并不明朗。桑兹在回答中坚称，政府推动飞机制造业重组为两个主要机体集团和两个主要航空发动机集团的工作进展顺利。霍克飞机公司已经进行了一些合并。此外，维克斯公司、英国电气公司和布里斯托尔公司现在准备组成一个集团，但这必须得到政府的支持。桑兹建议政府支持 VC系列——VC10 远程客机和 VC11 中程客机。艾默里表示，如果维克斯公司、英国电气公司和布里斯托尔公司能够合并，政府提出的 2 000 万英镑的 VC 飞机研发报价是可以接受的③。

1959 年 12 月 22 日，艾默里与桑兹之间达成了以下共识：第一，政府出资 2 000 万英镑用于 VC 系列机型（VC10 和 VC11）的研发，条件

①　TNA CAB129/99，C（59）185th，The Aircraft Industry，16th December 1959.
②　TNA CAB128/33，CC（59）64th，17th December 1959.
③　TNA CAB130/170，GEN701/1st，Aircraft Industry，21st December 1959.

是维克斯公司、英国电气公司和布里斯托尔公司合并。第二，政府准备在运营商的任何初始订单之外，承担 20 架超级 VC10（VC10 的跨大西洋机型）和 20 架 VC11 客机 50% 的生产成本。第三，在未来 5 年里，政府同意平均每年支出 1 500 万英镑用于支持有前景的民用机体和航空发动机项目①。

　　此时，桑兹需要飞机制造业支持他与艾默里达成的共识。12 月 22 日下午，他会见了维克斯公司、英国电气公司和布里斯托尔公司的代表。经财政大臣批准，桑兹能够告知相关制造商他们现在可能从政府获得的财政援助的性质和范围。可能获得这些援助的项目包括维克斯集团——VC10、超级 VC10 和 VC11②。在随后的一份备忘录中，桑兹向内阁报告，英国飞机制造业的重组已接近完成。

　　看起来，英国的飞机公司已经准备好了。在机体制造方面，维克斯公司、英国电气公司、布里斯托尔公司和汉廷飞机公司共同成立了一家新的私有企业——英国飞机公司（British Aircraft Corporation，BAC）。BAC 董事会迅速取消了维克斯 VC11 客机项目，并推出了汉廷飞机公司设计的 BAC1－11。新公司还负责研发和生产军用 TSR－2（OR339 合同）、远程客机 VC10 和中程客机 BAC1－11。另一家机体制造商霍克·西德利飞机公司（Hawker Siddeley Aviation，HSA）由霍克公司、格洛斯特（Gloster）公司、A. V. 罗伊（A. V. Roe）公司、阿姆斯特朗·惠特沃斯（Armstrong Whitworth）公司、德·哈维兰公司、布莱克本（Blackburn）公司和弗兰德（Folland）公司组建而成。此外，航空发动机的制造以罗罗公司为主，另外再加上新公司布里斯托尔·西德利发动

---

　　①　TNA PREM11/3637，to Prime Minister，22nd December 1959. Sandys pressed Vickers，English Electric and Bristol to form BAC through his "marriage bureau" [Hayward（2012）].

　　②　TNA CAB129/100，C（60）21st，The Aircraft Industry，9th February 1960；TNA PREM11/3637，to Prime Minister，22nd December 1959.

机（Bristol Siddeley Engines，BSE）公司——由布里斯托尔公司、霍克·西德利公司、布莱克本公司和德·哈维兰公司组成[①]。

2.9 "别再购买波音飞机"

桑兹将英国飞机制造业重组为四家核心企业的宏伟计划绝非既成事实。1960 年 1 月，BOAC 得到通知，由于维克斯公司在民用业务上遭受巨大亏损，整个 VC10 项目有被取消的危险。即使维克斯公司即将成为 BAC 的一部分，该公司仍然必须承担 VC10 的成本。为缓解维克斯公司的现金流困难，政府要求 BOAC 将其 10 架飞机的选择权订单变为确认订单。遗憾的是，BOAC 也有自己的问题。其再装备计划已经是一项重大承诺。同样，第三世界新兴国家的航空公司也与 BOAC 在其曾经垄断的航线上竞争。BOAC 怀疑，像 VC10 标准型这样的大型飞机缺少必要的灵活性。无论如何，BOAC 都计划在北大西洋航线上只使用波音 707。桑兹还告知 BOAC，他担心航空运输业和飞机制造业的财务状况和福利。在这种情况下，VC10 获得更多订单将有助于确保 BAC 的成立。"飞行英国"政策仍然是生机勃勃的[②]。

1960 年 2 月 15 日，桑兹在下议院发表了一项声明。他透露，政府对军用飞机的订单是飞机制造业的重要业务来源，此类订单的锐减使扩大民用飞机在国内外的销售变得迫在眉睫。不过，政府一直在考虑采取多种方法，以期帮助制造商适应这种变化。桑兹指出了发展民用客机的重要性，并提出根据产业合理化原则将英国的飞机制造业重组

[①]　Hayward（1989，p. 78）。
[②]　Hayward（1983，pp. 47 - 48）。

为四大集团，再加上一家直升机公司①。

桑兹表示，鉴于民用市场的重要性日益提高，政府已决定为有前景的民用飞机和航空发动机项目提供更多支持。桑兹还明确了政府对研发民用客机的资助性质。这种财政援助需要政府向民用客机和航空发动机项目提供直接预算支持②。这严重背离了琼斯的私有企业政策。桑兹甚至还明确指出了政府会提供启动资金援助的四个项目：远程客机 VC10、中程客机 BAC1‑11、"三叉戟"客机，以及用于 BAC1‑11 和"三叉戟"的斯贝发动机③。

1960 年 6 月，BOAC 对订单进行更改，订购了 30 架超级 VC10 和 15 架标准型 VC10。有了 BOAC 和英国皇家空军的订单，VC10 的订单数量上升至近 60 架。这意味着 VC10 项目已经接近盈亏平衡点，能够收回研发成本。BOAC 主席马修·斯莱特里（Matthew Slattery）爵士承认，考虑到客运量在下降，订购更多 VC10 的决定"有点冒险"④。但桑兹的宏伟计划显然已经取得了成果。来自航空部的研发援助促进了英国飞机制造业的合理化改革，并加速了企业的合并⑤。

最终，航空部期望英国飞机制造业能发展成为美国飞机制造业的竞争对手。实现这一目标的关键似乎在于产业合理化和在产业精简后继续提供支持。作为"飞行英国"政策的内容，航空部通过强制要求英国皇家空军和 BOAC 订购 VC10 机型，向该项目提供资金。这些举措旨在帮助英国飞机制造业重新在远程飞机市场中获得竞争力。

《桑兹白皮书》提出了雄心勃勃的要求。它要求英国在更少兵力和

---

①　617 HC Deb. , 15th February 1960，col. 958.

②　同上。

③　Minister of Aviation，*Report of the Committee of Inquiry into the Aircraft Industry*，Cmnd. 2853 (London，HMSO，1965)，para. 111.

④　Hayward (1983，p. 48).

⑤　同上。

国防预算受限的情况下，在军事行动中保持同样的能力，特别是在苏伊士以东地区。在武器装备方面，满足此要求的解决方案似乎是：在"战略机动"的概念下，发展战斗机和运输机的垂直/短距起降（vertical & short take off，V/STOL）能力[①]。因此，在 20 世纪 60 年代初，政府提出要研发先进喷气式战斗机和战术运输机。这两种飞机都基于革命性 V/STOL 概念。该概念由 HSA 资助，还得到了北约共同武器研发项目的支持。然而，1962 年，英国在两个北约 VTOL 项目竞标失败之后，决定独立基于两个 HSA 设计进行研发。这两种机型分别是超声速 VTOL 战斗攻击机 P.1154 和互补式 VTOL 军用运输机 AW681（后来命名为 HS.681）[②]。

事实上，在 20 世纪 60 年代初做出的一系列采购决定已明确表明，英国政府希望在此期间为重要的飞机项目提供资金。在 1963 年年初，英国政府决定研发 HS.681 运输机，作为"贝弗利"和"黑斯廷斯"的替代机型[③]。1963 年 10 月，航空大臣和国防大臣同意研发 HSA 的超声速 P.1154 V/STOL 战斗机，以及 BSE 研发的用于 P.1154 的发动机[④]。这些新机型具有 V/STOL 能力，而且装备了罗罗发动机。达尔比（Darby）和多克里尔（Dockrill）表示，TSR－2、P.1154 和 HS.681 都是可部署在"苏伊士以东地区"的武器[⑤]。TSR－2 轰炸机旨在为苏伊士以东地区提供"核保护伞"。TSR－2 与美国通用动力公司的 F－111"土豚"的参数相似，而 HS.681 运输机与美国洛克希德公司的 C－130"大力神"[⑥]相比，采用了更加先进的 V/STOL 技术。超声速 P.1154

---

①　Darby（1973，p.166）.
②　Hayward（1989，p.85）.
③　Darby（1973，pp.259－260）.
④　Wood（1986，pp.204－206）.
⑤　Darby（1973，p.266）；Dockrill（2002，p.81）.
⑥　Dockrill（2002，p.78）.

V/STOL 战斗机是革命性的创新飞机，而美国麦克唐纳-道格拉斯公司的 F-4"鬼怪"战斗机则是一款"不太复杂、更加灵活的综合性进攻/防御战术武器"①。

　　显然，英国政府是想把钱花在刀刃上，这也体现在民用部门上。因此，桑兹的主要目的是迫使 BOAC 购买 VC10 远程客机，并与波音 707 进行竞争。事实上，麦克米伦政府与美国的竞争明显表现在对购买波音 707 飞机不加掩饰的敌意上。1962 年 6 月，BOAC 向政府表示，希望额外购买配备普惠 J75 发动机的波音 707-320 洲际飞机。该公司希望采用该机型执飞伦敦—洛杉矶直达航线，就像泛美航空公司、环球航空公司和法国航空公司一样。但政府断然拒绝了这一要求，因为这意味着 VC10 订单可能会被取消，对英国飞机制造业就会造成损害②。麦克米伦给航空大臣彼得·霍尼戈夫留了张纸条，只写了一句："我希望别再购买波音了。"③

2.10　结论

　　20 世纪 50 年代末，失去美国援助引发了英国飞机制造业的危机，并推动了政府政策的改革。新政策如下：第一，产业合理化；第二，20 世纪 60 年代开展新项目研发；第三，成立航空部。20 世纪 60 年代，政府飞机制造业政策的总体目标是在军用与民用领域上实现独立自主，不依赖于美国飞机制造业。这是一个雄心勃勃的目标，因为在 20 世纪

---

　　①　Wood（1986，p. 191）.

　　②　TNA PREM11/3680，Prime Minister to Minister of Aviation，14th June 1962；TNA PREM11/3680，Minister of Aviation to Prime Minister，15th June 1962.

　　③　TNA PREM11/3680，Prime Minister to Minister of Aviation，23rd June 1962.

50 年代中期，美国飞机制造业主导着全球市场。《桑兹白皮书》发布后，英国的防务订单减少，导致英国飞机制造业面临管理危机。

在产业合理化的第一阶段，供应大臣奥布里·琼斯试图通过私有企业政策，用 OR339 合同（TSR - 2）和 BEA 的喷气式客机订单来整合制造商。尽管德·哈维兰等公司决心保持管理独立性，但政府在这项努力中基本上取得了成功。在产业合理化的第二阶段，麦克米伦政府于 1959 年成立了航空部。航空大臣邓肯·桑兹试图通过向新成立公司提供政府启动援助来巩固合理化计划。航空部对"20 世纪 60 年代研发项目"做了规划，包括民用领域的 VC10 和军用领域的 TSR - 2，以期与美国制造业进行竞争。

实际上，这些改革是为了保持大英帝国独立的国防工业基础，即使在苏伊士危机之后也是如此。当然，这种方法也充满危险。英国政府资助飞机制造业的新意愿在 20 世纪 60 年代产生了一些可怕的后果，因为一些关键的飞机项目陷入了资金困难的境地，成为公共财政的一大负担。然而，如果没有 20 世纪 50 年代末雄心勃勃的改革，就不可能有 20 世纪 70 年代和 80 年代英国飞机制造业的复兴①。

---

① Hayward (1989，pp. 63 - 82)。

第 3 章
1963—1966 年：BOAC 的财政危机以及"飞行英国"政策的终结

3.1 序言

如前两章所述，"飞行英国"政策迫使英国国内航空公司购买国产飞机。本章探讨了这一政策为何以及如何结束，并展示了1962—1963年，由于泛美航空的激烈竞争，BOAC在北大西洋航线上所遭受的巨大损失。这引起了英国政府的极大关注。然而，官方的回应却是矛盾的。一方面，大臣们继续催促BOAC购买国产飞机；另一方面，政府也暗示英国可能在未来某个时候购买美国客机（波音707或道格拉斯DC‐8）。

总的来说，本章说明了使用英国客机（相比美国客机较差）这一要求和必须与外国运营商（使用美国客机）竞争之间产生的严重冲突。这一冲突触及了BOAC管理结构的核心。一位历史学家观察到，"1956—1963年这一时期可以视为BOAC不时陷入的低谷之一[1]。"BOAC试图"做对自己最有利的事情，同时也做对国家有利的事情[2]"。然而，"在当时主管工作的大臣看来，这两个目标并不总是一致的，因此产生了不同的观点[3]。"

主要分歧在于BOAC新任主席贾尔斯·格思里（Giles Guthrie）爵

---

[1]　Higham（2013，p. 242）.
[2]　同上。
[3]　同上。

士与民航大臣朱利安·埃默里之间。格思里爵士代表着英国航空公司的利益,他一贯主张使用更便宜的美国飞机。而艾默里却代表着英国飞机制造业的利益,旨在根据"飞行英国"政策推动远程客机的制造。表3.1可以表明,格思里爵士对将经营利润置于假定的"国家利益"之上并不感到内疚。在航空杂志 Intervia 的一次采访中,格思里爵士被问道:"你认为购买和运营英国飞机,从而支持英国飞机制造业是BOAC的一大职责吗?"他回答说:

> "并不是的。我们必须购买最能满足公司需求的飞机,否则会再次亏损。如果我们购买他们的产品仅仅是因为这些产品是英国制造,这将既不符合自身利益,也不符合英国飞机制造业的利益。当然,如果最好的飞机是英国制造的,我们会很高兴,但我们的主要职能是通过运营盈利,而不是不惜一切代价去支持英国飞机制造业①。"

表 3.1 BOAC 的财务业绩记录

单位:百万英镑

财 务 业 务	1961—1962	1962—1963	1963—1964	1964—1965	1965—1966
BOAC 的客运收入	92.7	92.3	103.82	114.3	124.7
BOAC 的经营盈余(赤字)	−10.5	4.7	8.7	16.8	20.7
借款利息和税收前的集团利润(亏损)	−43.2	−6.2	−2.7	17.9	11.8

---

① *Interavia*,February 1967,p.190.

（续表）

财 务 业 务	1961—1962	1962—1963	1963—1964	1964—1965	1965—1966
扣除借款利息和税收后的集团利润（亏损）	−50.0	−13.1	−9.8	9.9	9.4
扣除借款利息和税收后归属于BOAC的集团利润（亏损）	−50.0	−12.9	−10.4	8.9	8.1
国库股息资本的股息	—	—	—	—	3.5

格思里爵士成功地削减了成本，表中数据已经说明一切。1961—1962 财年，BOAC 的经营赤字为 1 050 万英镑。到 1965—1966 财年，已变成 2 070 万英镑的经营盈余。这似乎为他坚持购买美国飞机提供了有力的辩护。而英国飞机制造业，特别是"飞行英国"政策的政治和经济成本确实非常高①。

3.2 英美争夺北大西洋航线

1946 年，英国和美国签署了旨在规范战后民用航空运输的《百慕大协定》。在此协定签署之后的几年里，BOAC 和泛美航空一直在争夺对国际航空运输的霸权控制权。对于英国政府而言，二战后 BOAC 对于英国的国家利益负有两大责任：第一，BOAC 要负责帝国航线的运营；第二，要支持英国飞机制造业在"飞行英国"政策下的客机研发。

---

① *Interavia*，February 1967，p. 193.

1945 年的民航白皮书对"飞行英国"政策进行了明确的阐述①。该政策要求 BOAC 在战后时期使用英国制造的飞机。因此,BOAC 成为德·哈维兰"彗星"1 型和布里斯托尔"不列颠尼亚"等机型的启动客户,以支持英国飞机的发展。BOAC 作为英国的载旗航空公司,不可避免地卷入了与泛美航空的竞争当中。泛美航空是二战后数年间美国在航空领域维护国家利益的"选定工具"②。泛美航空由美国政府资助,负责北大西洋航线的国际运输,这是全球最赚钱的航空通道。

表 3.2 显示了 BOAC 和泛美航空首次采用喷气客机执飞北大西洋航线的日期。可以看出,BOAC 的日期是 1958 年 10 月 4 日,实际上早于其美国竞争对手。然而,"彗星"4 型的载客量只有 72 人,而波音 707 - 120 的载客量为 132 人。此外,1959 年 8 月 26 日,泛美航空将巡航距离为 5 000 英里③的波音 707 - 320 洲际客机投入运营,并开始在北大西洋航线上提供直达服务。BOAC 与泛美航空之间的差距由此拉开。不久以后,环球航空公司(美国)、比利时航空公司、法国航空公司和汉莎航空公司(西德)等主要航空公司开始在北大西洋航线上用波音 707 执飞。这再次对 BOAC 的底线产生了影响。

表 3.2　BOAC 与泛美航空在北大西洋航线的首次喷气机服务

开始日期	航空公司	机　型	发动机	载客量/人	飞行速度/（英里/小时）	巡航距离/英里
1958 年 10 月 4 日	BOAC	"彗星"4 型	罗罗"阿汶"（Avon）	72	505	3 250

① Ministry of Civil Aviation, *British Air Services*, Cmd. 6712 (London, HMSO, 1945).

② Bender and Altschul (1982).

③ 译者注：英里为长度单位,1 英里=1.609 34 千米。

开始日期	航空公司	机　型	发动机	载客量/人	飞行速度/（英里/小时）	巡航距离/英里
1958 年 10 月 26 日	泛美航空	波音 707-120	普惠 JT3（J57）	132	570	3 250
1959 年 8 月 26 日	泛美航空	波音 707-320 洲际客机	普惠 JT4（J75）	144	545	5 000

资料来源：戴维斯（[1964]1967：第 482、486 页，表 46 和表 51）。

表 3.3 对 BOAC 和泛美航空的营运收入做了对比。泛美航空运营着一半的波音 707-320 洲际客机，这使其能够提供北大西洋航线的直达服务，并获得了可观的利润。相比之下，BOAC 的业务表现较差，因为"彗星"4 型在载客量和巡航速度上都不如波音 707。

表 3.3　BOAC 和泛美航空公司的经营业绩

单位：百万英镑

年　份	BOAC	泛美航空
1958	−2.3	3.1
1959	3.2	6.6
1960	2.2	8.2
1961	−13.9	8.1
1962	−5.8	15.3

资料来源：Ministry of Aviation，*The Financial Problems of the British Overseas Airways Corporation*（London：HMSO，1963），p. 18。

作为回应，1960 年 5 月 27 日，BOAC 开通了伦敦—纽约航线，并使用配备罗罗康威发动机的波音 707 - 420 作为权宜之计①。然而，BOAC 无法购买更多的波音 707，因为它将应承"飞行英国"政策邀请，计划购买 VC10。如第 2 章所述，首相哈罗德·麦克米伦排除了 BOAC 再次购买波音 707 的可能性。

3.3　BOAC 的财务问题

1961 年和 1962 年，BOAC 出现了相当大的赤字。至 1962 年中期，该公司已陷入了严重的管理危机。这让英国政府非常不安。1962 年 8 月 2 日，内阁经济政策委员会采纳了航空大臣朱利安·艾默里的提议，对 BOAC 财务问题的原因进行调查。1963 年 10 月 1 日，艾默里在一份名为《英国海外航空公司的财务问题》的文件中，向内阁经济政策委员会提出了他对 BOAC 财务状况的分析②。

这份文件将 BOAC 的累计赤字总额定为惊人的 1 亿英镑，并呼吁议会对这一问题开展调查。该文件认为这些亏损的起源可追溯到 1956 年，也就是各大国际航空公司开始订购美国喷气飞机的那一年。该文件还指出，BOAC 因"彗星"1 型和"不列颠尼亚"飞机遭受了严重的亏损。该公司在 20 世纪 50 年代的长期规划是基于这两款机型的，每款飞机的成本约为 100 万英镑。然而，"彗星"1 型项目因一系列事故而被迫中断，"不列颠尼亚"机型则因各种技术问题而推迟。此外，用波音 707 和 DC - 8 等大型美国喷气飞机执飞远程航线，明显对英国飞机的

---

①　Davies（［1964］1967，p. 486）；Higham（2013，p. 215）.

②　TNA CAB134/1703，EA（63）159th，Financial Problems of the British Overseas Airways Corporation，1st October 1963.

使用造成了影响。为了在远程航线上竞争，BOAC 在 1956 年 10 月购买了 15 架波音 707，作为在更有潜力的英国飞机可用之前的权宜之计。政府对这一举措予以支持①。

BOAC 购买波音 707 的条件是购买 20 架英国飞机。1957 年 4 月，BOAC 确定维克斯 VC10 是最能满足其要求的机型。BOAC 希望政府批准其购买 35 架飞机，如表 3.4 中所示。航空部也认为维克斯机型是波音 707 和道格拉斯 DC－8 的潜在竞争对手。可以肯定的是，VC10 比已批量生产的波音 707 更贵。但 VC10 采用后置式发动机构型，运行时非常安静，这对乘客充满了吸引力，尤其是对长途飞行的乘客。此外，该机型更适用于在一些英联邦航空公司经营的热带地区降落。然而，这也意味着 VC10 可能更多是针对 BOAC 和英联邦的航线进行了过度定制化设计，使其在利润丰厚的北大西洋航线上的竞争力不如美国竞争对手②。

表 3.4　VC10 订单

日　期	BOAC VC10		超级 VC10	维克斯的意向
	确定购买	选择权	确定购买	选择权
1956 年 10 月	航空部要求 BOAC 购买 20 架英国飞机			
1957 年 4 月 23 日	25 架	10 架		45 架
1957 年 4 月 25 日	35 架	20 架		

---

①　TNA CAB134/1703，EA (63)159th, Financial Problems of the British Overseas Airways Corporation, 1st October 1963.

②　同上。

日　　期	BOAC VC10		超级 VC10	维克斯的意向
	确定购买	选择权	确定购买	选择权
1958 年 1 月	35 架			
1960 年 6 月				
1960 年 8 月	15 架	10 架		
1961 年 6 月	12 架(已支付取消 3 架飞机的违约金)	30 架		
1963 年 4 月、9 月	BOAC 希望取消 13 架飞机的订单			维克斯同意暂停 10 架飞机的制造
1964 年 5 月 22 日	BOAC 希望取消全部 30 架飞机的订单			
1964 年 7 月 20 日			17 架(10 多架待定)	3 架卖给 RAF，接受违约金
1965 年 3 月 19 日	BOAC 希望取消最后 17 架飞机的订单			
1965 年 6 月 18 日	BOAC 打算取消最后 10 架飞机的订单			
1966 年 2 月 7 日	BOAC 在维克斯(现为 BAC)的同意下取消了暂停制造的 10 架飞机订单			

资料来源：Higham(2013，p.213)。

1960 年初，维克斯公司陷入了严重的财务困难境地，VC10 项目随之突然陷入困境。为拯救该项目，航空部要求 BOAC 再购买 10 架 VC10[1]。1960 年 6 月，BOAC 欣然修改了订单，选择了 30 架超级 VC10 和 15 架标准型 VC10。《飞行》杂志讥讽地指出，在客运量下降的时候，BOAC 却在增加运力。BOAC 总经理巴兹尔·斯莫尔皮斯爵士（Sir Basil Smallpiece）也承认，BOAC 的决定"有些冒险"[2]。后续事件表明，这种说法非常符合英国保守主义的传统。

事实上，从 1960 年起，航空运输量的增速已经下降，BOAC 的竞争地位也明显下降。如果 BOAC 接收全部 42 架 VC10，那么到 1966 年或 1967 年，加上其现有的 8 架 VC10 订单和 20 架波音 707 订单，BOAC 的机队将共有 70 架飞机。可以说，这样会出现运力过剩。因此，BOAC 董事会开始深入研究取消或推迟购买部分 VC10 或淘汰部分波音飞机的经济效益。这些都是棘手的问题[3]。

在 1963 年 11 月 14 日的一次内阁会议上，埃默里坚持要发布一份白皮书，对 BOAC 赤字进行官方分析。他指出，政府有责任让一家国有公司的管理层承担相应责任。此外，埃默里提议在议会上同时发表一份声明。这份声明将说明政府提议的对 BOAC 管理层的调整。这也将意味着马休·斯莱特里爵士（Sir Matthew Slattery）将从董事长的职位上退休，承担 BOAC 赤字的责任。保诚保险公司（Prudential Assurance Company）的商业银行家贾尔斯·格思里爵士（Sir Giles Guthrie）将接替该职位。此外，埃默里还提议，在 1964 年期间，BOAC 的新管理层需制订计划，使公司财务状况保持健康。这可能包括将公

① Hayward（1983，p. 47）．

② Hayward（1983，p. 48）．

③ TNA CAB134/1703，EA（63）159th，Financial Problems of the British Overseas Airways Corporation，1st October 1963.

司的管理权交给私人投资者①。

这份极具批判性的白皮书发表后②，贾尔斯·格思里爵士于 1964 年 1 月接任 BOAC 董事会主席。格思里爵士个人负责按照白皮书中规定的路线对 BOAC 的管理进行改革。在 1 月 1 日的政府指令（即 BOAC 的《大宪章》）中③，埃默里告知格思里爵士，BOAC 的当前任务是：

> 在扣除利息和折旧后实现收支平衡。如何实现这一目标由你自己（格思里爵士）决定，但对我而言，我也非常关心，因为我有责任为累积和持续的赤字提供资金……如果要以国家利益为先，无论是公司还是政府，只有在得到明确同意或大臣明确要求的情况下，才能对公司的商业利益做出一些让步④。

该指令列出了 BOAC 想要克服其管理危机必须坚持的原则。这些原则中最重要的一条是，BOAC 应当优先考虑盈利问题。然而，这一原则与 BOAC 一直服务的两项假定的国家利益直接矛盾，即根据"飞行英国"政策为英国客机提供市场，以及将英联邦连接起来。这些利益现在充满了不确定性。

---

① 　TNA CAB129/115，CP（63）14th，Financial Problem of the British Overseas Airways Corporation，12th November 1963；TNA CAB128/38，CM（63）5th，14th November 1963.

② 　Ministry of Aviation，*The Financial Problems of the British Overseas Airways Corporation*，Cmnd. 5（London，HMSO，1963）.

③ 　Higham（2013，p. 245）.

④ 　688 HC Deb.，5th February 1964，cols. 1141‑1142.

3.4　格思里爵士与埃默里

　　航空大臣埃默里要求制订一项使 BOAC 能够实现收支平衡的计划。为满足这一要求，BOAC 董事长格思里爵士对公司的机队规模和构成予以更多的重视。他在检查现有 VC10 采购计划时概述了这一点。格思里爵士总结说，通过提高现有飞机的利用率，可在减少 40 架飞机的情况下维持 BOAC 的服务，现有机队为 62 架飞机。这将需要取消 30 架超级 VC10 的订单，并订购 6 架新波音 707 - 320 飞机[①]。

　　格思里爵士更青睐波音 707 而不是 VC10，主要有两个关键原因。第一，美国机型已经摊销成本，估计运行成本比 30 架超级 VC10 低约200 万美元。第二，波音公司可提供波音 707 今后几十年内的维修，而维克斯公司只承诺在最后一架飞机交付后的十年内提供 VC10 零部件。事实上，新的波音飞机和波音备件在未来许多年内肯定是现成的。格思里爵士估计，取消 VC10 订单的成本为 6 500 万～7 000 万英镑，但这似乎只是为了购买更便宜、更有前景的飞机而付出的一个小代价[②]。

　　尽管如此，格思里爵士提出将 BOAC 的英国机型更改为美国机型的计划还是令大臣们大为震惊。这基本上意味着将 BOAC 卸下支持英国客机研发的现有角色。BOAC 的订单是迄今为止所有超级 VC10订单中最大的，取消此订单意味着整个项目将陷入瘫痪。首相亚历克·道格拉斯·霍姆爵士(Sir Alec Douglas-Home)组织了大臣小组，

---

　　①　TNA CAB130/200，GEN870/1st，The V. C. 10，Memorandum by the Minister of Aviation，30th June 1964；TNA PREM11/4676，Draft Cabinet Paper.

　　②　TNA CAB130/200，GEN870/1st，The V. C. 10，30th June 1964；TNA CAB129/ 118，CP (64) 141st，The Super VC. 10，15th July 1964.

专门审查 BOAC 的超级 VC10 订单。航空大臣埃默里和财政大臣雷金纳德·麦德宁就这一问题签署了两份备忘录①。

根据埃默里的说法，格思里爵士已经接受取消 12 架标准型 VC10 订单为时已晚的事实。埃默里在报告中强调了格思里计划对行业的影响。首先，BOAC 取消 VC10 订单会影响 VC10 在国外的销售、损害 BAC 的声誉，并严重破坏 BAC 的其他客机（如 BAC1‑11 和"协和"客机）的前景。其次，BAC 将立刻裁员 2 500 人②。

格思里计划的政治影响也同样令人沮丧：它将花费纳税人 9 000 万～1 亿英镑，打造一支以美国飞机为主的机队。此外，VC10 合同是政府说服维克斯和其他公司组建 BAC 的条件之一，如果政府同意取消该合同，这将动摇飞机制造业对政府航空政策的信心③。

这个时候，埃默里提出一个替代方案，即一旦 VC10 机队可用，BOAC 就立即出售其 20 架波音 707④。这样，"飞行英国"政策可能会得以维持。但英国航空政策核心的基本冲突现在是明确无误的。内阁办公室的 P. R. 鲍德温向首相亚历克·道格拉斯·霍姆爵士描述了这一日益严重的危机，并将其称为"政府政策之间的冲突"⑤。BOAC 作为一家国有公司，应具有商业效率，但英国也应当保持独立的飞机制造业。一方面，格思里爵士的计划，"也就是取消全部 30 架超级 VC10 的订单，会对我们的飞机制造商造成沉重打击"⑥。BOAC 如果购买 6 架

---

　　①　TNA PREM11/4676，T. J. Bligh to Burke Trend，25th June 1964.

　　②　TNA CAB130/200，GEN870/1st，The V. C. 10，Memorandum by the Minister of Aviation，30th June 1964.

　　③　同上。

　　④　TNA CAB130/200，GEN870/1st，The V. C. 10，Memorandum by the Minister of Aviation，30th June 1964；TNA PREM11/4676，Draft Cabinet Paper.

　　⑤　TNA PREM11/4676，P. R. Baldwin to Prime Minister，The VC‑10，GEN. 870/1 and 2，6th July 1964.

　　⑥　同上。

新波音 707 而不是 30 架超级 VC10,那么将拥有"以美国飞机为主的机队"①。另一方面,埃默里的全 VC10 计划似乎指向了"另一个极端"②——拒绝经济逻辑,追求英国国产飞机机队的远景。

麦德宁则提出了一个折中方案。他建议组建 VC10 和波音 707 的混合机队。根据该方案,BOAC 要将其超级 VC10 订单从 15 架减少到 12 架。而英国皇家空军需订购 3 架超级 VC10。剩下的 20 架波音 707 将被保留。这是一个省钱的解决方案,费用比购买全部 VC10 要少花费约 2 000 万~3 000 万英镑③。麦德宁指出,如果 BOAC 只运营 VC10 机队,那么当 VC10 停产后,若需要更多的 VC10,BOAC 会陷入困境。VC10 和波音 707 混合机队方案将保留两种选择。如果 VC10 在商业上比预计得更加成功,尤其是与波音的巨大成功相比,这个方案将是有利的④。

1964 年 7 月 7 日,在亚历克·道格拉斯·霍姆爵士主持的高级部长级会议上,VC10 问题成为主要讨论焦点。这次会议达成的共识是,完全取消 30 架 VC10 的订单,而采用全波音机队是不现实的。然而,也有人承认,BOAC 订购约 20 架远程客机在数量上有点多。亚历克·道格拉斯·霍姆爵士根据格思里爵士、埃默里和麦德宁的备忘录得出三种可能的行动方案。第一种是采用全 VC10 机队,无须取消超级 VC10 的订单;第二种和第三种选择是取消 10 架或 15 架超级 VC10,这样将分别提前部署 10 架或 5 架波音飞机⑤。

---

① TNA PREM11/4676,P. R. Baldwin to Prime Minister,The VC - 10,GEN. 870/1 and 2,6th July 1964.

② 同上。

③ TNA CAB130/200,GEN870/1st,The V. C. 10,Memorandum by the Minister of Aviation,30th June 1964.

④ TNA CAB130/200,GEN870/2nd,The VC. 10s:Cost of Alternative Proposals,1st July 1964.

⑤ TNA CAB130/200,GEN870/1st,7th July 1964.

总之,英国大臣们正在就未来民用飞机机队中英美飞机的平衡进行争论。此次内阁会议之后,埃默里、麦德宁和格思里爵士会面讨论了 BOAC 的预期需求。到 1968 年,这些飞机的数量大约是 39 架,而一年后可能再增加 8 架(共计 47 架)。埃默里认为,英国皇家空军无论如何都需要接收 BOAC 最初订购的 30 架超级 VC10 中的 3 架①。

　　1964 年 7 月 13 日,埃默里在另一次大臣会议上提出了他的想法。他的论点是基于预计的 BOAC 机队方案(见表 3.5)。显然格思里爵士已经决定,1968 年后 BOAC 总共需要 47 架客机,并且意识到其取消全部 VC10 订单的最初建议是不现实的。现在,他建议应该被允许取消不少于 12 架 VC10,从而保留 20 架波音飞机的机队。这意味着 20 架 VC10 飞机订单将被取消②。

表 3.5　各种 BOAC 机队方案

方　案	超级 VC10	标准型 VC10	波音 707	合计
1960 年 6 月修改订单	30 架	15 架	20 架	65 架
格思里计划(全波音机队方案)	0 架(取消 30 架,RAF 接收 3 架)	约 12 架	26 架(购买 6 架新波音 707)	约 40 架
埃默里计划(全 VC10 方案)	27 架(RAF 接收 3 架)	12 架	0 架(售出 20 架波音 707)	约 40 架

---

①　TNA PREM11/4676, P. R. Baldwin to Prime Minister, The VC‑10, GEN. 870/3 and 4, 14th July 1964.

②　TNA CAB130/200, GEN870/3rd, The V. C. 10, The Super V. C. 10, 13th July 1964; TNA CAB130/200, GEN870/4th, The V. C. 10, The Super V. C. 10, 14th July 1964.

（续表）

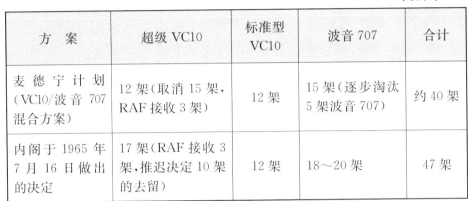

方 案	超级 VC10	标准型 VC10	波音 707	合计
麦德宁计划（VC10/波音 707 混合方案）	12 架（取消 15 架，RAF 接收 3 架）	12 架	15 架（逐步淘汰 5 架波音 707）	约 40 架
内阁于 1965 年 7 月 16 日做出的决定	17 架（RAF 接收 3 架，推迟决定 10 架的去留）	12 架	18～20 架	47 架

资料来源：TNA CAB130/200，GEN. 870/1st，30th June 1964；TNA PREM11/4676，to Prime Minister，3rd July 1964；TNA CAB130/200，GEN. 870/1st，7th July 1964；Aviation Week（AWST），27th July 1964，p. 26；699 HC Deb.，20th July 1964，cols. 39 - 40.

1964 年 7 月 15 日，在由掌玺大臣塞尔文·劳埃（Selwyn Lloyd）主持的高级大臣委员会会议上，关于英国机队的精确组成这一持续争论的问题再次成为议事主题。埃默里从"飞行英国"政策的角度继续反对取消超级 VC10 订单。麦德宁与埃默里的立场不同，并表明取消 12 架超级 VC10 的理由，这意味着 BOAC 将运营 12 架标准型 VC10、20 架波音 707 和 15 架超级 VC10。麦德宁计划可使格思里爵士自由地将希望寄托在英国或美国的飞机上，也为 BOAC 从美国飞机中选择一款喷气客机打开了大门①。

第二天，也就是 7 月 16 日，内阁再次讨论了 VC10 问题。塞尔文·劳埃建议推迟决定剩余 10 架超级 VC10 的去留问题，这可能表达了在场每个人已疲于讨论这个问题的态度。果然，大臣们普遍支持这个行动方针：首先，这将为技术讨论提供更多机会；其次，BOAC 对未来机队的需求仍存在一些不确定性。随后，内阁开始分配已经订购的

---

① TNA CAB130/200，GEN870/2nd Meeting，15th July 1964.

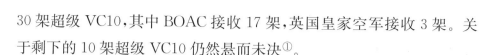

30 架超级 VC10,其中 BOAC 接收 17 架,英国皇家空军接收 3 架。关于剩下的 10 架超级 VC10 仍然悬而未决①。

从"飞行英国"政策的角度来看,推迟决定剩下 10 架超级 VC10 的去留问题意味着什么?对格思里爵士而言,尽管他立即组建全美国飞机机队的激进建议被否决,但他仍然可以选择使用(至少部分)美国机队。与此同时,埃默里避免了超级 VC10 订单被大规模取消的末日场景。然而,与会的每个人都清楚,即使是英国载旗航空公司也不打算运营一个完全由英国飞机组成的机队。尽管参加会议的大臣都没有公开这样说,但这一决定实际上否定了 VC10 是波音 707 和道格拉斯 DC-8 竞争对手的说法。

3.5 取消剩下的 10 架超级 VC10

格思里爵士从未放弃过取消剩余 10 架超级 VC10 订单的念头。1964 年,在哈罗德·威尔逊(Harold Wilson)的领导下,英国工党政府重新执掌了政权,这届政府对 VC10 和其他此类"重要"飞机项目的热情明显降低。1966 年 2 月 8 日,新航空大臣弗雷德·马利(Fred Mulley)向威尔逊提交了一份报告,内容是关于 BOAC 与 BAC(维克斯公司)之间取消剩余 10 架超级 VC10 的问题②。

马利报告称,全权负责超级 VC10 生产资金的维克斯公司已经开始向 BOAC 施压,要求其做出决定。格思里爵士与维克斯公司董事长查尔斯·邓菲爵士(Sir Charles Dunphie)之间进行了大量的书信交流。

---

① TNA CAB128/38,CM (64)38th,16th July 1964.

② TNA PREM13/1355,Super V. C. 10 aircraft for B. O. A. C.,the Minister of Aviation to Prime Minister,8th February 1966.

1月27日，格思里爵士写信给马利，大意是，BOAC董事会已得出结论，对10架超级VC10没有可预见的需求。因此，BOAC决定取消该订单，并向维克斯公司支付每架飞机75万英镑的取消费用。格思里爵士表示，他将在2月8日支付这笔款项[①]。

格思里爵士和马利在一次会议上重申了这些结论。格思里爵士证实，在充分考虑从现在到1970年可预见的客流量增长之后，BOAC将不再需要剩余的10架超级VC10。也就是说，超级VC10完全超出了需求。1970年以后，BOAC可能需要增加运力，但这需要新一代更大的飞机来满足。格思里爵士强调，BOAC过去的许多困难以及针对该公司的许多批评，都是因为该公司为未来订购了太多飞机。格思里爵士无意重蹈前任的覆辙。维克斯公司已经同意按约定的条件取消这10架飞机[②]。

2月8日上午，马利会见了查尔斯·邓菲爵士。邓菲爵士强调，多年来，维克斯公司一直因为需要为超级VC10提供资金支持，以及最后10架飞机的不确定性而陷入经济困境。维克斯公司非常需要BOAC为取消订单而支付的这笔款项。邓菲爵士和格思里爵士都向马利保证，每架飞机75万英镑的数额经过了仔细核算，可使维克斯公司的财务状况与生产剩余10架超级VC10相同。邓菲爵士强调，这本质上是维克斯公司与BOAC之间的重要商业决定，他希望能够立即收到双方商定的款项[③]。

马利认为，政府在这件事上没有合同或法律地位。维克斯公司和BOAC都有理由坚持自己的决定。在与威尔逊的讨论中，马利注意到，

---

① TNA PREM13/1355，Super V. C. 10 aircraft for B. O. A. C.，the Minister of Aviation to Prime Minister，8th February 1966.

② 同上。

③ 同上。

最后 10 架超级 VC10 订单的取消将敲响 VC10 的"丧钟"①，使该项目失去在国外或国内销售的机会。

然而，格思里爵士的大范围节约计划并没有止步于改变机队方案。他还处理了 BOAC 航线结构的各种问题，特别是南美东海岸航线的问题。1963 年 12 月，该航线亏损了 6 万英镑——占当年 BOAC 总赤字中的很大一部分。出现亏损的部分原因是"国家声望"，因为该航线使用的是 VC10 大型喷气客机，而不是更便宜的"彗星"4 型。事实上，受"都铎"客机和"彗星"客机空难事件的影响，这条航线在 1946—1965 年亏损了 530 万英镑。1965 年 7 月 21 日，格思里爵士决定，如果没有政府的补贴，BOAC 将于 11 月 1 日停飞该航线。但这一决定遭到了政府的拒绝。然而，9 月 1 日，BOAC 停飞了南美东海岸航线。实际上，BOAC 在传递这样一种信息：其航线结构将由公司的商业利益决定，而不取决于英国政府的外交需要②。

在做出这一决定之后不久，BOAC 前董事长斯莱特里爵士在《飞行》杂志发表了尖刻的言论，他认为这些行动没给英国飞机制造业带来任何好处③。然而，格思里爵士重组 BOAC 机队和航线结构的雄心勃勃的方案却为公司节省了大量的资金。1964—1965 财年证明该方案是成功的，BOAC 集团实现了 1 780 万英镑的息前利润。1965 年 3 月 31 日，BOAC 赤字减少了 8 100 万英镑④。公司的财务状况恢复了稳定。然而，这对英国飞机制造业以及英国在全球更广泛的地位而言，却是不祥之兆。

---

① TNA PREM13/1355，Super V. C. 10 aircraft for B. O. A. C.，the Minister of Aviation to Prime Minister，8th February 1966.
② Higham (2013，pp. 260 – 262).
③ Higham (2013，p. 262).
④ Higham (2013，pp. 263 – 264).

3.6 从"新爱德华梦"中觉醒？

1966 年 2 月 11 日，财政大臣詹姆斯·卡拉汉（James Callaghan）建议首相哈罗德·威尔逊接受航空部长取消剩余 10 架超级 VC10 的提议。他认为，这是将 BOAC 重新打造为经济高效型企业的唯一途径。卡拉汉表示："我认为我们必须接受超级 VC10 没什么出口前景的事实。在技术上，VC10 是非常好的飞机，但成本太高，也推出得太晚[①]。"

当 BOAC 在订购下一代远程宽体客机时选择了波音 747，这一有争议的政策变化得以完全实现。这实际上敲响了英国远程飞机的"丧钟"。通过使用美国客机以及清算历史上的"帝国义务"，例如运营帝国航线和履行"飞行英国"政策要求，BOAC 无疑提高了自己的管理地位。然而，这让英国制造业付出了高昂的代价。

英国对下一代飞机机队的选择基本上实现了格思里爵士对埃默里的胜利。波音 707 和道格拉斯 DC - 8 的成功表明了飞机机队需要载客量为 100～150 人的飞机（尽管 DC - 8 的成功相对短暂）[②]。根据此市场预测，1965 年年中，格思里爵士与机体制造商共同探讨了制造远程喷气客机的前景。可能的竞争机型包括 BAC 的 Superb 机型（超级

---

① TNA PREM13/1355，Chancellor of the Exchequer to Prime Minister，11th February 1966.

② 波音公司能够利用波音 707 在美国市场获利，是因为已经根据与美国空军的 KC - 135（波音 707 军用改型）合同完成了波音 707 的批量生产。小型波音 737 和中型波音 727 也成了最畅销机型。相比之下，道格拉斯公司没有 DC - 8 的军事合同。道格拉斯公司也没有从军机制造业的学习曲线效应中获益。此外，DC - 9 错过了短程客机的繁荣期，而 BAC1 - 11 则从中受益匪浅。最终，道格拉斯公司失去了竞争力，在 1959 年陷入了管理危机，在 1967 年 4 月 28 日与麦克唐纳公司合并。参见 Eddy et al. (1976, pp. 42 - 46)。

VC10 的加长型)、波音 747 和道格拉斯的加长型 DC－8。

1966 年 2 月 14 日，弗雷德·马利向威尔逊提交了一份关于超级 VC10 后继机型的报告。他表示，在 1965 年夏天，BAC 已经提出了研发加长型超级 VC10(Superb) 的提议。Superb 以 VC10 的设计理念为基础，是一款能搭载 265 名乘客的双层飞机。BAC 估计项目的启动成本为 4 000 万英镑。此外，BAC 计划在飞机上配备罗罗 RB178 发动机——一款推力为 3 万磅的高涵道比发动机[1]。这将是一种强大的飞机。

然而，实现这一目标的可能性很小。正如马利所观察到的，如果英国打算停止生产远程喷气客机，那么英国中短程飞机的前景也会变得暗淡。马利建议，应当告知 BAC，政府不可能支持针对远程市场推出超级 VC10 的后继机型——尽管 Superb 为 BOAC 的问题提供了一个可能的"英国解决方案"[2]。

事实上，当时大多数国际航空公司使用的都是波音 707 和道格拉斯 DC－8，所以他们自然会倾向于选择这些机型的加长型。道格拉斯公司曾表示有意加长 DC－8，而波音公司则计划研发非常大的波音 747 飞机。因此，英国出售足够多 Superb 机型的机会从一开始就很有限。无论如何，Superb 从来就不是一个严肃的命题。该机型的研发成本（仅机体成本就需要 4 000 万英镑，还要加上发动机的成本）将由财政部承担，而从市场前景看来，收回这笔开支希望十分渺茫[3]。5 月 11 日，马利在下议院宣布，政府不支持 Superb 的研发[4]。

1966 年 5 月，波音的替代机型出现了，这对于坚持"飞行英国"政策

---

[1]　TNA PREM13/762，Successor to the Super VC. 10，14th February 1966.

[2]　TNA PREM13/1355，The Minister of Aviation to Chancellor of the Exchequer，4th July 1966.

[3]　TNA PREM13/762，Successor to the Super VC. 10，14th February 1966.

[4]　728 HC Deb.，11th May 1966，col. 373.

的人来说至少是一种安慰。美国制造商道格拉斯公司提出了比大型波音 747 小得多的机型 DC8-84,该机型将满足 BOAC 的要求。其最大优点在于将配备英国发动机,即罗罗 RB178 的缩小型。1966 年 6 月 17 日,BOAC 原本要在波音 747 与道格拉斯 DC8-84 之间做出决定。然而,道格拉斯公司撤回了其提议,理由是其他航空公司对 DC8-84 不感兴趣[①]。

这样,BOAC 就只剩下了一个可行的选择:波音 747。波音公司希望在进入制造阶段之前获得 50 架的意向订单。到 4 月中旬,泛美航空已订购了 25 架,而汉莎航空公司和澳洲航空公司正在权衡自己的选择。英国购买这款机型似乎是不可避免的。马利试图"确保在波音飞机上最大量地使用英国设备,这不单单针对 BOAC 的订单,而是包括所有生产的飞机"[②]。他最初希望波音公司能采用罗罗 RB178 发动机。然而,4 月 26 日,波音公司通知 BOAC,不会采用罗罗发动机。事实证明,波音公司不愿意仅因为发动机不同而为同一机型建立单独的生产线。这对英国飞机制造业,尤其是对罗罗公司来说,是一个沉重的打击。最终,波音公司选择了普惠 JT9D 发动机[③]。

8 月 19 日,BOAC 董事会决定订购 6 架波音 747,美国进出口银行(US Export-Import Bank)将提供 80% 的融资。11 月 18 日,财政部批准了此项提议。最终,订购资金的 72% 来自美国进出口银行,8% 来自波音公司,BOAC 从其美元收入中支付余下的 20%[④]。这是一次重大进展。在战后不久,BOAC 购买美国客机受到限制,不仅是因为"国家

① TNA PREM13/1355, The Minister of Aviation to Chancellor of the Exchequer, 4th July 1966.

② 同上。

③ Higham (2013, p. 314); TNA PREM13/1355, The Minister of Aviation to Chancellor of the Exchequer, 4th July 1966.

④ Higham (2013, p. 314).

声望"，而且也因为需要大量的美元支出。BOAC 购买波音 747 基本上意味着这家英国国家航空公司需要获得美国方面的资金援助，因为当时正处于金融危机中的英国政府没有能力为此买单。这一举措有效地降低了 BOAC 在北大西洋航线的座英里成本，并使其成为波音 747 的主要启动客户。然而，对英国飞机制造业的处境来说却是雪上加霜。

巴尼特认为，所有这些事件只能导致一个结果：至少，BOAC 已经从"新爱德华梦"中觉醒[1]。在多年的激烈争论后，威尔逊批准 BOAC 购买波音 747，这给英国飞机制造业造成了沉重打击。由于英国财政陷入严重困境，这笔交易主要用美国资金完成，这更是雪上加霜。"飞行英国"政策实际上已经陷入停滞。

3.7 结论

贾尔斯·格思里爵士被任命为 BOAC 董事长标志着"飞行英国"政策开始走向终结。起初，他在格思里计划中提出的激进建议显然让保守党政府受到惊吓，因为这可能会对英国飞机制造业造成损害。然而，尽管政府继续敦促 BOAC 购买国产飞机，但大臣们并非完全不清楚经济现实。未来购买美国机型的大门仍然敞开。1966 年，在订购下一代远程宽体客机时，BOAC 选择了波音 747，这一有争议的政策转变从而得以完全实现。除 BOAC 外，英国机体制造商没有其他启动客户，这表明英国实际上退出了远程飞机的制造竞争。

可以肯定的是，BOAC 通过使用美国客机和清算传统的"帝国义务"（如运营帝国航线）改善了其管理。但这一方向上的改变也标志着

---

[1] Barnett（1995，p. 228）.

"飞行英国"政策的实际终结，而该政策是英国战后民用飞机发展的政治和财政基础。英国飞机制造商有充分理由对此深感不安——事实上，他们迫切想知道，在一个由美国工业主导的世界中，他们是否还能继续生存下去？

第二部分

1964—1969 年：
英国的困境

到 20 世纪 60 年代中期,英国官员——包括飞机制造业的关键人物——已经基本上从追求独立和保持世界强国地位的"新爱德华梦"中醒来,这一梦想在某种程度上支撑了英国在 20 世纪 50 年代的政策。英国的飞机制造业似乎无法单打独斗——它需要合作伙伴。但伦敦应该把目光投向大西洋的哪一边呢? 本书的第二部分揭示了 20 世纪 60 年代中期英国飞机制造业充满危机和不确定性的原因。随着独立梦想的破灭,这一时期的英国官员面临一个生死存亡的问题: 英国飞机制造业是将完全融入新兴的欧洲航空产业,与美国展开竞争,还是会成为美国次要的、但受其青睐且不可或缺的伙伴?

第 4 章
1963—1965 年：
英国顶级项目的取消

4.1　概述

1965 年 2—4 月是英国战后飞机制造业的一个决定性转折点。在这 3 个月期间，哈罗德·威尔逊的工党政府取消了三个关键的军事项目——TSR－2 战斗轰炸机、P. 1154 V/STOL 战斗机和 HS. 681 V/STOL 运输机。这些项目的取消以及随后购买美国飞机的做法，纯粹是出于财政考虑。但英国公众和媒体都对此感到震惊。通过这些措施，威尔逊政府实际上终止了英国最著名的先进战斗机研发项目。这也与威尔逊本人在 1963 年阐述的"白热化"①概念有些不协调，而"白热化"正是工党技术现代化计划的核心②。

戴维·埃杰顿试图将项目取消解释为威尔逊政府广泛地反对技术创新的象征。它们体现了"对国家技术过度热情的终结，而非开始"③。正如埃杰顿所言，工党终止了"许多大型国家技术项目，并对许多幸存下来的项目怀有敌意"④。但无论我们是否同意埃杰顿的观点，威尔逊的决定显然象征着英国放弃了自主的梦想，朝着加强国际合作的方向

---

①　译者注："白热化"是指威尔逊在 1963 年的"白热化"演讲，阐述了工党利用科学革命实现英国工业现代化并推动经济发展的计划。

②　Edgerton（［2006］2008，p. 217）.

③　Edgerton（［2006］2008，p. 264）.

④　Edgerton（［2006］2008，pp. 264 - 265）.

迈出了关键一步。威尔逊政府取消 TSR-2 项目后不久,保守党议员斯蒂芬·黑斯廷斯(Stephan Hastings)出版了一本名为《谋杀 TSR-2》(*the Murder of TSR-2*)(1966)的书。黑斯廷斯表达了一种普遍的看法,即政府的决定损害了国家威望和英国飞机制造业。很明显,英国无法再依靠自己的举措和承诺来满足其国防需求①。

然而,基于新获得的政府文件和关键决策者的传记的最新研究普遍支持这样一种观点:威尔逊政府那些令人惊讶的措施是合理的。例如,斯特劳(Straw)和扬(Young)认为这些决定是理性和勇敢的,最重要的是,这些决定是实现预算削减所必要的。正如扎基·多克里尔(Saki Dockrill)所说,取消这些"威望项目"②对于支撑英国的财政地位以便保卫苏伊士运河以东地区而言,是至关重要的③。事实上,从 1964 年 11 月的契克斯会议到 1965 年 4 月 1 日内阁决定取消 TSR-2,这种联系在大臣会议上不断被提及④。

基斯·海沃德将项目取消描述为"连接欧洲公司的国际桥梁的发展"序幕⑤。可以肯定的是,正是这些项目的取消构成了同法国长期合作的第一步。同时,威尔逊政府试图与美国进行交换。威尔逊政府没有推进英国飞机项目,而是决定购买美国生产的 F-4 战斗机、C-130 运输机和 F-111 战斗轰炸机。1964 年 12 月至 1965 年 3 月,美英集中举行了多次军事后勤方面的谈判,英国代表团积极争取美国采购英国军事装备的合同,从而抵消购买美国飞机造成的巨额外汇成本。

---

① Hastings (1966). Also, Wood (1986). 这两份报告主要基于政府声明和采访。他们提出的观点强调了取消 TSR-2 项目对英国飞机工业的负面影响。

② Dockrill (2002, p. 58).

③ Dockrill (2002, p. 57).

④ Straw and Young (1997, pp. 22-24).

⑤ Hayward (1989, p. 132).

4.2　TSR‐2作为苏伊士以东的核保护伞

正如第2章所说,时任航空大臣邓肯·桑兹提出为飞机制造业提供政府的启动援助,作为迫使该产业效率化的有力手段。然而,桑兹的措施将过多的国家资源分配给飞机制造业,包括机体和发动机制造商合理化,成立BAC,以及将大量资源用于TSR‐2等下一代飞机,但飞机制造业只是国民经济的一部分。

麦克米伦政府的最终目标是完成英国国防意义深远的重组。然而,保守党的TSR‐2、P.1154和HS.681这些"威望"项目变成了以停滞和"走走停停"周期为特征的英国经济的沉重负担。从20世纪50年代开始,政府在此类项目上的支出曾短暂地带来了国内经济的繁荣,但随之而来的是国际收支恶化、英镑贬值,政府不得不采取措施应对通货紧缩,如紧缩的货币政策、削减公共开支和冻结工资。在这种危机时刻,英国工会反对政府的政策。这往往会引发政府从"停"到"走"的转变,以及另一轮通货膨胀措施[1]。

为了克服这种极不稳定的经济模式,政府关键人物得出结论,必须永久性地削减预算,并持久地改善国际收支状况。这些削减的主要对象包括国防预算和外汇成本,包括针对航空航天领域的国防研发、苏伊士以东地区的防卫义务和英国驻莱茵军(British Army of the Rhine, BAOR)。一个更激进的选择可能包括全面撤出苏伊士以东地区[2]。

---

[1]　根据《麻省理工学院现代经济学词典》(第4版),"停‐走"(stop-go)是指政府因国际收支逆差而采取的削减总需求的行动,不久后又采取效果相反的行动,以改善第一项政策干预造成的失业率上升[Pearce(1992,p.412)]。

[2]　Dockrill(2002,p.51)。

TSR - 2 项目是麦克米伦政府军事工业政策的核心。这种政策是一方面继续与美国合作，另一方面发展独立的核能力。但这种政策随着 1958 年 2 月美英达成了《英美中程弹道导弹协议》①而告终。此外，1962 年 2 月 24 日，麦克米伦政府放弃了"蓝光"(Blue Streak)核导弹项目，转而用 TSR - 2 战斗轰炸机替代之前由"V 力量"（"火神"Vulcan、"胜利者"Victor 和"勇士"Valiant 飞机中队）承担的战略性核武器的角色②。

　　此时，美国肯尼迪政府以 NSAM 40 报告（即《艾奇逊报告》）为基础，采取了"灵活反应"战略③。这一策略没有将注意力完全集中在核威慑上，而是持续支持各种形式和级别的战争，包括（也许特别是）常规力量。这种"灵活反应"战略无疑旨在将西方国家的核力量集中到美国。因此，英国和法国面临放弃本国核武库的巨大压力。《艾奇逊报告》指出："从长远来看，如果英国决定逐步放弃核威慑将是可取的。如果'天空闪电'(Skybolt)空射弹道导弹的研发对于美国自身目的来说是不必要的，那么美国就不应该通过各种方式延长英国 V 型轰炸机的寿命④。"1961 年 5 月在雅典举行的北约会议上，美国国防部长罗伯特·麦克纳马拉(Robert McNamara)批评了"独立、小规模"的核力量，因为它们增加了核战争爆发的可能性⑤。

　　尽管美国出台了新的政策，麦克米伦政府仍努力维护英国独立的核威慑力量。麦克米伦显然打算从美国购买"天空闪电"导弹。然而，1962 年 11 月 7 日，这个项目被肯尼迪政府取消，主要是由于预算问题。作为对英国的部分补偿，在 1962 年 12 月的拿骚会议上，英国得到了部

---

①　Baylis (1981，p. 65).
②　Baylis (1981，p. 67)；Dockrill (2002，pp. 80 - 81).
③　*FRUS*，*1961—1963*，*Volume ⅩⅢ*，Document 100.
④　同上。
⑤　Sakade (1996).

分补偿，麦克米伦政府获得了可以从潜艇上发射的"北极星"弹道导弹①。

实际上，肯尼迪规定，提供给英国的"北极星"潜艇的导弹将分配给北约多边部队（multilateral force，MLF），并最终落入欧洲盟军最高司令部（supreme allied commander Europe，SACEUR）的控制之下。只有在紧急情况下，这一核力量才会重新由英国国家管辖②。因此，拿骚会议后，英国是否真的可以被视为具备"独立的核威慑力量"成了英国决策者们极为关注的问题。

此外，尽管英国名义上从《拿骚协议》中获得了一个独立的核武库，但也无法为苏伊士以东地区提供"核保护伞"。这种"核保护伞"原本须由携带"天空闪电"导弹的 V 型轰炸机提供。在拿骚会议上，麦克米伦问肯尼迪，英国是否可以使用"北极星"导弹对付当时威胁科威特的伊拉克总理阿卜杜勒-卡里姆·卡塞姆（Abd al-Karim Qasim）。肯尼迪相当轻蔑地表示，英国"无意对卡塞姆使用核武器③"。

英国购买"北极星"导弹是否真的能建立"独立的核威慑力量"？这个问题显然困扰着 20 世纪 60 年代的英国决策者们。然而，事实证明，这一问题同样让研究核历史的学者感到烦恼。如何判断英国对其核武器的真正控制程度，部分取决于我们如何理解英国的"最高国家利益"这一概念。这是英国为了在北约多边部队（MLF）范围之外使用"北极星"导弹，必须要援引的关键法律标准。约翰·贝利斯（John Baylis）着重强调英国在多边部队范围内的机动空间，而安德鲁·皮埃尔（Andrew Pierre）则强调"'北极星'导弹只能在北约范围内使用，不能

---

① Sakade (1996).
② Peden (2007，pp. 329 - 230).
③ *FRUS*，*1961—1963*，*Volume* XIII，Document 406.

用于单方面保卫科威特或新加坡"①。

就在《拿骚协议》达成后不久，肯尼迪（显然得到了麦克米伦的支持）也向戴高乐提议，愿在同样条件下（由 MLF 控制），向法国提供"北极星"潜艇部队。不过，戴高乐拒绝了这一提议，理由是 MLF 实际是由美国在控制。戴高乐继续推进其"打击力量"（force de frappe）概念，其主要装备将是"幻影"轰炸机②。拿骚会议后，英国政界人士开始将 TSR－2（以及后来的 F－111 战斗轰炸机）和 CVA－01 等新型航空母舰③视为"英国对于其他夭折的核武器系统（如'蓝光'中程弹道导弹、'蓝水'战术弹道导弹、'天空闪电'空射弹道导弹④）"和"苏伊士以东武器"的替代品⑤。

正是出于这个原因，麦克米伦政府更加重视 TSR－2 的战略核角色，将其视为英国苏伊士以东的"核保护伞"⑥。TSR－2 最初被定义为"堪培拉"轰炸机的替代机型。该机型同时具备常规和核战术打击能力，可在印太地区使用⑦。

麦克米伦认为 TSR－2 是一种具有"次要威慑作用"⑧的"有用的后备方案"⑨，是英国"北极星"导弹的补充力量。TSR－2 与美国 F－

① Pierre（1972，p. 237）。英国是否通过《拿骚协议》保持了"独立的核威慑力量"？贝利斯表示，通过《拿骚协议》，"麦克米伦确保了他认为非常必要的英国威慑力的独立性和延续性"[Baylis(1981，p. 74)]，同时"英国无疑失去了保持战略独立性的一个重要措施"[Baylis(1995，p. 356)]。

② 译者注：原文有误，当时法国"打击力量"的空基核力量主要是"幻影"Ⅳ轰炸机，而不是战斗机。

③ Dockrill（2002，p. 138）。

④ Dockrill（2002，p. 81）。

⑤ 同上。

⑥ 多克里尔认为，TSR－2 将作为"堪培拉"轰炸机的替代品，或用于增加英国的威慑能力，因此"该机型旨在苏伊士以东地区发挥作用"[Dockrill（2002，p. 82）]。

⑦ TNA CAB148/27, OPD（66）30th, 8th February 1966.

⑧ Moore（2010，p. 225）.

⑨ Dockrill（2002，p. 81）.

111 非常相似,因此成为英国与美国技术平等、保守党政府苏伊士以东政策以及英国先进技术水平的象征。该机型是麦克米伦政府主要军用飞机研发计划的核心部分,其象征意义超出了单纯的航空项目。

4.3 美国的国际收支

英国并不是唯一一个在这段时期遇到国际收支问题的国家。在 20 世纪 60 年代中期的大多数时间里,美国国防部长罗伯特·麦克纳马拉都在努力通过提高成本效益的方法来效率化美国的军事开支。这导致 XB-70 轰炸机等低效项目被大幅削减。为了减少这些项目的财政负担,麦克纳马拉以 F-111 项目的形式统一了美国空军和海军的战斗轰炸机需求。此举部分是基于美国海军 F-4"鬼怪"战斗机的成功经验。随后,F-105 战斗轰炸机的采购被中断[①]。

军事经济,尤其是对外军售,是肯尼迪政府面临的关键问题。从 1958 年开始,美国的国际收支开始出现赤字,此后每年持续出现约 30 亿美元的赤字。这导致美国黄金储备大量流失。事实上,如此严重的情况甚至威胁布雷顿森林体系[②]的存在[③]。

向西欧北约国家和中东国家出售军事装备,为美国改善岌岌可危的国际收支状况提供了一种诱人的可能性。麦克纳马拉还试图让北约的军事研发项目合理化,以避免重复研发。这意味着有可能将 F-111 出售给英国和澳大利亚。这样的做法不仅对美国飞机制造业是一个明

---

① Kaufman (1964,pp. 245-247).
② Zimmermann (2002,p. 24).
③ Zimmermann (2002,p. 247).

显有利的选择，而且可能会增加英国的国防预算，甚至可能促进英国增加对远东事务的承诺，并可能参加越南战争。

麦克纳马拉利用对外军售来解决美国国际收支问题，并将部分工作委派给了国际后勤谈判（International Logistics Negotiations，ILN）部门，这是美国国防部于 1961 年秋成立的一个分支机构。麦克纳马拉在该项工作的主要副手是国防部国际安全事务部长助理帮办小亨利·J. 库斯（Henry J. Kuss Jr.）和国防部部长助理查尔斯·J. 希契（Charles J. Hitch）。肯尼迪还任命亨利·J. 库斯（Henry J. Kuss）为 ILN 负责人①。

ILN 的主要任务是向希望在军事生产领域自给自足的欧洲国家出售美国军工产品。由于美国是从无偿向北约提供武器转变为出售武器的，该部门的任务就变得非常困难。从 20 世纪 50 年代中期开始，美国通过"马歇尔计划"实施其对外军事援助政策②。美国以"互助计划"（Mutual Assistance Program）为基础，向北约欧洲国家和加拿大提供了军事援助，并无偿提供了北美航空公司研发的 F-86 战斗机。此外，根据离岸采购计划，美国采购了英国的喷气战斗机（如"猎人"）和喷气轰炸机（如"堪培拉"）③。在西欧国家的战斗机采购方面，洛克希德公司的 F-104G 可在西德、比利时、加拿大、荷兰和意大利按许可协议进行生产④。最终，在获准生产 F-104G 的情况下，美国政府节省了军事援助费用。更重要的是，美国飞机制造商实质上入侵了欧洲市场，从而取代了英国这个竞争对手。

库斯的推广策略是把对外军售作为改善美欧后勤合作的重要组成

---

① Kaufman（1964，p. 172）；Nardi（1995，pp. 361-362）.
② The Commission on International Trade and Investment Policy（1971，p. 2）.
③ U. S. Congress（1954，pp. 21-24）；Leigh-Phippard（1995，pp. 68-71）.
④ Badrocke and Gunston（1998，p. 70）.

部分。西德是主要的目标市场①。事实上，ILN 成立后不久就向德国政府施加压力，要求其购买美国军用物资，以抵消驻德美军的成本。麦克纳马拉采取措施，促进北约标准化并建立北约共同市场，从而向其他北约国家输出了他的合理化计划②。

美国的 F-111 将由美国空军和美国海军共同采购。相比之下，TSR-2 项目的成功严重依赖于对欧洲和前英联邦国家的销售前景，特别是澳大利亚，这是英国"堪培拉"轻型轰炸机的主要客户。不过，由于不断采用新技术，这些成本正在大幅上升，以致非常高。遗憾的是，麦克纳马拉还是决定把 F-111 卖给澳大利亚，部分原因是该机型的外国合同很难取消。从麦克纳马拉的角度来看，为了支持他的美国空军/美国海军标准化政策（该政策遭到了一些国会议员和海军人员的反对），该机型必须继续生产③。因此，美国和英国在对澳大利亚军售方面的竞争成为一个关键的商业战场。

4.4 希契-麦基恩对北约国防经济的分析

有许多学者试图用军事同盟经济理论来解释军事市场竞争的动态。其中，一个关键的争论是希契-麦基恩（Hitch-McKean）的分析与欧洲合作理论之间的对立。在 1960 年发表的一项研究中，美国经济学家查尔斯·希契（Charles Hitch）和罗兰·麦基恩（Roland McKean）利

① NARA RG59，E5178，Box 1，Military Export Sales Program，Germany（Draft），23rd November 1965；Thayer（1969，pp. 183-184）.

② NARA RG59，E5172，Box 21，Abortive Proposal for Munition Control Policy Council，26th May 1965；NARA RG59，E5178，Box 1，Proposal for a NATO Expenditure Payments Union，28th June 1965.

③ Shapley（1993，p. 220）.

用李嘉图（Ricardo）的比较优势原理，论证了材料专业化的好处。希契和麦基恩声称，通过武器专业化，将有巨大的潜在的共同利益。原因有二：首先，各个国家能够发展具有比较优势的制造业领域；其次，随着产量的增加，降低单位成本可以实现利润最大化（规模经济和学习曲线效应）。图4.1展示了埃尔斯图布（Elstub）报告中飞机生产中的学习曲线效应。简而言之，通过将制造业集中在一个国家，各国可以在武器生产方面利用各自的比较优势[1]。

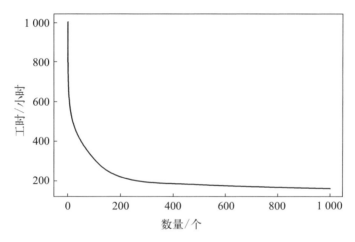

图4.1　学习曲线

美国制造商在价格竞争力上占据了相当大的优势。他们能够生产大量的产品，而欧洲制造商由于其生产潜力受到限制处于明显的劣势。规模经济和学习曲线效应是飞机制造业的典型特点。1969年，负责研究这些问题的英国官方委员会——埃尔斯图布委员会（Elstub Committee）指出了这一点。该委员会的一份报告指出，尽管英国劳动力成本相对较低，但"美国每位员工的人均固定资本是英国

---

[1]　Hitch and McKean（1960，p. 292）.

的 3 倍"①。

规模经济和学习曲线效应最终取决于国防预算支出的金额。因此,任何对美国和欧洲飞机制造业的成本效益分析都将很快揭示出,欧洲飞机制造商别无选择,只能将部分市场拱手让给价格更具竞争力的美国制造商,且不得不寻找其他他们享有比较优势的专业领域。

如果我们接受希契和麦基恩将李嘉图的比较优势理论应用于国防经济学,那么我们可以假设盟国之间应该产生一定程度的集体利益②。问题在于集体利益的分配。在 20 世纪 60 年代军机销售的背景下,考虑到成本效益和美国国内生产的绝对规模,美国制造商显然享有特权份额。因此,美国很容易从"公共产品向私人产品的转变"中受益③。

与此同时,美国制造商实际上对外国制造商关闭了国内军事市场。由于国际收支问题不断,肯尼迪政府通过了《购买美国产品法》(Buy American Act)修正案,为这种现象的发展提供了法律基础。《购买美国产品法》最初于 1933 年颁布,其中包括一项要求美国政府采购仅限于国内制造商的条款。1962 年,肯尼迪政府为军事采购增加了 50% 的价差规定,以改善国际收支状况。根据这一规定,外国制造商在报价低于美国制造商 50% 的情况下,不得参与美国军事采购合同的竞标④。任何设法绕过这一规定、不受限制地进入美国军事市场的外国企业,都有望获得丰厚的回报。

---

　　① 　Hayward (1989, p. 126); Department of Trade and Industry, *Productivity of the national aircraft effort: report of a committee appointed by the Minister of Technology and the President of the Society of British Aerospace Companies, under the chairmanship of St. John Elstub* (London, HMSO, 1969).

　　② 　Hartley (1983, pp. 43-48).

　　③ 　Sakai (1998, p. 98).

　　④ 　TNA PREM/13/2003, The Arrangement for Offsetting the Dollar Cost for the F-111 Aircraft.

4.5　欧洲合作论

在冷战期间，许多欧洲国家（包括英国）最初抵制他们对美国武器明显且日益增长的依赖。欧洲合作似乎为这种依赖提供了一种可行的替代方案。一方面，西欧希望军事独立；另一方面，美国希望向欧洲出售军事装备，两者之间的根本冲突反映在希契-麦基恩理论和欧洲合作论之间的分歧上。

当美国批准洛克希德公司在西德、比利时、荷兰和丹麦生产 F‐104G 之后，扩大欧洲航空航天合作的想法就开始萌芽。第一个项目就是法国和德国联合研发的 C‐160 运输机，该机型可作为洛克希德 C‐130 的替代机型。1965 年 12 月，一份官方文件《飞机制造业调查委员会报告》（也被称为《普洛登报告》）首次明确指出了欧洲航空航天合作的想法。该文件将欧洲国际合作的前景概述如下：

> 欧洲各国的飞机制造业都面临着同样的基本问题，即国内市场太小。而面对美国的竞争，他们又没有强大到足以在全球市场上获得合理的份额。没有一国的飞机制造业能够在全球航空产业中作为重要力量独自生存多年。但是，英国和法国飞机制造业为实现共同目标，适时地整合资源，为整个 20 世纪 70 年代维持欧洲主要飞机制造业提供了基础（可能也是唯一的基础）①。

根据《普洛登报告》，欧洲各国合作的目标应该是推进欧洲飞机制

---

① 　Minister of Aviation，*Report of the Committee of Inquiry into the Aircraft Industry*，Cmnd. 2853 (London，HMSO，1965)，para. 252.

造业的形成，参与国家包括英国、法国、德国、荷兰和意大利，以及其他希望参与的欧洲国家。从理论上讲，如果欧洲国家在军用飞机采购上进行合作，也可以实现相当大的规模经济和范围经济，以实现最低的单位成本。这一模式的关键，以及预测美欧关系更广泛演变的关键——仍然是英国的立场。英国可以选择成为欧洲航空航天合作的领导者，或者选择成为美国飞机制造业的零部件供应商[1]。

军用飞机制造业的一个关键特征是机体和发动机部门的相互依赖和相对自主。本章后续内容将以该特征为重点，专门研究这些更广泛的问题。飞机制造是一个装配过程，在这个过程中，来自许多不同制造部门的各种零件和组件被组装成一架飞机。为了组装一架完整的飞机，许多制造商必须共同努力，建立合作生产联盟。在这些参与者中，机体和发动机制造商通常扮演着主承包商的角色，他们协调整个过程，并将许多子系统和部件组装在一起。

换句话说，不同的经济实体参与到最终产品的生产中，尤其是机体制造商和发动机制造商。这两类制造商在合作企业中都是不可或缺的，但它们的技术竞争力可能是不对称的。本章讨论的一个典型案例是罗罗公司。这是一家著名的英国航空发动机制造商，即使在英国机体制造商的竞争力下降的时候，它仍然保持着自己的竞争力。

事实上，这些北约内部武器销售截然不同的做法在欧美决策者的思考中发挥了切实的作用。一方面，希契-麦基恩理论为英国购买美国武器和英国集中于航空发动机或航空电子设备等相对有优势的部门提供了有效的正当理由。另一方面，欧洲国防工业基础理论的逻辑似乎迫使英国加强与（相对）平等的伙伴法国进行合作生产。

---

① Minister of Aviation，*Report of the Committee of Inquiry into the Aircraft Industry*，Cmnd. 2853（London，HMSO，1965）.

4.6　朱克曼系统

20 世纪 60 年代初，英国对衰落的帝国和英联邦的担忧开始消退。因此，丘吉尔"三环政策"中的其余两环（"英美特殊关系"和欧洲）成为巨大冲突的根源。英国飞机制造商很自然地支持第二种选择。原因很简单，美国飞机制造商规模太大，太占主导地位，对与英国合作没有明显的兴趣。然而，政府的关键人物强烈支持美英合作（以及希契的理论）。其中一位是英国国防部首席科学顾问索利·朱克曼爵士。

1961 年，朱克曼爵士设计了一个评估武器研发成本的系统——所谓的朱克曼系统。根据该系统，国防研究项目一旦开始，就不能再被取消。朱克曼爵士报告的主要结论是"在项目开始时，需要在扩展技术成本评估时投入大量的时间和资金"，以及"如果要停止代价昂贵的错误，采购过程也必须包括中断条款"[①]。他还强调了北约内部标准化的必要性[②]。最终，朱克曼系统通过加强对成本上升的预算控制，为英国"威望"项目的取消打开了大门。事实上，TSR‐2 是第一款按照朱克曼系统清单采购的飞机。

随后，保守党政府努力控制 TSR‐2 等军事项目不断上升的研发成本。但朱克曼系统不仅加强了财政部在武器采购方面的权威，还提出了应大力避免盟国之间出现武器重复研发的观点。朱克曼系统的基本逻辑认为，在任何情况下，英国都不应在高科技研发方面与美国竞

---

① Segell（1998，p. 129）；Office of the Minister for Science, *Report of the Committee on the Management and Control of Research and Development*（London，HMSO，1961），pp. 71‐72；Hastings（1966，p. 129）。

② Zuckerman（1988，p. 163）。

争。相反,英国飞机制造业应该集中力量在那些其已经占据优势的领域。

可以肯定的是,朱克曼爵士对英国在研究、开发和生产领域与美国竞争的前景普遍持悲观态度。这种悲观情绪源于他参观了位于美国的麦克唐纳-道格拉斯 F-4"鬼怪"战斗机工厂。朱克曼爵士目睹了 20 条 F-4 生产线满负荷运转的场景。他后来在自传中把这描述为"英国和美国生产方法差异的巨大体现"[1]。这令人不安的第一手资料真正体现了两国之间存在的生产力差距[2]。

朱克曼爵士还反对欧洲合作。在与罗罗公司的丹宁·皮尔逊的讨论中,朱克曼爵士得知罗罗公司有意加强与法国航空发动机制造商斯奈克玛(Snecma)公司的合作,但是他反对这个想法,"不,罗罗公司必须自己进入美国市场。[3]"

4.7 英联邦地盘之争,第一部分:印度

在西方联盟的背后,英美在飞机销售上的竞争仍在继续。随着美国加强对外军售,西方第二大飞机生产国英国日益成为美国的潜在竞争对手。20 世纪 60 年代,英国的三个主要军事项目——TSR-2、P.1154 和 HS.681——使用了与美国同类项目类似的技术。因此,英国制造商有能力生产相同类型的产品。事实上,在研发方面,TSR-2 战斗轰炸机比美国对手 F-111 更先进。同样,与美国 F-4 战斗机和

---

① Zuckerman (1988,p. 204).

② Hastings (1966,p. 129); Hayward (1989, pp. 87-88); Segell (1998, pp. 129-130).

③ Zuckerman (1988,p. 200).

C‐130 运输机相比，P. 1154 战斗机和 HS. 681 运输机在 V/ STOL 能力方面具有技术优势。

在这两个北约成员国日益激烈的商战中，双方争夺的主要市场往往是英联邦成员国，如澳大利亚、印度和加拿大。事实上，从帝国到英联邦的转变并没有阻止英国试图保持其在亚太地区（即印度、澳大利亚等）的影响力。而实现这一目标的主要手段之一是科伦坡计划（英国的国际援助战略），以及在苏伊士危机后试图恢复英镑对美元的平价。

对于任何一个希望扩大商业业务的国家的飞机制造业来说，印度都是一个潜在的诱人目标。到 1957 年，印度已经用完二战期间积累的英镑储备，开始寻找新的援助计划——事实上，这一计划旨在建立独立的飞机制造业[①]。因此，印度具有市场潜力。

第一枪是在 20 世纪 50 年代末打响的。霍克·西德利（Hawker Siddeley）公司曾试图向印度空军出售阿芙罗 748 军用运输机。然而，洛克希德公司推动了一项计划，根据该计划，印度从美国购买急需的小麦（以缓解国内饥荒），由此产生的费用将用于援助印度建造一家飞机工厂，免费生产一款阿芙罗 748 的竞争机型。这无疑是美国"给印度的飞机工厂礼物"[②]，以确保美国能够控制有可能发展起来的印度飞机制造业。英国贸易委员会主席雷金纳德·莫德林（Reginald Maudling）向英国首相哈罗德·麦克米伦解释说："美国的援助是以当地货币支付商品，然后允许受援国使用当地货币来发展本国产业[③]。"事实上，这是对美国商业入侵英国"地盘"所做的慷慨解释。

---

① Watanabe（2021，pp. 199‐200）.

② TNA PREM 11/2898，Chancellor of Exchequer to Prime Minister，15th July 1960；TNA PREM 11/2898，Extract from a letter of 16th June 1960 from Sir Roy Dobson of the Hawker Siddeley Group to the Minister of Aviation.

③ TNA PREM 1/2898，President of Board of Trade to Prime Minister，24th June 1960.

莫德林还警告麦克米伦,如果美国把向印度提供小麦作为飞机交易的一部分,那么可能还会抢夺澳大利亚这一传统市场①,英国正在失去对英联邦的控制。艾森豪威尔政府似乎正携手美国飞机制造业,渗透到历史上"英国主导"的太平洋地区,并瓦解英国的传统贸易网络。下一个关键目标——澳大利亚皇家空军的"堪培拉"轻型轰炸机的替代机型将花落谁家:英国的 TSR‐2 还是美国的 F‐111?

4.8　英联邦地盘之争,第二部分:澳大利亚

印度并不是美英争夺飞机制造霸权的唯一地区,还有澳大利亚这个英国飞机制造业的传统客户。1953 年,澳大利亚皇家空军引进了英国"堪培拉"轻型轰炸机作为其主力轰炸机。然而,到 20 世纪 60 年代中期,这种机型已快要过时。澳大利亚和印度尼西亚之间的冲突日益加剧,因此更换"堪培拉"轰炸机的问题不可避免地出现了②。澳大利亚会选择英国的 TSR‐2 还是美国的 F‐111?

在英国的国防部,有两个反对继续研发 TSR‐2 的关键人物。朱克曼爵士是其中之一;另一位是路易斯·蒙巴顿勋爵(Lord Louis Mountbatten),他从 1959 年 7 月起担任国防参谋长。正如前文所述,朱克曼爵士坚信,在美英之间的技术竞争中,美国拥有不可超越的优势。相反,蒙巴顿勋爵的观点在很大程度上受到了他担任英国海军部第一海军大臣的影响。根据他明显"亲海军"的角度,以及希望将国防

---

①　TNA PREM 1/2898, President of Board of Trade to Prime Minister, 24 th June 1960。在战斗机领域,由于美国决定向巴基斯坦提供 F‐104,印度希望引进苏联米格‐21。这可能对南亚的力量平衡产生重大变化,因此美国和英国在 1962 年试图合力阻止米格‐21 进入印度(Watanabe 2021)。

②　TNA T225/3313,F. 111 Termination Charges, 15th May 1969.

预算分配给更多数量的航空母舰而不是 TSR－2 的观点来看,蒙巴顿勋爵一直认为,英国皇家空军应致力于采购"掠夺者"海军舰载攻击机的陆基型号①。1963 年 11 月,《星期日泰晤士报》刊登了蒙巴顿勋爵的一篇文章,文中对 5 张"掠夺者"和 1 张 TSR－2 的照片略带嘲讽地评论道:"5 张照片('掠夺者')和 1 张照片(TSR－2),两者成本一样②。"

　　1960 年 8 月 28 日,英联邦各国的参谋长(包括澳大利亚)在英国坎伯利会面。在这次会议上,英国官员秘密介绍了 TSR－2。此后,英国政府和 BAC 继续努力向英联邦国家推销 TSR－2。然而,与此同时,澳大利亚也正在成为美国日益重要的市场,其中有部分原因是美国的国内因素③。美国国防部长罗伯特・麦克纳马拉认为,如果澳大利亚同意购买 F－111,那么美国国内对该项目的反对将大大减弱。

　　1963 年秋,美国和英国为争夺澳大利亚替换"堪培拉"轰炸机的合同而展开的竞争达到了白热化。美国、英国和澳大利亚的领导人就替换型轰炸机的价格、交付日期和交付前的报价等问题进行了密集的谈判。最初,英国试图以 1 亿英镑的价格向澳大利亚皇家空军出售 24 架 TSR－2。但事实证明,英国皇家空军计划采购 TSR－2 的数量是 138 架,而竞争对手 F－111 的采购数量达到了近 1 700 架,这给英国带来了很大的问题。由于规模经济的影响,英国在将 TSR－2 的研发总成本控制在 1.75 亿—2 亿英镑方面遇到了严重困难,每架 TSR－2 可能耗资高达 250 万英镑。1963 年 10 月 24 日,澳大利亚皇家空军决定以

　　①　译者注:原文有误,布莱克本"掠夺者"(Blackburn Buccaneer)是 20 世纪 60 年代服役的英国海军舰载攻击机,并不是战斗机。

　　②　Wood(1986,p.158);朱克曼爵士在其自传中否认了"Zuckbatten Axis"的存在[Zuckerman(1988,p.214)]。

　　③　麦克纳马拉试图通过 F－111 同时满足美国空军和美国海军的需求。美国海军因 F－111 重量过重而反对该项目,后来取消了海军版 F－111(F－111B)。此外,支持波音公司设计 F－111 的美国国会议员也反对通用动力公司的设计[Shapley(1993,pp.204-223);Prouty([1996]2011,pp.143-147)]。

2.24 亿美元(7 900 万英镑)的价格购买 24 架 F - 111。这场竞争到最后，美国只是报出了一个更低的价格①。

澳大利亚市场被美国夺走，导致 TSR - 2 的计划产量锐减，单位成本上涨②。在朱克曼系统下，这意味着项目的存在受到了威胁，国家自主项目的前景日渐黯淡。在这种背景下，希契-麦基恩理论和欧洲合作论为英国摆脱僵局打开了两扇门。英国必须二选一。

4.9 "白热化"

在 1964 年宣言中，工党通过以下政策指标充实了其"白热化"的愿景。首先，英国将通过公共和私有部门之间的伙伴关系建立新的产业。其次，研发合同将从军用项目扩展到民用项目。最后，英国将成立技术部，促进先进技术的发展③。第二项提案的影响尤为重大，将对英国军用飞机制造业进行全面重新评估。到目前为止，无论是从国民经济中的地位还是从国际合作的角度来看，该产业都是英国研发活动的核心。

1963 年，时任工党领袖哈罗德·威尔逊在工党大会上的演讲中首次提到，"技术革命的白热化"将使英国赶上美国和苏联。这次演讲的重点是，"调动"和"重新部署"。实际上，这意味着取消保守党政府的"威望"项目 TSR - 2，并通过研发"协和"飞机将政府资金从军事部门转移到民用部门④。

---

① TNA T225/2497，Sale of T. S. R. 2 to the Australians，17th October 1963；TNA T225/2497，Treasury Press Cutting Section，25th October 1963；TNA T225/2497，Treasury Press Cutting Section，28th October 1963.

② 与此同时，《拿骚协议》的签署和"北极星"导弹的购买意味着英国主要的核威慑角色从皇家空军转移到皇家海军。

③ Edgerton（[2006] 2008，p. 240）.

④ Edgerton（[2006] 2008，pp. 239 - 240）.

事实上，TSR‑2、P.1154 和 HS.681 这些"威望"航空项目的地位是保守党与工党之间最具争议的政治问题之一。英国本质上面临三种选择：继续研发国家自主项目、与美国合作、走"欧洲路线"并首先与法国合作。

1964 年大选期间，TSR‑2 项目可能被取消成为一个极为突出的问题。工党强烈批评了该项目。由于失去了澳大利亚市场，TSR‑2 的预订量减少，导致单位成本大幅增加，这一事实使批评更加尖锐。随着选举的开始，针对这一问题的讨论在许多场合突然激烈起来。例如，在 1963 年的一次众议院辩论中，工党议员丹尼斯·希利（Denis Healey）攻击了民航大臣朱利安·埃默里（Julian Amery），因为埃默里曾确保 BAC 的工厂位于自己的选区普雷斯顿。希利指责埃默里"混淆了国家利益和派系利益"[1]。

威尔逊对 TSR‑2 的立场不太明确。1964 年 3 月，威尔逊在五角大楼与麦克纳马拉的一次讨论中，使用了一些相当隐晦的词语来提出购买美国飞机的可能性。他说，如果美国有"将球打出沙坑的 5 号铁杆"，英国"将乐于拥有一套更小的高尔夫球杆"[2]。然而，1965 年 6 月，威尔逊在普雷斯顿发表了一次演讲，那里是 BAC 生产 TSR‑2 的地方。首相否认了工党如果在即将到来的大选中获胜就会取消该项目的说法[3]。然后，在同一个月的一次电视采访中他表示，TSR‑2"无法满足（英国国家安全利益）不断变化的需求"[4]。

1964 年 10 月 15 日，工党确实赢得了大选。威尔逊政府上任后，立

---

① Hayward（1989，p.90）。很难说艾默里这种自私自利的姿态是否对他有利；在 1964 年的大选中，保守党多数席位仅比工党多 14 票（20 566 对 20 552）。见 https://en.wikipedia.org/wiki/Preston_North_（UK_Parliament_constituency）［accessed 9.9.2020］。

② Dockrill（2002，p.58）。

③ Reed（1973，pp.55‑56）。

④ Worcester（1966，p.156）。

即开始审查即将下台的保守党政府的飞机项目。10月26日，经济事务大臣乔治·布朗(George Brown)公开宣布了这一消息。布朗在议会上表示，新的工党政府将：

> 对所有政府支出进行严格审查。他们的目标是通过削减"威望项目"等经济重要性不高的项目的支出，以缓解国际收支的压力，并将资金用于更有效益的地方①。

罗伊·詹金斯(Roy Jenkins)被任命为航空大臣后，他的第一项任务是"调查英国航空产业面临的所有问题"②。为了执行这项任务，詹金斯很快成立了一个小型的独立调查委员会，并任命埃德温·普洛登爵士为主席。普洛登爵士曾是财政部首席规划师和原子能管理局负责人。莫内(Monnet)和哈里曼(Harriman)也加入了委员会，他们组成了负责指导委员会的三名"智者"。詹金斯还邀请奥布里·琼斯加入该委员会，琼斯曾在麦克米伦政府担任供应大臣，负责飞机制造业合理化工作。该委员会很快被称为普洛登委员会③。

4.10　1964年11月的契克斯会议

在就任国防大臣后不久，丹尼斯·希利就提议取消 TSR-2、P.1154 和 HS.681 项目。这对哈罗德·威尔逊来说是一个令人愉悦的

---

① Hastings (1966，p. 106).

② NARA RG59/E5172/Box 16，American Embassy London to Department of State，28th November 1964.

③ Jenkins (1991，pp. 166-167).

好消息。威尔逊一上任，就充分认识到英国国家收支问题的严重性。11 月 21 日和 22 日，新首相在契克斯会见了重要的内阁成员，并讨论了英国的国防政策，为 12 月与美国总统林登·B. 约翰逊的会谈做准备。高级部长们一致认为，英国的国防开支应该从目前估计的 24 亿英镑减少到 20 亿英镑，事实上，后一个数字应该是军事开支的绝对上限①。

财政部和经济事务部此前准备的一份报告指出，在过去 5 年里，英国军费支出呈上升趋势。报告预测，1969—1970 年，这一支出将继续上升至 24 亿英镑。经济事务大臣提议将这一数字的上限定为 20 亿英镑，以帮助解决英国在保守党政府时期面临的经济困难②。威尔逊批准了这些提议，并表示英国"不应该寻求在未来以当前规模维持我们的三个角色"③。丘吉尔的"三环外交"似乎根本无法实现。

几个主要的国防项目面临被削减开支的可能，包括：① 国防研发；② 莱茵集团军；③ 苏伊士以东的军事部署。在国防研发方面，国防大臣丹尼斯·希利指出，用美国的 F‐111、F‐4 和 C130 取代 TSR‐2、P.1154 和 HS.681 将节省 6 亿英镑。至于莱茵集团军，即所谓的"设备文件"的主题，该文件由内阁秘书伯克·特伦德（Burke Trend）在 1965 年 6 月 13 日的第二次契克斯辩论中提出④。

削减军费开支最有效的方法是英国从苏伊士以东撤退。这正是 1965 年 7 月国防部一份文件的主题。该文件建议减少在欧洲、地中海、中东和远东地区的投入，从而节省 3.5 亿英镑⑤。然而，多数大臣支持英国继续参与该地区的事务。因此，削减军事研发支出似乎是实现削

---

① Dockrill (2002, pp. 56‐57).
② 同上。
③ Dockrill (2002, p. 57).
④ Dockrill (2002, p. 96).
⑤ Dockrill (2002, p. 123).

减 4 亿英镑军事预算这一目标最有效的手段。为了取代这些项目，希利主张购买同类型的美国飞机①。

特伦德主张缩小驻德英军规模以节省 9 000 万英镑（莱茵集团军占 8 350 万英镑和驻德英国皇家空军占剩余部分，这些费用约占海外国防开支的一半）②。事实上，威尔逊最初对撤退莱茵集团军的想法高度赞同。1963 年，英国驻德军事人员人数为 5.1 万人，英军外汇费用共计 7 300 万英镑③。然而，在美国约翰逊政府看来，英国减少莱茵河驻军是最不可取的做法。约翰逊总统关心的是遏制戴高乐主义的挑战，并保持北约灵活的应对战略。

工党政府决心使国防开支合理化，并尽量减少国际收支差额，以稳定英镑币值。但似乎并没有好的选择来实现这一目标。

4.11 TSR－3？1964 年 12 月的华盛顿峰会

华盛顿峰会于 1964 年 12 月 7 日至 9 日举行。在此次峰会上，美国国防部发表了一份名为《TSR3》的立场文件。该文件指出，英国在继续研发 TSR－2 上面临重大问题，并提议美英联合生产改进型 F－111（被称为 TSR－3）。TSR－3 将配备英国罗罗公司的斯贝发动机，以及为 TSR－2 设计的英国航空电子设备。根据这一联合生产计划，美国将负责飞机的大部分制造工作，英国则负责武器系统总成本的 50% 以上。对于英国来说，这不仅节省了资金，还保留了发动机制造和电子设

---

① Straw and Young (1997，p. 25)；Wilson (1971，pp. 35－37)；Zuckerman (1988，pp. 374－378)。

② Dockrill (2002，pp. 96－98，162)。

③ Zimmermann (2002，pp. 248－249)。

备的能力①。

航空大臣罗伊·詹金斯非正式地表示了对《TSR3》提案的一些兴趣。然而，他也认为，这"并没有触及英国航空问题的核心"②。他还意识到，美国的根本目标除了销售该机型之外，还希望"与英国以及包括德国在内的其他北约国家建立更紧密的防务关系"③。

1964 年 12 月 7 日，在华盛顿特区举行的至关重要的英美首脑会议上，英国的国防和外交政策问题再次被提上议程。此时，麦克纳马拉正努力从成本效益的角度使美国和北约的国防开支合理化，主要是为了支付不断上升的国防研发和越南战争的成本④。

麦克纳马拉在这次峰会上对威尔逊说了一些尖刻的话。他告诉英国首相，要实现国防预算目标，必须做出"有关装备问题的艰难决定"⑤。他提议，美国通过一个更具协作性的研发项目提供帮助，但又补充道："坦率地说，英国资助某些在军事上毫无意义的项目，实际上是在浪费钱，尤其是 TSR2 项目⑥。"他还称，"有必要打破军备工业是经济扩张必要条件的神话⑦。"在对威尔逊进行了这一番打击后，麦克纳马拉继续告诉威尔逊，英美两国将从武器研发合作中受益，不过他也承认，这将是一个痛苦的过程，特别是对于英国而言⑧。

最终，麦克纳马拉相信经济逻辑能够（或应该）迫使英国清算 TSR-2 的研发成本，并大量购买美国的 F-111 来取代该机型。这位

---

① 　NARA RG59/E5172/Box 16，Secretary McNamara/Wilson-Healey Visit Washington-Omaha 7th – 9th December 1964.

② 　同上。

③ 　同上。

④ 　*FRUS，1964—1968，Volume XⅡ*，Document 236.

⑤ 　同上。

⑥ 　同上。

⑦ 　同上。

⑧ 　*FRUS，1964—1968，Volume XⅡ*，Document 236. Hastings（1966，pp. 107 – 108）.

美国国防部长显然还认为，这将使英国能够维持其对全球事务的承诺（包括在远东），也许还会支持美国在越南进行更多的干预。显然，在冷战环境下，美国的首要任务是确保英国继续参与国际事务，特别是苏伊士以东地区的事务。

麦克纳马拉的立场在会议上至少有一个支持者，那就是威尔逊政府的国防部长丹尼斯·希利。希利概述了仅通过减少人力来削减国防预算的困难，并重申了麦克纳马拉的观点，即要实现如此规模的预算削减，唯一可行的方法就是节约装备成本。他还同意麦克纳马拉的另一个观点，即英国应该从美国购买"某些武器"①（即 F-111），而不是在英国国内生产。

本质上，美国的观点是英国别无选择，只能合理调整其国防预算（即将其"核保护伞"从 TSR-2 换成 F-111），以承担继续在苏伊士以东发挥作用的费用。从美国继续介入越南的角度而言，英国的这个角色是必不可少的②。英国似乎会上钩。朱克曼爵士和希利以及美国国防部长办公室国防研究与工程主任哈罗德·布朗（Harold Brown）博士出席了华盛顿峰会。这些官员同意扩大美英研发合作。此次扩大合作的既定目标有三个：第一，让英国集中其研发活动；第二，节省两国的研发资金；第三，实现装备标准化③。

会议结束不到一周，即 1964 年 12 月 14 日至 18 日，英国开始就购买美国飞机进行谈判。谈判的主要参与者是 ILN 负责人亨利·库斯（Henry Kuss）和英国空军元帅克里斯托弗·哈特利爵士（Sir Christopher Hartley）。购买 F-111、F-4 和 C-130 的主要障碍是对

---

① *FRUS，1964—1968，Volume Ⅻ*，Document 236.

② Baylis (1981，pp. 93-94)；Straw and Young (1997，p. 27)；Dockrill (2002，pp. 91-92). 对麦克纳马拉来说，英国订购 F-111 将提供一个说服美国国会不反对 F-111 项目的理由［Pincher (1978，p. 314)；Segell (1998，p. 30)］。

③ NARA RG59/E5172，Box 17，Expansion of Cooperation in Defense Research and Research Between the United Kingdom and the United States，15th February 1965.

英国会产生巨大的外汇影响。如果英国购买 100 架 F‐111、180 架 F‐4 和 100 架 C‐130，那么根据 ILN 的估计，英国在未来十年内可能要花费 20 亿英镑的外汇成本①。

ILN 建议罗伯特·麦克纳马拉写信给丹尼斯·希利，表示美国愿意讨论一种可能的方法，以缓解英国购买美国飞机产生的外汇影响。这可能需要"由该项目直接或间接产生的外汇收入来抵消"②。ILN 通过麦克纳马拉向英国提出的条件是，美国国防部将购买英国的军事设备，以换取英国购买 F‐111、F‐4 和 C‐130。人们认为，这将大大缓解英国的外汇问题。

4.12 美英合作后勤协议

1965 年 1 月 11 日至 12 日，美英军售谈判在伦敦举行③。美国国防部小组向英国提出了各种安排。美国的立场文件由来自美国国防部、国际安全事务部、ILN 的费格尔（Feigl）先生和美国国务院共同准备。这份文件为英国政府如何维持本国飞机制造业这个一直存在的问题提供了一个清晰（而且毫不意外）的解决方案——购买更便宜、更优质的美国飞机。该文件指出，英国政府内部的关键人物已经在倡导这样的政策，并进一步建议英国集中精力生产其已经具有竞争优势的产品，如飞机发动机④。

---

① NARA RG59/E5172/Box 16，Report of United Kingdom Aircraft Survey and United States Proposal，23rd December 1964.

② 同上。

③ NARA RG59/E5172/Box 21，Jeffrey C. Kitchen to Rusk，7th January 1965.

④ NARA RG59/E5172/Box 16，US/UK Military Sales Negotiations，January 1965，Background Data.

美国的立场文件承认，TSR-2是一个特别敏感的问题，因为该项目已经成为英国的民族骄傲。英国已经对TSR-2进行了大量的投资，如果英国政府现在大量购买美国生产的F-111，那么可能会用掉继续投资TSR-2的全部预算。该文件认为，很难想象英国政府会故意决定"为全部或部分英国飞机制造业敲响丧钟"①。财政甚至技术因素对这一决定而言似乎是次要的。大量购买美国飞机可能会引发一场"政治风波"②。

尽管如此，美国的立场文件仍然认为，美国军用飞机制造业很有可能占据英国市场相当大的份额。随着美国的介入，英国可能会逐渐"在军用飞机领域完全依赖美国"。然而，该文件也承认，这"可能是一个渐进而漫长的过程"③，而不是一个单一的、剧烈的转变。

在1月15日举行的内阁国防和海外政策委员会（Cabinet Defence and Overseas Policy Committee，OPD）④会议上，希利建议取消TSR-2、P.1154和HS.681，并购买美国生产的F-111、F-4和C-130作为替代机型。希利声称，这将为英国政府节省约6亿英镑，并将国防开支削减至官方支出计划规定的20亿英镑的水平⑤。

但一些大臣坚决反对希利的计划。詹金斯提出了一个折中方案，即购买50架TSR-2和50架F-111⑥。这导致了内阁内部出现三方分裂：首先是那些支持取消TSR-2和购买F-111的人；其次是支持继续研发TSR-2的人；最后是那些同时拒绝TSR-2和购买美国飞机

---

① NARA RG59/E5172/Box 16，US/UK Military Sales Negotiations，January 1965，Background Data.

② 同上。

③ 同上。

④ 内阁国防和海外政策委员会是英国外交和军事政策的实质性决策机构。OPD由国防部长、外交部长等高级部长组成，并由总理担任主席。

⑤ TNA CAB148/18，OPD（65）2nd，15th January 1965.

⑥ Dockrill（2002，p.84）.

作为替代机型的人。第三种选择几乎肯定会导致英国立即从苏伊士以东撤退①。

希利主张购买大量美国飞机并不令人意外。毕竟，自华盛顿峰会以来，他一直与罗伯特·麦克纳马拉保持着密切的合作关系，并将麦克纳马拉使用的成本效益分析方法全面引入英国的军事预算。正如住房和地方政府部长理查德·克罗斯曼（Richard Crossman）在日记中略带嘲讽地指出的那样，希利已经成了一个"麦克纳马拉男孩"②。而航空大臣罗伊·詹金斯倾向于第二种选择，因为他担心TSR－2项目完全取消可能会对英国飞机制造业造成损害。尽管如此，他也表现出倾向于第三种选择的迹象，因为他私下对英国在苏伊士运河以东的角色表示怀疑③。

不出所料，英国飞机制造业对停止机体研发，转而专注于发动机研发的做法表示了强烈反对。1965年1月15日晚，英国首相哈罗德·威尔逊和航空大臣罗伊·詹金斯在契克斯会见了飞机制造业代表，讨论了取消英国飞机项目和购买美国飞机作为替代的问题。特别值得关注的是，如果英国真的停止机体研发，英国发动机部门会处于什么样的竞争地位。行业代表认为，如果英国飞机制造业停止生产成品飞机，那么罗罗公司将无法维持其国际地位。他们进一步指出，如果英国飞机不配备英国发动机，外国买家将不会依赖英国发动机④。

飞机制造企业的负责人甚至对改用美国飞机后是否具有明显财务优势提出了质疑。在他们看来，政府高估了TSR－2和P.1154的预计成本，并低估了大规模购买美国飞机可能导致的国际收支问题。他们

---

① TNA CAB128/39, CC (65) 6th, 1st February 1965; Jenkins (1991，p. 172).

② Crossman ([1975] 1978, p. 191); Baylis (1981, pp. 92 - 93).

③ Jenkins (1991, p. 172).

④ TNA PREM13/121, Note of a Meeting at Chequers at 8. 30 p. m. on Friday, 15th January 1965.

还提出了"与法国人、德国人，可能还有意大利人开展联合研发项目的可能性——但是不包括美国人，因为美国人在过去被证明是难以合作的伙伴"①。

最终，英国内阁对希利购买美国飞机的建议褒贬不一。取消 P.1154 和 HS.681，以及购买 F-4 和 C-130，都在 2 月 1 日相对轻松地获得批准。这些项目仍处于成型阶段，军队中很少有人愿意给予全力支持。但是政府无法拿 TSR-2 项目冒险。这个项目没有被取消，因为财政大臣詹姆斯·卡拉汉提议推迟对项目的未来做任何决定②。这似乎是由于大量的大规模游行和工会赞助的飞机工人会议导致的，这些工人担心如果飞机项目被取消，他们会失去工作③。

事实证明，这是公开辩论的根源。在某些圈子里，像 TSR-2 这样的"威望"飞机项目被视为"保守党的玩具和奢侈的象征"④。事实上，风向很快变得清晰起来。正如多克里尔所表明的那样，"1 月底，高级大臣们（威尔逊、希利、布朗和卡拉汉）达成共识，认为出于经济原因，TSR-2 项目最终不得不取消⑤。"

1965 年 1 月 18 日，希利对威尔逊说："显然，我们必须比过去更努力地集中精力。更重要的是，我们的目标必须是通过与美国和欧洲伙伴在尽可能广泛的领域开展联合产品研发，使我们的技术资源进一步发展⑥。"希利在当时显然已经接受了一个独立的英国航空产业的消亡的事实。但他对英国选择合作伙伴的态度仍然是开放和务实的。

---

① TNA PREM13/121，Note of a Meeting at Chequers at 8.30 p.m. on Friday, 15th January 1965.

② TNA CAB128/39，CC（65）6th，1st February 1965.

③ Pincher（1978，p.313）.

④ 同上。

⑤ Dockrill（2002，p.85）.

⑥ TNA PREM13/716，The Political Implications of Dependence on America for Military Aircraft，March 1965.

4.13 巴黎和华盛顿之间的伦敦

1965年2月9日，希利就《美英合作后勤协议》向英国媒体发表声明。根据这项协议，英国将承诺购买美国飞机。最初，协议指定的是F-4替代P.1154，C-130替代HS.681。英国和美国进一步同意，两国将扩大在国防研发方面的合作，特别是将联合研发先进的V/STOL发动机①。然而，英国仍然希望推迟有关引进F-111的决定。

显然，对英国内阁来说，冒险取消TSR-2项目仍然令人不安②。实际上，对英国的大臣们（尤其是詹金斯）来说，真正的问题是如果取消该项目，英国如何维持其研发能力。一份由外交部为内阁国防和海外政策委员会（OPD）准备的文件指出，除非英国能够保持一流的研发和生产能力，否则英国将"在政治上受制于美国政府，在商业上受制于美国工业"③。这肯定需要国际合作，要么与美国合作，要么与法国合作。

自1964年12月威尔逊-约翰逊（Wilson-Johnson）峰会以来，与美国合作一直是双方一致同意的战略。但是，战略的实际执行预计会很困难。"过去曾有过许多这样（加强美英合作）的尝试，但都没有取得多大成功，主要是因为美国和英国军工产业之间的不平衡，以及美国工业界积极反对任何可能延长竞争对手存在时间的行为④。"此外，英国外交部的文件建议"讨价还价：如果我们在美国购买某些武器，他们也应该

---

① NARA RG59/E5172/Box 21，UK Purchase of US Military Aircraft，8th February 1965.

② NARA RG59/E5172/Box 21，Jeffrey C. Kitchen to the Acting Secretary，30th January 1965.

③ TNA PREM13/716，The Political Implications of Dependence on America for Military Aircraft，March 1965.

④ 同上。

在英国购买某些武器"①。显然，英国外交部也认识到，与法国深化合作存在重大障碍，法国的外交政策显然与英国和美国相反。该文件明确建议英国应该"小心翼翼地避免表现出对法国政策的默许"②。

随着 P. 1154 和 HS. 681 的正式取消，英法关于航空航天项目的谈判有了新进展。1 月 20 日，詹金斯正式宣布，工党政府将与法国合作，继续推进"协和"飞机项目的研发③。2 月 2 日，希利向法国国防部部长皮埃尔·梅斯梅尔（Pierre Messmer）发送了一条消息，确认英国愿意与法国联合研究一款攻击/教练机④。2 月 27 日，希利和詹金斯与梅斯梅尔在巴黎会面，探讨了深化英法合作的可能性⑤。

法国加强该领域合作有两个动机。首先，法国和英国飞机制造业只有通力合作才能与强大的美国飞机制造业相匹敌。其次，英法的深化合作为摇摇欲坠的法国航空发动机产业带来了新的生存前景⑥。然而，由于梅斯梅尔明显希望加深英法合作，对英国购买美国飞机的决定也表达了一定的保留意见，最终，双方同意联合研发一款攻击/教练机（后来命名为"美洲虎"）来取代"猎人"和"蚊蚋"。同时，双方还设想在未来合作研发一种"可变几何"（variable geometry，VG）飞机，后来被命名为"英法可变几何"（AFVG）项目⑦。在 3 月 10 日的 OPD 会议上，希利主张推进这两个英法航空项目（"美洲虎"和 AFVG），并获得了首

---

① TNA PREM13/716, The Political Implications of Dependence on America for Military Aircraft, March 1965.

② 同上。

③ 705 HC Deb., 20th January 1965, cols. 197–98.

④ TNA PREM13/714, Foreign Office to Paris, 2nd February 1965; TNA PREM13/ 714, Anglo-French Collaboration Projects, 2nd March 1965.

⑤ Segell (1998, p. 30).

⑥ Ichige (2016, p. 11).

⑦ TNA PREM13/714, Anglo-French Collaboration Projects, 2nd March 1965; Segell (1998, p. 30).

相的批准①。

　　3月22日，英国外交大臣迈克尔·斯图尔特（Michael Stewart）敦促丹尼斯·希利立即与罗伯特·麦克纳马拉谈判，以确定F-111的确切价格。斯图尔特认为，这种紧迫性是来自国内政治和工业界对在预算时间表内取消TSR-2的巨大压力②。事实上，英国工会大会（Trade Union Congress，TUC）的领导们已经警告过詹金斯，飞机工人可能会举行更大规模的游行和罢工③。当天，美国国防部军售协调委员会举行会议。该会议在每个星期一下午举行，被称为"库斯-基钦内阁"④，以亨利·库斯和负责政治军事事务的助理国务卿帮办杰弗里·基钦（Jeffrey Kitchen）的名字命名。它的目标是协调国务院和国防部⑤。在这个特别的星期一，库斯报告说希利有两周的时间来决定是否购买F-111。他还指出，英国希望"由美国戏剧性地选择一些英国生产的项目"⑥，如V/STOL升力发动机，而且英国显然希望法国购买TSR-2。如果英法采购300架TSR-2，将降低每架飞机的研发成本。当时，美国很清楚，英国对完全听命于美国飞机制造业心存疑虑。

　　三天后，罗罗公司的董事长丹宁·皮尔逊根据他与法国相关公务员的讨论，给威尔逊写了一封信。皮尔逊在信中承认，美国和法国都是国际合作的可能伙伴。然而，他补充说，与美国的伙伴关系将导致对美国技术的不良依赖。因此，他认为法国是唯一能力保证英国航空技术长期独立的合作伙伴。皮尔逊还对美国发动机制造商⑦普惠公司渗透

①　TNA CAB148/18，OPD(65) 14th，10th March 1965.

②　TNA PREM13/716，Foreign Office to Washington，22nd March 1965.

③　Pincher（1978，p. 313）.

④　Thayer（1969）.

⑤　Thayer（1969，p. 191）.

⑥　NARA RG59/E5179/Box 4，State Defense Coordinating Committee on Military Sales Meeting of 22nd March 1965.

⑦　译者注：原文有误写为飞机制造商，译者翻译时进行了修正。

法国市场的行为表示了担忧。普惠公司最近收购了法国斯奈克玛公司10.9%的股份。而罗罗公司的目标是取代普惠公司①。

4.14　TSR‐2 时日不多

1965 年 3 月 25 日，罗伯特·麦克纳马拉和英国皇家空军国防大臣沙克尔顿勋爵（Lord Shackleton）在五角大楼举行了一次会议。麦克纳马拉告诉沙克尔顿勋爵，尽管朱克曼爵士"实际上已经担任他的采购代理很长一段时间了，但还没有出现合适的设备项目"②。他还批评了英国未能集中研发力量。他认为，英国应专注于特定的航空领域，并停止试图单方面与美国竞争。沙克尔顿勋爵向麦克纳马拉施压，要求在英国购买 F‐111 上做出让步。他成功了。麦克纳马拉提出放弃适用于为美国空军和美国海军购买的任何英国装备的 50% 优惠规则③。

在 3 月 26 日的一份 OPD 文件中，希利概述了他希望为未来英国军用飞机采购政策制定方向的四项建议。首先，英国需要采购 110 架 TSR‐2 或 F‐111 飞机。其次，英国应该购买 F‐111，取消 TSR‐2 项目。再次，英国应该向美国施压，要求在购买 F‐111 时做出一些让步，包括保证美国购买英国硬件。最后，英国政府应立即通知法国，TSR‐2 的取消将使英国能够加强英法在军用飞机生产领域的合作④。

① TNA PREM13/363，Denning Pearson to Prime Minister，25th March 1966.

② TNA T225/2583，Note of the Meeting between Mr. McNamara, The Minister of Defence for the Royal Air Force and the Charge D'affaires at the Pentagon on 25th March 1965.

③ TNA T225/2583，Note of the Meeting between Mr. McNamara, The Minister of Defence for the Royal Air Force and the Charge D'affaires at the Pentagon on 25th March 1965；TNA CAB148/18，OPD（65）18th，29th March 1965.

④ TNA CAB148/20，OPD（65）57th，26th March 1965.

希利希望购买 F-111 能让英国保持其在苏伊士以东的地位。他显然还认为，加强英法合作将有助于吸收由于取消 TSR-2 而释放的一些英国技术资源①。他的观点并非毫无根据。在 1965—1966 年，F-111 的覆盖范围与 TSR-2 大致相同，从西太平洋到南大西洋，包括苏联的影响区域。

然而，就在希利发表他的 OPD 文件的同一天，罗伊·詹金斯在他自己的 OPD 文件中表达了不同的观点。他认为，首先，不管购买 F-111 具备何种预算优势，大量购买美国飞机将不可避免地导致严重的国际收支问题；其次，从 TSR-2 到 F-111 的转变使英国"进一步被美国飞机制造业控制"②；最后，尽管取消 TSR-2 毫无疑问会为加强英法合作释放资源，但购买美国飞机肯定会引起法国的怀疑，并使首相即将访问巴黎这件事变得复杂。詹金斯的结论是，英国当然应该取消 TSR-2，但购买 F-111 的决定也应该推迟③。

在 3 月 29 日的 OPD 会议上，大臣们最终就取消 TSR-2 的必要性达成了普遍共识。然而，在应该购买多少 F-111 来取代 TSR-2 的问题上，仍然没有达成共识④。第二天，英国和法国的大臣们开会讨论国际航空合作研发问题，其中特别关注攻击教练机和 VG 技术。法国在这次会议上对立即做出 VG 承诺所表现出的态度引起了英国大臣们的愤怒⑤。

尽管如此，在 3 月 31 日写给首相的一封信中，希利建议政府继续与法国联合研发攻击教练机和 VG。他认为 TSR-2 项目的取消使这

① TNA CAB148/20，OPD（65）57th，26th March 1965.
② 同上。
③ TNA CAB148/20，OPD（65）59th，26th March 1965.
④ 同上。
⑤ TNA PREM13/714，Anglo/French Discussions，30th March 1965：Agreed Summary.

种联合研发变得非常可行,因为英国现在可以将分配给 TSR‐2 的资源转给新兴的英法项目①。法国当然希望英国能坚定开展英法合作,并排除未来英美合作的可能性。然而,英国却努力"保留尽可能多的自由,以最适合自己的方式进行合作"②。

4.15 英国国内的调整导致 TSR‐2 取消

1965 年 4 月 1 日,英国政府举行了两次冗长的内阁会议。大臣们在会上集中讨论了取消 TSR‐2 项目的问题。英国内阁大臣以 12：10 的票数赞成取消。然而,对于英国是否会购买美国的 F‐111 战斗机,大多数人出现了意见分歧,主要是国际收支问题。讨论开始时达成了一项普遍共识,即取消 110 架 TSR‐2 的生产将节省 2.8 亿英镑的预算,但购买相同数量的 F‐111 将花费大约 5 亿英镑③。希利是用 F‐111 取代 TSR‐2 的主要支持者。他指出,美国当局已在原则上同意,如果英国同意大规模购买 F‐111,那么美国将放弃其通常的 50% 优惠规则,以缓解英国由此产生的国际收支问题④。

尽管如此,首相哈罗德·威尔逊和航空大臣罗伊·詹金斯仍强烈反对希利的计划⑤。威尔逊显然担心取消 TSR‐2 会对英国制造业产生影响。然而,詹金斯并不对取消英国机型(他支持)持怀疑态度,而是

① TNA PREM13/714, Anglo-French Co-operation in Military Aircraft Development, 31st March 1965.
② TNA PREM13/714, Anglo-French Aerospace Collaboration-Supplementary Brief.
③ TNA CAB128/39, CC (65) 20th, 1st April 1965; TNA CAB128/39, CC (65) 21st, 1st April 1965.
④ TNA CAB128/39, CC (65) 20th, 1st April 1965.
⑤ Healey (1989, p. 273).

对购买 F-111(他不支持)的前景持怀疑态度。

事实上,詹金斯并不相信英国继续在苏伊士以东发挥作用的可行性。他后来解释说:"我对英国继续在苏伊士以东发挥作用持怀疑态度,这让我倾向于不使用 TSR-2 或 F-111。这就使我和希利产生了分歧,希利决心购买美国飞机①。"预算成本、对购买美国飞机而不是英国飞机的反感,以及对英国在苏伊士运河以东的角色的怀疑,这些因素共同影响了詹金斯的想法,导致他拒绝了这两种选择②。正如他所言,取消 TSR-2 所节省的资金不太可能抵消购买美国飞机所需要的 5 亿英镑投资③。

令人震惊的是,在会议期间,美国向内阁提交了一份新的提议:英国可以先购买 10 架 F-111 用于训练,然后在当年剩下的时间里决定是否再订购 70~100 架 F-111。这将使英国可以把是否大规模购买 F-111 推迟到 1966 年 1 月再决定,更重要的是,可以详细审查英国的海外防务政策④。

美国在最后一刻提出的建议具有决定性作用。中午 12 点 30 分,在经过一整天详细而偶尔充满敌意的讨论后,英国内阁决定取消 TSR-2 项目,购买 10 架 F-111,以及在 1966 年 1 月购买最多 100 架 F-111 的选购权⑤。尽管内阁没有就大量购买 F-111 形成明确结论,但这次会议的决定实际上是放弃了三大军用项目(TSR-2、P.1154 和 HS.681)。美国打得一手好牌,而英国独立飞机制造业的想法遭到了

①　Jenkins (1991,p. 172).
②　NARA RG59,E5172,Box 21,Jeffrey C. Kitchen to the Acting Secretary,9th April 1965.
③　TNA CAB128/39,CC (65) 20th,1st April 1965.
④　Dockrill (2002,pp. 89 - 90);Straw and Young (1997,pp. 35 - 36).
⑤　TNA CAB128/39,CC (65) 21st,1 April 1965;Wilson (1971,p. 90).

沉重打击①。

4.16　威尔逊会见戴高乐

　　1965 年 4 月 2 日,英国首相哈罗德·威尔逊和法国总统夏尔·戴高乐在爱丽舍宫举行了为期两天的会谈,重点讨论了飞机研发问题。在这一点上,正如威尔逊在讨论中明确指出的那样,"TSR‐2 的教训很简单"②——英国无法负担独自生产和采购先进军用飞机的费用。威尔逊承认,生产 150 架这样的飞机将耗资 7.5 亿英镑,即每架 500 万英镑,但英国的需求量远远低于这些生产数据中预期的 150 架,这意味着单位成本不可避免地上升到约 900 万英镑③。这是英国根本负担不起的。

　　威尔逊承认,显而易见的替代方案是从美国大量购买"现成"的同类飞机。美国庞大的生产规模意味着,它可以很容易地承担生产这种飞机所需的巨额研发成本,从而以更低的价格出售每一架飞机。威尔逊指出,残酷的事实是,美国可以用一半的成本生产一架相当于TSR‐2 的飞机。然而,英国不可能接受完全依赖美国飞机制造业。这正是威尔逊希望英法在军用飞机生产领域立即甚至长期合作的原因④。

　　戴高乐同意英法两国都无法负担独自研发民用和军用项目的费用

---

　　①　NARA RG59/E5172/Box 21,UK Purchase of F111:British Interest in Quid Pro Quo,12th April 1965.

　　②　TNA PREM13/714,Record of a Conversation between the Prime Minister and the President of France at the Elysee Palace at 11 a.m. on Friday,2nd April 1965.

　　③　同上。

　　④　同上。

的说法。然而，他不认为这两个国家"准备被美国航空产业吞并"①。他总结道，如果英国赞成在这一极其重要的领域进行务实合作，那么"法国并不认为这是不利的"②。

在讨论过程中，威尔逊还阐述了取消 TSR‐2 项目对未来英法合作的影响。他坚称，这一决定不会影响航空领域的此类合作，包括"协和"飞机等民用项目，且取消 TSR‐2 的主要目的是为英法拟定的协议释放资源。他还表示，英国政府并没有最终决定是否用同类美国飞机来取代 TSR‐2③。

戴高乐在答复中强调，法国非常重视两国工业之间更广泛的合作，特别是在航空领域。他将这描述为两国的生存问题，否则英法将沦为美国的客户，淹没在美国工业中，并依赖于美国工业④。戴高乐在任何时候都没有明确提到可能用 F‐111 取代 TSR‐2 这一问题，也没有表达他对英国购买美国机型可能会破坏英法合作前景的担忧。

1965 年 4 月 1 日至 3 日，哈罗德·威尔逊做出了两个关键性的决定——1965 年 4 月 1 日取消 TSR‐2 并表示可能购买 F‐111，以及1965 年 4 月 2 日和 3 日宣布英法在军用航空领域的合作。丘吉尔的"三环政策"中的第一个已经消失。显然，现在有两条路摆在英国面前：主要与美国或与法国合作。虽然选项从三种减少到两种，但最终结果仍不确定。

---

① 　TNA PREM13/714，Record of a Conversation between the Prime Minister and the President of France at the Elysee Palace at 11 a. m. on Friday，2nd April 1965.

② 　同上。

③ 　TNA PREM13/714，Record of a Conversation between the Prime Minister and President de Gaulle at the Elysee Palace at 10 a. m. on Saturday，3rd April 1965.

④ 　同上。

4.17　结论

决定取消 TSR－2,英国政府实际上就放弃了其自主飞机研发项目。尽管做出这一决定,英国航空技术发展的两个主要目标仍然是 VG 飞机以及 V/STOL 机体和发动机。但这个昔日的超级大国如今被迫转向新的方向——国际合作。这个新方向实际上包含两种截然不同的选择：与欧洲大陆合作,或者与美国合作。

1965 年 4 月签订的 F－111 选择权协议包含一个非常重要的规定,即美国和英国官员同意,美国国防部将不再对英国军工产品实行"购买美国货"政策。该协议使罗罗公司能够以与美国制造商相同的条款在这个全球最大的军事市场中展开竞争。正如 G. C. 佩登(G. C. Peden)所说,在英国自己的经济基础不足以完成这项任务的时候,为了维持英国的工业,美国的资源得到了有效的利用。然而,所有这些实际上都导致英国放弃了独立研发军用飞机项目的想法,并更容易受到美国进口的影响。在 20 世纪 60 年代中期,对大英帝国称霸世界的记忆仍然广泛存在,这似乎是一个沉重的代价[①]。

---

① 　Peden (2007, p. 344).

第 5 章
普洛登主义
背后的政治

英国飞机制造业的欧洲和美国之路

5.1 概述

1964 年 12 月，英国航空大臣罗伊·詹金斯任命埃德温·普洛登爵士领导一个新委员会——普洛登委员会，负责调查英国飞机制造业的状况。普洛登委员会被分配了一系列任务：分析飞机制造业相对于其他行业在国民经济中的地位，评估飞机制造业的未来方向，并提出维持其战略健康的行动方案[①]。该委员会最终于 1965 年 12 月发表了调查结果——《普洛登报告》。这份报告一经发表，就被认为是英国飞机制造业向更深层次的欧洲合作迈进的理论声明。因为该报告是在 1965 年 2 月至 4 月几个独立的英国航空航天项目（如 TSR－2、P. 1154 和 HS. 681）被取消之后发表的。

最近对该报告及其背景的评价大体上同意这一观点。在安东尼·桑普森看来，《普洛登报告》构成了"与其他国家合作，尤其是与欧洲合作"的明确举措[②]。扎基·多克里尔还将普洛登委员会描述为对英国飞机制造业深化大陆合作的官方鼓励[③]。杰弗里·欧文曾表示，威尔逊政

[①] Minister of Aviation, *Report of the Committee of Inquiry into the Aircraft Industry*, Cmnd. 2853 (London, HMSO, 1965), paras. 1－2; Jenkins (1991, pp. 166－167).

[②] Sampson (1977, p. 155).

[③] Dockrill (2002, p. 145).

府基本上接受了《普洛登报告》的结论,即美国不是英国生产飞机的"合适伙伴"①。欧文观察到,美国飞机制造业的规模和范围意味着,只有英国和法国之间的合作才能"为欧洲飞机制造业的生存奠定基础"②。刘易斯·约翰曼(Lewis Johnman)和弗朗西丝·林奇(Frances Lynch)撰写的一篇关于欧洲空客的文章也将《普洛登报告》称为欧洲合作的先决条件③。话虽如此,《普洛登报告》的重要性并没有得到明确的支持。例如,戴维·埃杰顿就认为,不管报告的内容如何,购买 F-111 取代英国机型必然会导致英国对美国飞机的依赖,至少在可预见的未来是这样的④。

从长远来看,英国的飞机制造业似乎仍然面临着选择:与法国等欧洲伙伴进一步合作,还是默许依赖美国。这一选择的确定,将决定作为北约第二大空中力量的英国是选择加强欧洲合作,还是深化英美"特殊关系"。

任何试图了解这一困境的学者都必须研究《普洛登报告》的内容和意义。这正是本章的内容。我认为,尽管在《普洛登报告》的支持下,英国名义上是加强欧洲飞机合作的主要倡导者,但仔细研究英国政策会发现,英国更倾向于英美合作,而不是欧洲合作。然而,把这仅仅描述为"默许"对美国的"依赖"是对 20 世纪 60 年代英国在这一领域取得的巨大成功的曲解。英国打得一手好牌,最终在不完全牺牲欧洲合作选择的情况下,史无前例地进入了美国(和其他国家)的军用市场。

为了支持这些说法,我引用了美欧合作研发 VG 和 V/STOL 技术

---

① Owen (1999,p. 313).
② 同上。
③ Johnman and Lynch (2006,p. 125).
④ Edgerton ([2006] 2008,p. 242).

的案例研究。这是 20 世纪 60 年代末最关键的两个航空创新[1]。通过研究威尔逊政府在 1965 年 4 月取消 TSR‑2 的谈判和决定，进一步证实了我的论点。本章特别关注了英国航空发动机领域和美国机体领域之间的国际合作。

当然，从 20 世纪 60 年代初开始，英国的航空企业自然而然地继续参与欧洲航空航天项目，如英法"协和"飞机、欧洲空客、英法"美洲虎"和 AFVG。然而，英国官员（如国防大臣丹尼斯·希利和首席科学顾问索利·朱克曼爵士）倾向于推动加强英美合作。最终，他们的观点对英国航空产业政策的长期走向造成了最大的影响。

5.2 1965 年 4 月，普洛登委员会访问巴黎

普洛登委员会成立后不久，就发现自己面临英国飞机制造业核心的基本生存问题。在英国经济的整体结构中，该产业的未来地位和组织是什么？而围绕英国国防和出口可能性的持续问题，以及产业与政府之间的关系，将如何影响这个问题的答案[2]？最终，普洛登委员会于 1965 年 2 月至 4 月，在多个英国军用飞机项目被取消的背景下成立。因此，该委员会越来越关注国际合作，将其作为英国飞机制造业的生存战略，这或许并不令人惊讶。这反映了英国政府的想法。

1965 年 4 月 2 日至 3 日，英国首相哈罗德·威尔逊和法国总统夏尔·戴高乐在巴黎会面，讨论英法飞机制造业的合作。会议之后，英法

---

① VG 战斗机适用于低速和高速，V/STOL 战斗机能够从短跑道或航空母舰起飞，这两种技术都很复杂。

② Reed（1973，p. 72）。

两国加强了在教练机/轻型攻击机(后来被命名为"美洲虎")和 VG 战斗机(后来被命名为 AFVG)方面的合作①。1965 年 4 月 6 日,普洛登委员会国际合作小组委员会开会讨论这次访问的影响。小组委员会表示坚定支持根据英国和法国的要求加强"美洲虎"和 AFVG 的研发的决定。针对"美洲虎",小组委员会成员期望法国能够表达继续合作的坚定意向。当然,这肯定会在 50/50 的基础上进行②。

威尔逊和戴高乐的会谈极大地促进了英法两国在航空领域的合作。1965 年 4 月 7 日至 9 日,随着普洛登委员会成员普洛登爵士和英国前供应大臣奥布里·琼斯访问巴黎,与法国高级官员讨论未来国际合作的前景,这一点变得更加明显。法国代表团由陆军部长皮埃尔·梅斯梅尔和部长级军备代表团国际活动协调员勒内·布洛赫(Rene Bloch)率领③。

在巴黎讨论期间,法国坚信,在签订军用航空设备合同时,联合军用项目应由一个英法委员会负责。此外,法国官员再次呼吁法国和英国的飞机制造业密切合作,以确保能够共同生存。法国官员告诉琼斯,"如果没有这样的合作,他们相信法国的工业会首先崩溃,然后是英国的工业,并将在 5 到 10 年内消失④。"他们还担心,如果英国政府购买了美国生产的 F-111 VG,那么美国就会试图破坏英法在 VG 飞机研发

---

① TNA PREM13/714, Record of a Conversation between the Prime Minister and the President of France at the Elysee Palace at 11 a.m. on Friday, 2nd April 1965; TNA PREM13/714, Record of a Conversation between the Prime Minister and President de Gaulle at the Elysee Palace at 10 a.m. on Saturday, 3rd April 1965.

② TNA AVIA97/18, Committee of Inquiry into the Aircraft Industry, Sub-Committee on International Co-operation, Minutes of a Meeting held at the Ministry of Aviation, Shell Mex House, on Tuesday, 6th April 1965.

③ TNA AVIA97/18, Sub-Committee on International Cooperation, Report of Visit to Paris, 5th May 1965.

④ PLDN5/7/1, Committee of Enquiry into the Aircraft Industry Sub-Committee on International Co-operation, 13th April 1965.

上的全面合作。他们甚至可能认为不需要这样的 AFVG 飞机①。

在 4 月 30 日的 OPD 会议上，希利和詹金斯重申了威尔逊和戴高乐对加强英法航空合作的共同希望。他们进一步强调了梅斯梅尔希望英国立即对 AFVG 项目做出承诺的愿望，并提出了一个问题，即在法国发动机的研发中是采用美国还是英国的技术。这里的问题是，法国"幻影"战斗机上安装的斯奈克玛发动机被授权给美国普惠公司。一段时间以来，罗罗公司一直试图在这一领域取代美国的地位，所以希望斯奈克玛公司将其飞机上的普惠组件替换为罗罗公司的设备②。

希利和詹金斯认为，BAC 将成为"美洲虎"和 AFVG 的英国承包商，罗罗公司将研发"美洲虎"的发动机，而 BSE 将研发 AFVG 的发动机③。法国公司布雷盖(Breguet)将牵头"美洲虎"机体的研发，BAC 将作为合作伙伴。相反，罗罗公司将牵头发动机的研发，而透博梅卡(Turbomeca)公司将作为合作伙伴。最后，希利和詹金斯寻求了 OPD 的批准，以继续英法在"美洲虎"和 AFVG 上的合作。两位大臣还授权签署一份谅解备忘录，以便于 5 月 17 日在伦敦与梅斯梅尔举行会晤④。

在给威尔逊的一封邮件中，内阁大臣伯克·特伦德指出，"美洲虎"的成本可能为 5 000 万英镑，而 AFVG 的成本将是 2 亿英镑。他还强调，通过研发 F - 111，美国很可能在 VG 技术上取得实质性的领先地位。相比之下，直到 20 世纪 70 年代末，人们都高度怀疑英国是否有能力生产 VG 飞机⑤。

① PLDN5/7/1，Committee of Enquiry into the Aircraft Industry Sub-Committee on International Co-operation，13th April 1965.

② TNA CAB148/21，OPD (65) 80th，30th April 1965.

③ 5 月 26 日，BAC 被指定研发 AFVG 机体，法国斯奈克玛公司和 BSE 被指定研发 AFVG 发动机。［AWST，24th May 1965，p. 18；Hayward (1989，pp. 108 - 10)］。

④ TNA CAB148/21，OPD (65) 80th，30th April 1965.

⑤ TNA PRE13/714，Anglo-French collaboration：Strike/Trainer and Variable Geometry Aircraft［OPD (65) 80］，by Burke Trend，3rd May 1965.

5 月 4 日召开的 OPD 会议集中讨论了英法谅解备忘录以及梅斯梅尔即将于两周后访问伦敦的事宜。法国希望双方发表一份联合声明,表明两国打算各自采购至少 200 架 AFVG。然而,英国的大臣们却极力避免做出如此坚定的承诺。因为英国仍在考虑美国飞机。会议上出现另一种观点:尽管英法联合研发是具有经济利益的,但英国还是应该试探其他盟友,以获得政治利益,并为拟研发的飞机寻求更多的出口销售。在 OPD 的另一份文件中,威尔逊对英法合作表示支持,但他严格规定了英国有权在任何阶段退出项目[①]。

5.3　英美联合研发 V/STOL 发动机

在 20 世纪 60 年代中期,美国政府与多个欧洲政府就联合研发各种飞机项目进行了谈判。在这些项目中,英美谈判的重点逐渐集中在 V/STOL 战斗机和发动机上。这归功于 V/STOL 技术的重要性,它的象征意义超过了实际价值。事实上,英国在这项技术方面的发展优于美国。鉴于英国在这一领域的领先地位,美国不愿看到英国完全向欧洲倾斜,这是可以理解的。

双方于 1964 年 10 月开始谈判。美国国防部考虑到英国在研发 V/STOL 发动机方面的领导作用,提议在罗罗发动机(RB162)的基础上研发一款英美 V/STOL 发动机。1964 年 2 月,英美签署了一项后勤合作协议,设想扩大两国在军事研发方面的合作。然而与此同时,美国也与德国进行合作,研发 V/STOL 战斗机(先进研发目标第 12 号,ADO12)和发动机。在美德 V/STOL 合作下,美国试图控制德国 V/

---

①　TNA CAB148/18,OPD (65) 23rd,4th May 1965.

STOL 技术，西德工业从"美国军事技术转移"中获利①。从 1964 年 10 月开始，国防研究与工程主任哈罗德·布朗博士就针对 ADO12 进行英美 V/STOL 发动机合作展开了讨论②。

在 1965 年 3 月 9 日给罗伯特·麦克纳马拉的一封信中，丹尼斯·希利询问由英国和美国联合研发的发动机是否可以用来为美德的 ADO12 V/STOL 战斗机提供动力，并因此将英美项目转变为美英德的三方项目。英国决心参与美德战斗机项目，是由于 P.1154 V/STOL 战斗机和 HS.681 V/STOL 运输机项目取消后，需要维持 V/STOL 研发能力③。这本质上意味着，在 VG/V/STOL 战斗机的研发上，英国参与国际合作项目时有两种选择：英法 VG(AFVG)，或配备罗罗发动机的美德英 V/STOL 战斗机。毋庸置疑，这两个项目之间存在冲突。对于德国来说，他们越来越厌倦英国参与这个项目，因为"英国更倾向于成为飞机的卖方，而不是买方"④。这种令人沮丧的判断并非完全不准确，因为英国在两面下注。

5.4 1965 年 5 月，普洛登委员会与美国国防部之间的讨论

1965 年 5 月中旬，普洛登爵士和奥布里·琼斯访问了华盛顿。他

---

① Rohde (2004，p. 167).

② TNA PREM13/118，Proposed U.S./U.K. Development for Advanced Lift Engine，S. Zuckerman to Prime Minister，7th September 1965.

③ NARA RG59/E5172/Box 21，UK Purchase of US Military Aircraft，8th February 1965；NARA RG59/E5172/Box 17，U.K. Interest in US/FRG Advanced V/STOL Development Studies，26th February 1965；NARA RG59/E5172/Box 17，ADO12-US/German Agreement，From Healey to McNamara，9th March，1965；NARA RG59/E5178/Box 1，From Jeffrey C. Kitchen to The Secretary，25th May 1965.

④ NARA RG59，E5172，Box17，US/FRG/UK Cooperative R&D on Advanced V/STOL Aircraft，3rd March 1965.

们会见了罗伯特·麦克纳马拉和国防部副助理部长亨利·库斯,以及哈罗德·布朗博士。在会议上,英国代表团就英国飞机制造业的三个细分市场——机体、发动机和航空电子设备——的未来提出了几个关键问题。他们还提出了英国发动机和航空电子设备企业的生存问题①。

哈罗德·布朗博士认为,只有美国政府给予罗罗公司与美国企业同等的待遇,罗罗公司才有能力与普惠公司和通用电气（General Electric,以下简称"GE"）公司等美国公司竞争②。布朗补充道,如果英国停止研发复杂的机体,那么英国发动机和航空电子设备企业将被允许进入美国飞机市场。库斯认为,美英合作将带来互利共赢。ADO12战斗机的 V/STOL 发动机就是一个很好的例子③。

根据这些声明,英国代表团要求保证他们的飞机企业能够在美国市场上自由竞争。美国国防部的代表在回应中指出,为英国"放弃《购买美国货法》条款"④的规定是"一种诚意的表现"⑤,尽管这些代表显然拒绝为未来政府的政策做出保证。

普洛登委员会的成员们向他们的美国东道主提出了两种可能的防御方案:英国是应该专注于"整个共同防务市场的自由竞争"⑥,还是应该几乎完全与欧洲合作,并仅在欧洲保持"较小但更确定的市场份额"⑦?

作为回应,库斯列举了他认为的一些令人信服的财务现实。

---

① NARA RG59,E5172,Box 17,Discussion with the Lord Plowden Committee on the Future of the British Aircraft Industry,15th May 1965.

② 同上。

③ TNA AVIA97/18,Sub-Committee on International Co-operation,Report of Visit to Washington.

④ NARA RG59,E5172,Box 17,Discussion with the Lord Plowden Committee on the Future of the British Aircraft Industry,15th May 1965.

⑤ 同上。

⑥ 同上。

⑦ 同上。

1962—1971 年期间，他预计地区国防装备市场将形成如下格局：斯堪的纳维亚市场价值 6.8 亿英镑（19 亿美元）；欧洲市场价值 200 亿～220 亿英镑（560 亿～610 亿美元）；远东市场价值 12 亿～17 亿英镑（34 亿～47 亿美元）；市场总价值为 220 亿～240 亿英镑（610 亿～680 亿美元），其中可渗透部分将为 36 亿～54 亿英镑（100 亿～150 亿美元，16%～23%）。在同一时期，库斯估计美国国防装备市场总额将达到 700 亿英镑（2 000 亿美元）①。

根据这些预测，库斯认为解决英国困境的办法显而易见：英国应该去美国市场竞争。事实上，他甚至发表了声明，"如果英国与法国合作，要认识到来自美国竞争的威胁，比如在'协和'飞机项目上。由于美国的国防预算是英国加上法国的 5 倍，我们可能以更低的价格出售飞机②。"

由于这种隐晦的威胁仍在耳边回响，普洛登委员会成员提出疑问，如果英国继续与欧洲合作，美国是否会继续与英国交换私密和敏感的技术信息？美国国防部回答说，如果英国的主要合作焦点是美国以外的伙伴，那么美国将不得不"重新审视双方的合作政策"③。

几乎就在这些会议召开的同时，戴高乐对美国"霸权"的挑战变得更加尖锐，仿佛是一种暗示。1965 年 2 月，法国总统戴高乐在新闻发布会上提出了改革国际货币体系，美元不作为世界主要货币的建议。他还继续建立法国独立的核打击力量④。因此，在货币和核领域，戴高乐都试图打破，或至少限制美国对西方的统治。这使得法国和英国之间的航空航天合作变得极为敏感，尤其因为军用飞机是核弹头的一种运

---

① NARA RG59，E5172，Box 17，Discussion with the Lord Plowden Committee on the Future of the British Aircraft Industry，15th May 1965.

② 同上。

③ 同上。

④ Ellison（2007，p. 23）.

载方式。

1965 年 5 月 14 日，普洛登爵士与美国国防部长罗伯特·麦克纳马拉进行了一次私人会谈，他提出了三个备选方案，并询问了麦克纳马拉的看法。三个方案包括：① 英国直接采购美国军用装备；② 英国制造发动机、设备和可能相对较小的飞机型号，与美国公开竞争；③ 英国全力与法国进行产业合作。麦克纳马拉回答道，对英国来说，最好的办法是采取第二种方案，尽管没有任何一届美国政府能够对其继任者的决定负责，但西方联盟整体框架内的公开竞争概念，可能会成为美国政策的一个标准和持久的特征。麦克纳马拉还评论了第三种方案，认为英法两国飞机制造业应该"从根本上"紧密合作的建议对英国来说是个错误①。

普洛登委员会于 5 月 14 日结束了对华盛顿的访问。他们得出的结论是，英国无法在尖端飞机研发领域的技术和经济投入上与美国相匹敌。这一结论意味着：第一，现代技术的要求是，英国应该更深入地专注于更少的目标；第二，英国飞机制造业的生存依赖于国际合作。这看起来似乎有两种可能的选择：作为高效的分包商与美国建立从属关系，或者与法国建立产业伙伴关系（不排除两者结合）②。

委员会认为与美国联合的可能性存在一些明显的缺点。首先，英国将放弃制造完整飞机和武器系统的能力，至少是复杂的种类。其次，与美国合作将使英国飞机制造业处于"美国政府的支配之下"③，尽管这也意味着"高效的英国零部件公司获得进入巨大的美国军事市场的

---

① TNA AVIA97/18，Sub-Committee on International Cooperation，Report of Visit to Washington.
② 同上。
③ 同上。

机会"①。

此外，委员会也评价了与法国加深合作的缺点。首先，英法产业联盟不太可能对抗来自美国的竞争，除非能确保至少在其他共同市场国家拥有主导地位。其中，德国的军事采购是关键因素。然而，几乎可以肯定的是，美国将试图渗透德国市场。其次，如果英国真的选择扩大与法国的合作，那么美国将减少或关闭英美之间现有的有价值的国防研发信息流通。最后，英国飞机制造业将在多个国际市场上面临来自美国的激烈竞争，并可能不得不应对美国为保护国内市场建立的关税和其他保护性壁垒②。

5.5　1965 年 5 月 17 日的英法防务一揽子计划

尽管美国国防部发出了一些威胁的声音，但是希利和詹金斯决心坚持他们的英法合作愿景。1965 年 5 月 17 日，两位大臣在伦敦会见了法国国防部长皮埃尔·梅斯梅尔，并签署了一份谅解备忘录。这份文件讨论了拟议中的英法"美洲虎"战斗机，以及联合研究 AFVG 的可能性。5 月 18 日，英国外交部发来一份电报，要求英国代表注意以下事实：

> 英法合作被视为一个不可或缺的基础。但是，我们希望在最广泛的基础上进行合作，这既考虑到规模经济，实现成本分摊和向尽可能广泛的市场销售产品，同时也出于政治原因，与我们寻求弥

---

①　TNA AVIA97/18, Sub-Committee on International Cooperation, Report of Visit to Washington.

②　同上。

合欧洲自由贸易联盟和欧洲经济共同体之间的差距、实现欧洲更广泛的工作统一的政策相一致①。

5月24日,刚从巴黎和华盛顿回来的奥布里·琼斯给普洛登爵士发了一封信函,指出英国飞机制造业面临的首要问题是"如何最好地扩大市场"②。琼斯认为,"问题在于如何在两条艰难的道路上走下去"③。这意味着英国试图通过与美国的合作来获得尽可能广泛的市场份额,但如果这条路走不通,"那时,也只有在那时"④才应该专注于与法国的合作。

换句话说,英法合作"本身不应被视为目的,而应被视为向美国施压的一种手段"⑤。琼斯意识到,法国不会特别愿意接受这种做法。但英国对此无能为力,因为他们没有其他人可以合作。琼斯得出了一个相当乐观的结论:在美国、英国和法国中,只有英国享有某种"谈判优势"⑥,尽管"目前英国没有使用这一优势"⑦。

5月31日,普洛登委员会再次召开会议。根据普洛登爵士的说法,英国无力维持独立的飞机制造业,这给英国政府留下了三条行动路线:第一,与法国合作;第二,与美国合作;第三,妥协,即"我们与法国在某些项目上合作,试图向美国出售尽可能多的设备,并从美国购买最先进的飞机"⑧。

---

① 　TNA PREM13/714，Foreign Office to certain of Her Majesty's Representatives，18th May 1965.

② 　PLDN5/7/3，Aubrey Jones to Lord Plowden，24th May 1965.

③ 　同上。

④ 　同上。

⑤ 　同上。

⑥ 　同上。

⑦ 　同上。

⑧ 　TNA AVLA97/3，Minutes of a Meeting at the Ministry of Aviation，Shell-Mex House on Monday，31st May 1965.

务实的普洛登爵士大体上支持第三种方案。他认为，在法国接受英国加入欧洲共同市场的条件下，与法国结盟是合理的。他进一步建议英国与美国谈判政治协议，"以使我们的发动机和设备制造商能够在没有政治干预的情况下在美国市场竞争[①]。"他还敦促大家接受这样一个事实，即英国很快将不得不完全放弃生产机体[②]。

1965 年 5 月 17 日的英法防务一揽子计划在美国和德国引起了一些恐慌。在该计划宣布后两天，罗伯特·麦克纳马拉起草了一份关于V/STOL 未来发展的建议。他得出一些关于英国进一步参与美德ADO12 V/STOL 战斗机项目的确凿结论。该项目未来可能的设想包括：第一，美国和英国联合研发升力发动机；第二，美国和德国共同研发飞机的所有其他方面。

麦克纳马拉对英国参与该项目的动机持高度怀疑态度。在他看来英国这么做是因为：第一，英国希望出售其发动机和航空电子设备；第二，英国希望以尽可能低的成本获得尽可能多的先进设计技术（包括VG），并用于英法合作研发的"美洲虎"和 AFVG；第三，英国希望放缓美德项目的研发进程，这是英法战斗机的潜在竞争对手。在这种背景下，麦克纳马拉毫不意外地在其草案的结尾建议，英国应尽量减少参与美德的 V/STOL 项目[③]。

在美国和英国之间的谈判中，英国坚持要保证 ADO12 战斗机的生产订单份额。根据这一计划，罗罗公司将确保在为 ADO12 生产的 V/STOL 发动机中占有一定的份额。但是，麦克纳马拉坚持两国企业之

① 　TNA AVLA97/3，Minutes of a Meeting at the Ministry of Aviation，Shell-Mex House on Monday，31st May 1965.

② 　同上。戴高乐怀疑英国参与欧洲技术项目"只是通过走后门进入欧共体的策略"[Zimmermann（2000，p. 105）]。

③ 　NARA RG59，E5172，Box 21，Draft Paper on V/STOL for Secretary McNamara，19th May 1965.

间的自由竞争原则,这可能会给罗罗公司带来风险,因为它将与普惠公司或 GE 公司等美国发动机制造商展开竞争①。

在这个阶段,英国没有排除任何可能性。英国官员试图在与美国、德国和法国的谈判中最大化自己的优势——就像普洛登爵士建议的那样,尽可能多地参与其中。然而,在大西洋联盟内部日益紧张的背景下,这种做法的内在风险和矛盾日益明显。

5.6 巴黎还是华盛顿?

1965 年 5 月 25 日,美国国务院负责政治和军事事务的助理国务卿杰弗里·C. 基钦(Jeffrey C. Kitchen)向美国国务卿迪安·腊斯克(Dean Rusk)提交了一份报告,对普洛登委员会及其活动表现出了相当大的关注。基钦认为,普洛登委员会显然已经"得出结论,几乎不可能与美国在联合研发项目上成功合作"②,特别是在 V/STOL 项目上。他进一步表示,"美国-英国升力发动机项目的象征意义已经远远超过了它的实际价值,这是对美国是否会与英国进行合作研发的测试。③"

在报告中,基钦还指出,英国显然认识到自己无法与美国竞争,而且对英法研发合作取得的进展感到满意。基钦建议美国与英国在飞机发动机领域开展务实合作,因为英国和美国在这一领域的工程技术水平大致相当。他表示,这"将表明美国认为英国在先进技术领域是一个值得合作的伙伴,从而有助于加强英国政府的地位"④。

---

① TNA CAB148/22, OPD (65) 111th, 16th July 1965.
② NARA RG59, E5178, Box 1, Jeffrey C. Kitchen to the Secretary, 25th May 1965.
③ 同上。
④ 同上。

总的来说,美国国务院似乎倾向于与英国就先进升力发动机的问题达成某种协议。5 月 29 日,美国国防部长罗伯特·麦克纳马拉计划会见丹尼斯·希利。美国国防部助理国防研究与工程主任罗纳德·M. 默里(Ronald M. Murray)负责为麦克纳马拉制作一份关于联合 V/STOL 项目的立场文件①。

在这份文件中,默里首先解释了英国对国际合作的态度。他指出,航空部和国防部越来越相信,与美国合作根本不切实际。航空大臣詹金斯显然确信"英国飞机制造业的未来在欧洲大陆,而不是美国"②。英国国防大臣希利也对美英合作表示怀疑。默里说,英国越来越相信"与法国政府和业界的合作容易且有回报,而与美国的合作困难且无益"③。

此时,唯一一位继续支持英美合作的英国高官是英国政府首席科学顾问朱克曼爵士。默里指出,如果美国和英国未能在 V/STOL 上合作,那么"我们将非常不可能在任何重大研发项目上合作"④。罗罗公司董事长皮尔逊非常支持欧洲,并考虑将罗罗公司与法国斯奈克玛公司合并。但是朱克曼爵士反对这个想法,他认为罗罗公司作为英国飞机制造业竞争力的象征,应该努力打入美国的飞机市场⑤。

5.7 英国飞机制造业的地位

英国的困境变得更加严峻。走出困境取决于三个因素:英国国内飞机制造业的地位、德国问题和英国对欧洲的总体政策。

---

① NARA RG59,E5172,Box 17,McNamara-Healey Visit,29th May 1965.
② 同上。
③ 同上。
④ 同上。
⑤ Zuckerman (1988,p. 200).

关于第一个因素，当时英国航空航天企业的意见主要由英国航空航天企业协会（Society of British Aerospace Companies）组织。该协会内部对美国表示希望购买英国商品的诚意迅速产生了怀疑。关于第二个因素，对于所有相关方而言，目前航空航天合作最关键的潜在目标是西德军用市场。西德参与英法合作，是将英法双边项目转变为更广泛的欧洲合作项目的关键因素。然而，西德的军用市场已经被美国控制，这主要是由于美国和德国签订了在德国领土上驻军的抵消协议。

尽管美国明显占据主导地位，但普洛登委员会仍试图为英国在西德军用市场建立一个立足点。从 1965 年 6 月起，该委员会与两家英国飞机制造商和两家英国航空发动机制造商举行了听证会，这可能是未来向德国示好的关键。这些制造商是在 1958—1960 年的产业合理化过程中建立起来的（参见本书第 2 章）。与此同时，普洛登委员会的代表也访问了波恩，与西德政府举行会谈，而这是在试水。

1965 年 6 月，罗罗公司向普洛登委员会提交了一份报告。该报告指出，在未来，英国航空发动机产业将主要依赖于作为欧洲联盟一部分发起的项目。该报告进一步强调，未来的航空发动机出口销售将在很大程度上取决于与欧洲（尤其是与法国）在机体领域的合作情况。该报告还概述了罗罗公司在法国的主要目标是取代普惠 JTF30 发动机，为目前由斯贝公司①生产的"幻影"系列飞机提供动力，并消除普惠公司对国有化的斯奈克玛公司的影响②。

1965 年 7 月 13 日，普洛登委员会与机体制造商 BAC 的代表波特尔勋爵（Lord Portal）举行了会议。波特尔勋爵向普洛登委员会明确表示，与法国的合作确实是可能的。他承认，与他国在此类项目上的合作

---

① 译者注：原文有误，应为达索公司。

② TNA AVIA97/8，Rolls-Royce Limited，Report to the Plowden Committee，June 1965.

往往是痛苦的。但他也坚持认为，扩大某一特定飞机的确定市场规模非常重要。因此，BAC 对与法国和其他欧洲国家成立合资企业表示欢迎。然而，波特尔勋爵认为英美合作是不切实际的①。

在 7 月 16 日的 OPD 会议上，罗伊·詹金斯概述了英美先进 V/STOL 发动机研发的前景和结果并强调了两个缺点。第一个缺点可能是这种发动机缺乏民用或军事应用的前景。第二个缺点在于英国希望这种发动机的生产可以共享——而麦克纳马拉坚持生产商之间的价格竞争是实现效率的必要条件②。

相比之下，支持生产的第一个可能的论据是，尽管 V/STOL 发动机不能立即使用，但对这种发动机的需求可能在 20 世纪 70 年代会变得更加迫切。如果英国不继续研发这种发动机，罗罗公司肯定会失去在这个关键领域的技术优势。支持继续生产的第二个理由是，美国政府显然将该项目视为"一个试验案例"。当时的航空大臣弗雷德·马利担心，如果英国不继续推进，美国可能会怀疑英国在英美研发方面的认真态度。这可能会加速北约内部伦敦/巴黎和华盛顿/波恩之间的分裂③。

1965 年 7 月 26 日，普洛登委员会与罗罗公司的代表举行了听证会。罗罗公司将法国视为一个自然的合作伙伴，主要是因为与庞大的美国航空产业相比，英法两国的飞机制造业在规模上更相当。然而，罗罗公司否认了法国单独负责机体研发，而英国则在未来的项目中控制航空发动机研发的可能性。罗罗公司还表示，基于其与美国联合研

---

① Gardner (1981，pp. 122 - 25).

② TNA CAB148/22，OPD (65) 111th，16th July 1965。当工党政府在 1965 年 2 月 1 日取消 P. 1154 V/STOL 战斗机时，决定继续生产 P. 1127 V/STOL 战斗机（P. 1154 的亚声速型）。然而，P. 1127 的未来在这个时候还不确定。[TNA CAB148/22，OPD (65) 111th，Annex A，16th July 1965]。

③ TNA CAB148/22，OPD (65) 111th，16th July 1965.

发先进 V/STOL 发动机的经验,此类合作是非常可能的,但在实践中实施起来极具挑战性①。

不出所料,罗罗公司的代表们也有极大信心与普惠公司在技术和资金方面进行竞争。他们承认"与美国尽可能合作的愿望和与法国飞机制造业建立密切关系之间没有冲突"②。毕竟归根结底,罗罗公司需要一个国内的机体产业,因为机体制造商"决定飞机的设计"③。罗罗公司的一名代表表示,在英法飞机机体生产方面,罗罗公司"完全听任法国摆布"④似乎是"不可取的"⑤。

最终,英国飞机和航空发动机企业的立场似乎在很大程度上与普洛登委员会的观点一致,即法国比美国更适合作为国际合作的伙伴。然而,值得注意的是,罗罗公司也对与美国的国际合作前景表达了相当大的信心。

5.8 美欧合作中的德国因素

1945 年,德国的军事工业基础遭到严重破坏,但并不是不可挽回的破坏。二战后,西德迅速重新武装起来。此后,波恩政府的国防开支相当可观。此外,与西欧邻国不同的是,西德不必为殖民地的防御买单。因此,西德的军事采购市场是巨大的。该市场由美国主导,部分通过合作后勤,也通过第 4 章所述的美军驻西德领土的抵消协议⑥。

① TNA AVIA97/7,Minutes of a Meeting at the Ministry of Aviation,Shell Mex House on Monday,26th July 1965.

② 同上。

③ 同上。

④ 同上。

⑤ 同上。

⑥ Zimmermann(2002,p. 252).

1962 年 9 月 14 日,西德政府承诺在 1963 年和 1964 年期间购买价值 140 亿美元的美国军用物资。这项协议于 1964 年 5 月 11 日延长,西德承诺在未来两年购买价值 135 亿美元的美国军用物资①。西德能够从美国的市场上购买到最先进的军用物资,其中包括导弹驱逐舰和 F-104G 战斗机②。事实上,正如时任西德国防部长弗朗茨·约瑟夫·施特劳斯(Franz Josef Strauss)宣称的那样,这项协议的一个主要目的是让西德获得先进的军事技术③。

英国将西德视为"美洲虎"和 AFVG 的一个潜在销售对象。然而,美国已经与西德开展了几个联合项目,包括 ADO12 V/STOL 战斗机。此外,美国还在北约框架内继续推动欧洲国家在美国的领导下研发武器。

然而,从长期来看,独立于美国的英法合作可能会将美国飞机制造业排除在欧洲市场之外。毫无疑问,美国国防部长罗伯特·麦克纳马拉也意识到了这种可能性,在 1964 年 5 月 31 日开始的北约国防部长会议上,他提议建立一个北约范围内的"防务共同市场"。这将以 5 月 25 日库斯备忘录中提出的建议为基础。这样一个共同市场将确保北约国家能够按照成本效益原则生产武器④。这样的安排明显是对美国有利的。

1965 年 7 月 21 日至 23 日,普洛登委员会国际合作小组委员会对德国进行了访问,其中包括奥布里·琼斯。英国官员与时任西德国防

---

① Zimmermann (2002,p. 252).

② NARA RG59,E5178,Box 1,Military Export Sales Program,Germany (Draft),23rd November 1965.

③ Zimmermann (2002,pp. 131-132).

④ NARA RG59,E5172,Box 21,Abortive Proposal for Munitions Control Policy Council,26th May 1965;Minister of Aviation,*Report of the Committee of Inquiry into the Aircraft Industry*,Cmnd. 2853 (London,HMSO,1965),para. 249;AWST,24th May 1965,p. 19,18th October 1965,p. 11.

部长凯-乌韦·冯·哈塞尔(Kai-Uwe von Hassel)在西德经济部举行会谈。在此期间,普洛登委员会的成员提出了一些基本问题。这些问题大多由西德国防部副国务秘书尼克佩尔博士(Dr Knieper)回应。

普洛登委员会首先调查了英德在飞机领域合作的前景,以及建立"欧洲航空产业"①的可行性,以及德国"希望参与其中"的程度②。德国代表回答说,尽管他们确实认为国际合作和欧洲航空产业是"必要的"③,但他们"不认为在与美国合作和在欧洲内部合作之间有什么非黑即白的选择"④。

国际合作小组委员会在访问波恩后,就西德对国际合作的立场得出以下结论。首先,西德显然在与美国的航空联盟上投入了大量资金,不会做任何损害这一关系的事情。其次,西德在军事上明显依赖于美国,希望保持两国在尖端武器系统上的联合研发。最后,德国对欧洲在军用和民用项目研发领域的合作前景表现出了一些热情⑤。

总体而言,西德似乎对欧洲合作持务实态度,而不是将其视为"教条主义政策"⑥。德国显然认为"他们与美国的联系和欧洲内部合作的扩展之间没有根本冲突"⑦。正如我们在本章中已经看到的,普洛登委员会的几位成员(包括普洛登爵士本人)绝不是不赞同这种做法的。最终,德国在航空技术方面不愿在欧洲和美国之间做出选择,削弱了普洛登委员会对欧洲合作的热情。

---

① TNA AVIA97/18,Sub-Committee on International Cooperation,Visit to Bonn,1965.

② 同上。

③ 同上。

④ 同上。

⑤ 同上。

⑥ 同上。

⑦ 同上。

5.9 "斯贝-幻影"事件

尽管如此,英国飞机制造业的大部分细分市场仍然非常支持欧洲广泛合作的想法。例如,BAC 试图通过采用法国"幻影"Ⅳ轰炸机[①]来削弱美国 F-111 的大规模采购数量,该战斗机配备罗罗斯贝发动机。罗罗公司和法国达索公司将合作研发该项目。

1965 年 8 月 9 日,BAC 在伦敦向英国政府做了关于"幻影"轰炸机的介绍。BAC 声称,该款飞机的成本约为 150 万或 160 万英镑,比 F-111 低 100 万英镑[②]。事实上,BAC 的一位发言人明确表示,"幻影"轰炸机将比 F-111"便宜得多"[③]。BAC 透露了重新设计和生产大量"幻影"轰炸机的具体计划,希望英国政府采纳这一建议,并保证足够的生产数量。BAC 的代表认为,这将在很大程度上抵消该公司韦布里奇和普雷斯顿工厂因取消 TSR-2 而造成的失业情况。这样一个项目也意味着,作为对英国皇家空军采用法国机体的回报,法国空军将采用配备罗罗发动机的"幻影"轰炸机[④]。

因此,"斯贝-幻影"项目"完全符合政府宣布的英法合作政策"[⑤]。但,希利出乎意料地对这个提议大发雷霆。他抱怨说,这样的项目将把"美洲虎"和 AFVG 项目未来的工作转移给霍克·西德利公司。他主

---

① 译者注: 此处原文有误,"幻影"Ⅳ是法国研制的可携带核武器的轰炸机,而不是原文中所写的战斗机,因此译者翻译时进行了修改。

② TNA PREM13/716, Foreign Office and Commonwealth Office to Certain Missions,11th August 1965.

③ *Flight International*,12th August 1965,p. 244.

④ Gardner (1981,p. 135).

⑤ 同上。

张说:"这与购买 F‑111 的计划背道而驰。①"此外,"幻影"Ⅳ 轰炸机是法国独立核威慑力量(打击力量)的核心,而美国政府对此强烈反对。因此,英国采用"幻影"Ⅳ 而不是 F‑111 有可能损害英美关系。这种担忧在 8 月 11 日的外交和联邦事务部第 338 号指导文件中被指出。该文件警告称,"任何使用法国而不是美国飞机作为我们下一代核打击力量的想法"②几乎肯定会导致英国与美国关系的恶化。

在同样敏感的背景下,斯贝‑幻影事件是一个高度敏感的问题。这一背景被定义为 V/STOL 发动机的研发,正在进行的关于购买 F‑111 抵消交易的谈判,英国选择国际合作伙伴的不确定性依然存在,以及对法国在西方联盟中的角色感到普遍不安。然而,即使在这个阶段,英国飞机企业仍然支持英法合作,因为他们知道他们可以与法国企业建立平等的伙伴关系。这与以往与更霸道的美国制造商打交道的经历形成了鲜明的对比。

在内阁层面,国防大臣丹尼斯·希利是购买 F‑111 战斗轰炸机的坚定支持者,他认为这是英国更广泛的苏伊士以东政策的核心。朱克曼爵士也是英美合作的积极支持者。然而,詹金斯似乎更倾向于欧洲合作。他对英国在苏伊士以东的野心持怀疑态度,因此对 F‑111 的需求也持怀疑态度。

希利面临将詹金斯等亲欧大臣拉拢到自己一方的挑战。这意味着麦克纳马拉的承诺——通过购买英国装备来帮助解决英国购买 F‑111 产生的外汇问题——必须实现。此外,朱克曼爵士需要提供一些证据,证明英美研发合作真的有效,英国至少可以在 V/STOL 技术等领域展现出一定程度的技术优势。

① 　Gardner (1981,pp. 134 - 135); Gold (1995,pp. 72 - 73).
②　TNA PREM13/716, Foreign Office and Commonwealth Office to Certain Missions,11th August 1965.

幸运的是，对于这些亲美的英国官员来说，美国已经意识到，英美 V/STOL 发动机项目具有"远远超过其实际价值的象征意义"[①]，而且是"美国是否会与英国开展研发合作的测试"[②]。美国在确保与英国就 V/STOL 发动机成功达成协议方面有明显的利益。欧洲航空产业统一的忧虑显然仍会让美国心神不宁。

5.10　美英联合 V/STOL 发动机研发协议

英国在与美国的 V/STOL 合作上有一些具体的要求。英国设想，罗罗公司与一家选定的美国承包商建立正式的合作伙伴关系，政府合同将被授予给这 2 家公司[③]。然而，麦克纳马拉却继续坚持这一领域的竞争。8 月 24 日，他在写给詹金斯的信中明确表达了这一立场：拒绝生产共享的想法，并坚持应在竞争的基础上进行承包商选择。他的结论是，如果美国和英国政府真的达成协议，那么美国将启动程序，选择与罗罗公司合作的承包商[④]。

V/STOL 发动机联合研发项目成为对美国如何认真对待与英国合作的想法，以及将英国军事硬件推广到美国国内市场的重要测试。大西洋两岸的不信任不断加深。英国需要美国购买高科技产品，以换取英国购买 F - 4、C - 130 和 F - 111 飞机。此外，英国希望看到具体证据，证明美国能够与其在航空发动机研发方面进行合作，至少在英国技

①　NARA RG59，E5178，Box 1，Jeffrey C. Kitchen to the Secretary，25th May 1965.

②　同上。

③　NARA RG59，E5172，Box 17，UK Proposal for Advanced Lift Engine，28th July 1965.

④　NARA RG59，E5172，Box 17，McNamara to Jenkins，12th August 1965.

术水平与美国相当的情况下。这将证明美国对英国研发先进飞机技术能力的高度重视①。

一个具体例子便是,罗伯特·麦克纳马拉坚持在美德 V/STOL 战斗机发动机选择上,罗罗公司必须与美国制造商竞争。麦克纳马拉承诺,如果英国实施 F-111 选择权协议,并采购更多的 F-111,那么罗罗公司将与美国制造商(普惠公司和 GE 公司)享有同等的竞争条件。然而詹金斯认为,麦克纳马拉的提议不可接受。生产上的竞争意味着美国不会对罗罗公司的合同提供任何保证。就在这个时候,罗伯特·麦克纳马拉戏剧性地进一步加大了压力。他告诉英国,如果两国在 9 月中旬之前不能达成协议,那么美国将自己进行 V/STOL 发动机的研发②。

这样的结果会给英国带来两个重大问题。首先,如果美国独立进行 V/STOL 发动机的研发,那么罗罗公司几乎肯定会在 V/STOL 技术上输给美国制造商。这将使罗罗公司在关键技术研发领域落后。其次,美国政府将这一提议视为英美共同研发的试金石。如果英国政府不接受美国的最后通牒,那么美国肯定会认为英国对英美技术合作没有诚意。这样的结论不仅从英国的角度来看存在政治问题,而且还会造成北约内部伦敦-巴黎阵营和华盛顿-波恩阵营之间的严重分歧③。

1965 年 9 月 7 日,朱克曼爵士向首相哈罗德·威尔逊递交了一份备忘录,其中明确涉及 V/STOL 发动机研发的关键问题。朱克曼爵士在他的报告中明确表示,英国政府对美国最后通牒的决定取决于英国对罗罗公司的信心。朱克曼爵士认为,如果罗罗公司真的名副其实,那

① NARA RG59,E5172,Box 21,DOD Procurement in the U. K. ,23rd August 1965;NARA RG59,E5172,Box 17,R&D Cooperation with the United Kingdom,11th October 1965.

② TNA CAB148/22,OPD(65)111th,16th July 1965;TNA PREM13/118, Proposed U. S./U. K. Development for Advanced Lift Engine,Note by the Minister of Aviation,3rd September 1965.

③ 同上。

么英国政府应该毫无保留地允许罗罗公司在开放的市场上与美国和欧洲制造商竞争。罗罗公司本身对这一领域表示出了极大的信心，前提是它与竞争对手享有平等的竞争环境①。

因此，9月8日，詹金斯给麦克纳马拉写了一封信，信中他接受了美国的原则，即开放生产领域，进行市场竞争。正如他所说，"我准备接受英国和美国企业以完全自由和平等的原则竞争美国和英国的防务订单作为我们协议的基础②。"

然而，在这一点上，朱克曼爵士越来越像英国国内"唯一一个仍在积极寻求与美国合作的英国高层人士"③。当然，他的地位很有力，他是英国政府的首席科学顾问，也是国际科学家圈子的关键成员。这个圈子包括美国国防部国防研究与工程主任哈罗德·布朗，他们的共识是，美国比所有欧洲盟友更具有明显的技术优势，西方联盟内的研发工作应该避免重复。

罗纳德·默里似乎也意识到了朱克曼爵士的孤立。10月11日，他向政府提交了一份关于英国立场的报告，这份报告是根据5月份普洛登委员会的会议记录编写的。默里预计，普洛登委员会将建议英国政府更积极地寻求英法合作，并总体上更偏向欧洲大陆。他进一步指出，只有生产前景良好才能说服英国国防部寻求加强与美国的合作。报告认为，"对英国而言，研发合作项目最大的吸引力是能够为英国进入美国市场提供好机会"（例如 V/STOL 发动机）④。

这表明，即使到了 1965 年，英国航空政策的核心问题仍未得到解

① TNA PREM13/118, Proposed U.S./U.K. Development for Advanced Lift Engine, Zuckerman to Prime Minister, 7th September 1965.

② NARA RG59, E5172, Box 17, Jenkins to McNamara, 8th September 1965.

③ NARA RG59, E5172, Box 17, McNamara-Healey Visit 29th May 1965.

④ NARA RG59, E5172, Box 17, R&D Cooperation with the United Kingdom, 11th October 1965.

决。尽管如此,英国政府还是接受了麦克纳马拉的提议——主要是因为英国政府越来越担心,如果不这样做,英美合作就会遭到破坏。因此,在 10 月初,美国和英国就共同研发 V/STOL 发动机达成了协议①。根据该协议,美国向罗罗公司保证,在为美德 V/STOL 战斗机提供动力方面,罗罗公司将在同等条件下与美国制造商竞争。

然而,这笔交易有一个至关重要的先决条件:英国必须购买更多的 F‐111,尽管英国一直面临与这次购买有关的外汇问题。事实上,4 月签署 F‐111 选择权协议后的谈判显然未能解决价格和数量方面的持久问题。尽管如此,关于 V/STOL 的协议,以及一系列附加条件,无疑使伦敦更加接近华盛顿。英国的立场已经开始慢慢但明显地从欧洲大陆转移。

5.11 沙特阿拉伯的飞机订单

从英国的角度来看,英美关于 V/STOL 发动机的协议有效地解决了美英航空航天合作的象征性问题。然而,英国外汇支出等更为实质的问题仍未得到解决。这一直是英国购买 F‐111 的主要障碍。由于 TSR‐2 项目的取消可能向 BAC 进行补偿,问题变得更加复杂。英国曾要求美国国防部采购英国产品,作为其购买 F‐111 的交换条件,但交易并未实现。

麦克纳马拉和希利希望,沙特阿拉伯的军用市场能够为打破僵局提供一条途径。1965 年秋天,美国和英国政府都在争取获得沙特阿拉伯的飞机订单。美国洛克希德公司、英国 BAC 以及法国达索公司都在

---

① TNA PREM13/118, Proposed U. S./U. K. Development for Advanced Lift Engine, Zuckerman to Prime Minister, 7th September 1965; TNA PREM13/118, Foreign Office to Bonn, 8th October 1965.

争夺该订单,沙特阿拉伯政府最初倾向于洛克希德公司的 F-104。为了争取这份利润丰厚的合同,国防部长丹尼斯·希利任命平民唐纳德·斯托克斯爵士(Sir Donald Stokes)担任政府顾问,就向沙特阿拉伯出售武器一事与美国进行联络①。

8 月 23 日,政治军事事务参事乔治·S. 纽曼向亨利·库斯报告说,英国越来越担心美国不会真的购买英国武器。纽曼在伦敦度过了 8 月,在那里他与包括希利和斯托克斯爵士在内的国防部代表进行了一些不愉快的对话。纽曼表示,希利并不认为会有"大规模采购"②,但他确实需要"展示"一些东西③来打消政府的疑虑。纽曼引用了他朋友在《英国的建立》④中的一句话,意思是:"看在上帝的分上,乔治,让五角大楼尽快给我们订单吧!⑤"

8 月,斯托克斯爵士直接与麦克纳马拉进行了接触。他的目的是争取美国为英国即将参与沙特阿拉伯订单的投标提供支持⑥。麦克纳马拉立即意识到斯托克斯爵士的想法是为了解决 F-111 的采购问题。将沙特阿拉伯的防空订单授予一家英国企业,显然有助于缓解英国的外汇问题。麦克纳马拉指示库斯解决细节问题。库斯在罗马会见了 BAC 负责此项交易的代理人杰弗里·爱德华兹(Jeffrey Edwards),试图了解更多英国的意图。他发现 BAC 希望向沙特阿拉伯出售 36 架"闪电"战斗机,价值为 1 亿～1.1 亿美元⑦。

---

① NARA RG59, E5172, Box 21, Sale of British Aircraft to Saudi Arabia and Jordan, 8th October 1965.

② NARA RG59, E5172, Box 21, DOD Procurement in the U.K., George S. Newman to Henry J. Kuss, 23rd August 1965.

③ 同上。

④ 同上。

⑤ 同上。

⑥ Sampson (1977, pp. 157-163); Stonehouse (1975, p. 50); Thayer (1969, p. 260).

⑦ NARA RG59/E5172/Box 21, British Arms Sales to Saudi Arabia and Jordan, 13th October 1965.

库斯在给麦克纳马拉的报告中提出了两种备选方案。第一种方案是明确地告诉沙特阿拉伯,美国希望他们购买英国的飞机。这一提议显然是不可接受的,无论是考虑到之前美国对沙特阿拉伯的承诺,还是考虑到美国政府与美国飞机制造商的关系(洛克希德公司已经试图向这个市场出售F-104)。第二种方案是鼓励英国参与美国的一个新的联合项目,将英国的"闪电"Mk.3战斗机、英国的雷达和通信设备以及美国的霍克导弹结合起来[1]。

　　此时此刻,麦克纳马拉注意到政府面临的某些外交压力。美国一方面向沙特阿拉伯出售武器,另一方面又限制向以色列出售武器,这显然存在困难[2]。因此,麦克纳马拉授权库斯选择第二种方案。库斯指出,英国购买F-111的数量将取决于英国出售其设备以换取外汇的能力[3]。购买"北极星"、F-4、C-130和F-111的总费用达到7.25亿美元。美国最初提出这7.25亿美元应包括3.25亿美元的对等采购,加上3亿美元的援助,用于英国向包括沙特阿拉伯在内的第三国的销售。而当美国同意将援助增加到4亿美元时,英国才接受了这一提议。沙特阿拉伯与英国签订的国防协议约为2亿美元[4]。双方达成了协议,美国和英国采取联合体投标方式参与沙特阿拉伯订单的竞争。这不仅补偿了取消TSR-2对BAC的损失,也缓解了英国的国际收支问题。

　　然而,该竞标仍然极为敏感,因为洛克希德公司仍在向沙特阿拉伯推销其F-104战斗机。10月11日,克里斯托弗·埃弗里特(Christopher Everett)在英国大使馆会见了库斯。美国官方继续向沙特阿拉伯推荐

　　① NARA RG59/E5172/Box 21,British Arms Sales to Saudi Arabia and Jordan,13th October 1965.

　　② Phythian(2000,pp.205-207).

　　③ NARA RG59/E5172/Box 21,British Arms Sales to Saudi Arabia and Jordan,13th October 1965.

　　④ TNA PREM13/1312,Saudi Arabian Deal and the F.111 Purchase,26th April 1966.

诺斯罗普公司的 F-5 战斗机。因此，库斯认为他需要向洛克希德董事会主席发一封"高层政治"①信函，因为"这个问题对我们的美国飞机制造商来说是一个极其敏感的问题"②。

尽管情况十分复杂，但沙特阿拉伯政府最终选择了 BAC"闪电"战斗机和美国"霍克"导弹方案。这意味着他们不仅拒绝了达索公司的投标，也拒绝了洛克希德公司的投标。该笔订单总额约为 1.25 亿英镑③。英国航空部官员约翰·斯通豪斯（John Stonehouse）颇为讽刺地说，沙特阿拉伯做出这一决定，主要是因为费萨尔国王（King Faisal）据说是"美国的门徒"④。

沙特阿拉伯的防务协议是英国同意购买 F-111 的关键手段。然而，1965 年 12 月 21 日，斯通豪斯在下议院宣布沙特阿拉伯的订单时说："与美国就在这项拟议交易中提供技术和政治支持的协议，与有关 F-111 的承诺不存在任何联系。"⑤他没有完全说实话。

5.12 英国国防政策的"基石"是什么？

1965 年秋天，普洛登委员会完成了与英国未来的国际合作伙伴——美国、法国和德国的讨论，以及对国内飞机制造商的所有听证

---

① NARA RG59，E5172，Box 21，British and U.S. Arms Sales to Saudi Arabia and Jordan，12th October 1965.

② 同上。

③ Phythian（2000，p. 207）；AWST，8th November 1965，p. 32；AWST，20th December 1965，p. 21；TNA PREM13/1312，Saudi Arabian Deal and the F111 Purchase，26th April 1966.

④ Stonehouse（1975，p. 53）.

⑤ TNA PREM13/1312，Saudi Arabian Deal and the F111 Purchase，26th April 1966；722 HC Deb.，21st December 1965，col. 1875.

会。委员会随后开始撰写提交给英国政府的最终报告。

10 月 23 日，委员会成员聚在一起检查报告初稿。在这次会议上，奥布里·琼斯反对在报告中将英法合作描述为英国未来航空防务国际合作的"基石"①。他认为，这种"在欧洲和美国之间的公开选择"②是"不必要的"③，甚至可能损害英国的政治和经济利益。他最担心的是，这样的声明可能会导致失去来自美国的宝贵技术信息。另外，这也可能破坏重要的美英合作，如最近就 RB189 V/STOL 发动机达成的协议④。

此外，如果英国采取如此明确的立场，那么在未来数年里，她将与法国——一个不顾美国反对，一直在追求核打击力量的国家，建立不可分割的联系。根据琼斯的说法，英国"与所有可能的合作伙伴讨价还价的地位"⑤将仍然是"强有力的"⑥，只要其"不公开承诺任何特定的合作方向"⑦。然而，法国不能仅仅因为这种合作不是排他性的，就拒绝英法合作，而美国政府则急于继续向英国出售美国飞机。当然，与美国的协议也给英国飞机制造业带来了明显的好处⑧。最后，在 10 月 25 日举行的一次会议上，普洛登委员会决定，删除报告中将英法合作描述为"未来相互依赖政策的基石"的措辞⑨。这是一个具有象征意义的举动。

关于未来的国际合作研发，《普洛登报告》坚称，首先，应促进英法合作，建立"欧洲飞机制造业"以向美国出售设备。这一政策的主要倡

---

①　TNA AVIA97/11，Minutes of a Meeting at the Ministry of Aviation，Shell Mex House on Monday，23rd October 1965.

②　同上。

③　同上。

④　同上。

⑤　同上。

⑥　同上。

⑦　同上。

⑧　同上。

⑨　同上。

导者是奥布里·琼斯，他说：

> 然而，出售更多英国发动机和设备用于美国飞机可能还有空间。迄今为止，一个主要的困难是，英国产品必须在《购买美国货法》和国防部行政决定的差别价格条件下进行竞争。但是，在最近签订的罗罗 RB.189 先进升力发动机联合研发合同中，这一政策有所放宽①。

这些句子揭示了《普洛登报告》的矛盾性。"欧洲飞机制造业"的愿景是以英法合作为前提的，然而普洛登委员会显然忽略了英法合作是"未来相互依赖政策的基石"这一说法。这表明，当时英国对欧洲联合研发的参与有限，最重要的是，英国决心保持其作出任何选择权的灵活性②。

正如琼斯后来所说："国际合作不应止步于欧洲，也应该延伸至美国。普洛登委员会对这种可能性持怀疑态度。我认为可能性很高。事实证明我是对的。英美合作的'鹞式'飞机 V/STOL 就是一个经典案例。③"

5.13 英国签署 F-111 协议

很明显，采用"幻影"轰炸机将不可避免地深化英国与法国的合作。

---

① Minister of Aviation, *Report of the Committee of Inquiry into the Aircraft Industry*, Cmnd. 2853 (London, HMSO, 1965), para. 248.
② TNA AVIA97/9, Minutes of a Meeting at the Ministry of Aviation, Shell Mex House on Monday, 25th October 1965.
③ Jones (1985, p. 81).

然而,正如已经指出的那样,由于法国发展独立核威慑力量的政策,法国在西方联盟中的地位变得更加不确定。因此,英法合作有可能增加北约内部伦敦—巴黎和华盛顿—波恩两个阵营在国际武器联合研发领域产生分裂的危险。

在 1965 年 11 月 5 日的"国防审查备忘录"中,希利和詹金斯出于对成本和引进计划的考虑,表示反对"幻影"轰炸机。《时代》杂志刊登了一篇关于该机型的文章,外交大臣迈克尔·斯图尔特敦促国防大臣丹尼斯·希利以明确的措辞告知法国,英国无意购买这种机型。斯图尔特指出了采用"幻影"轰炸机的外交风险。他认为,由于法国一直反对北约,如果英国采用法国而不是美国的飞机作为下一代核运载工具,将会产生严重的政治影响[①]。

1966 年 2 月 9 日的 OPD 会议集中讨论了这一采购决定的多重后果。希利指出,作为协议的一部分,美国政府确实将取消英国在防务领域与外国投标企业之间 50% 的价差条件。这不仅会让英国武器在美国市场上更具竞争力,而且会让英国在该市场中占据独特的地位。英国企业将是唯一能够与美国企业以相同条件在国防合同方面竞争的国际企业[②]。

希利进一步报告了英美谈判的现状,并强调他正在谈判通过向沙特阿拉伯等第三国出售英国制造的飞机来抵消 F－111 的成本。他说,毫无疑问,美国政府只会在英国购买 F－111 时才同意与英国合作[③]。他还指出,英美合作项目在约旦和利比亚的销售前景非常好。这本质上意味着,拟议中的中东市场武器销售可以用来抵消 F－111 的成本。

---

① TNA PREM13/716，Spey-Mirage IV，13th December 1965.
② TNA CAB148/25，OPD (66) 11th, 9th February 1966.
③ 同上。

反过来,这将使英国飞机制造业进入美国、中东和德国市场①。1966 年 2 月 12 日,英国和美国官员同意在最初合同约定的 10 架 F-111 之外,再购买 40 架 F-111。F-111 的数量因此相较于 1965 年 4 月 1 日商定的 110 架(最初为用于训练目的 10 架 F-111 和 70～100 架 F-111 选择权)有所减少②。

1966 年 2 月 13 日,在 OPD 的一次会议上,英国讨论了更换"堪培拉"轰炸机的问题。自 20 世纪 50 年代初以来,"堪培拉"轰炸机在北约的防御政策中发挥了威慑、预警、侦察和打击等多重作用。然而,到 1970 年,这款飞机将相当过时,据设想,到 20 世纪 70 年代中期,AFVG 将开始承担"堪培拉"轰炸机的功能,并成为英国长期飞机项目的运行和生产核心。英国和法国都计划购买 150 架 AFVG,总架数达到 300 架③。

配备斯贝发动机的"幻影"轰炸机似乎是一种替代方案。然而,除了其能力、交货日期和成本方面的问题外,该机型还遭遇了熟悉的外汇问题。与美国政府不同,法国并不打算补偿英国购买"幻影"轰炸机的外汇支出。为了保证"堪培拉"轰炸机淘汰之后和 AFVG 推出之前的这一段时间内有飞机可用,英国政府决定购买 50 架美国的 F-111。英国计划用 F-111 承担"堪培拉"轰炸机的部分任务,特别是远距离提早发现敌人的意图④。

F-111 预计于 20 世纪 70 年代中期交付,估计成本固定在 7.25 亿美元。美国和英国政府同意,美国将通过直接购买价值 3.25 亿美元的

---

① NARA RG59, E5178, Box 1, Secretary of State to American Embassy in London, 23rd February 1966.

② TNA CAB148/25, OPD (66) 13th, 13th February 1966.

③ TNA CAB148/25, OPD (66) 13th, 13th February 1966; Priest (2006, pp. 127-128).

④ TNA PREM13/714, Foreign Office to Washington, 15th February 1966.

军事硬件,以及参与对第三国价值 4.25 亿美元的合作销售来完全抵消这一成本。合作销售清单上最重要的项目是为沙特阿拉伯提供"闪电"战斗机和"霍克"导弹①。

然而,英国仍然与大西洋两岸各有接触,并且仍然不得不采取越来越不稳定的平衡行动。例如,希利认识到,英美之间不断加深的纠葛可能会给法国敲响警钟。他强调了让法国政府放心的原因,即英国购买 F－111 的决定不会对英法联合飞机项目造成任何不利影响②。2 月 16 日,威尔逊亲自写信给戴高乐,解释英国内阁决定购买美国 F－111 的原因,即这是在 AFVG 在投入运营之前的权宜之计。"我向你保证",首相强调,"我仍然认为我们的飞机合作项目对双方都有很大的好处。③"

然而,在马利和法国将军福尔凯(Fourquet)的讨论中,福尔凯表达了法国的焦虑,认为英国购买 F－111 确实会损害 AFVG 的前景④。1966 年 3 月 3 日,戴高乐给威尔逊发了一封私人电报,电报的结尾是这样的:"请允许我再次表示,我非常感谢你准备就我们面临的许多问题保持密切联系⑤。"遗憾的是,这是否是戴高乐表达他对英国购买 F－111 的愤怒的外交手段,目前无法从现有的消息来源中辨别。也许法国总统明白英国首相处于复杂的困境中。然而,戴高乐肯定已经认识到,英国购买 F－111 战机对欧洲防务共同体的愿景没有任何好处。

也就是说,威尔逊不遗余力地向戴高乐保证,英国认为 AFVG "依

---

① TNA CAB128/41,CC（66）9th,14th February 1966；TNA PREM13/714,Prime Minister's Personal Telegram,3rd March 1966.

② Britain restricts the number of F－111s to 50 in order to make room to procure the AFVG,TNA PREM13/714,Foreign Office to Washington,15th February 1966.

③ TNA PREM13/714,Foreign Office to Paris,16th February 1966.

④ TNA PREM13/714,Mulley to Healey,21st February 1966.

⑤ TNA PREM13/714,Foreign Office to Washington,3rd March 1966.

然具有巨大的共同利益"①。此外，在英国的行为中也有具体的迹象表明，它确实打算履行对法国的承诺。英国将 F‑111 的采购数量限制在 50 架，明确表明这是 20 世纪 70 年代 AFVG 面世之前的权宜之计。威尔逊政府显然希望通过英法合作来确保英国的战斗机设计能力②。

　　3 月 9 日，也就是戴高乐和威尔逊交换信息的 6 天后，法国总统又给英国首相发了另一份公报。然而，这一次，他通知威尔逊，法国打算修改其加入北约的计划，即法国退出北约军事一体化机构③。由此产生的危机动摇了欧洲战斗机合作的框架。威尔逊政府所处的竞争环境已经变得面目全非。

5.14　结论

　　TSR‑2 项目取消后，英国在航空航天技术领域做出了一系列重大决定。这些决定包括购买 50 架 F‑111，通过沙特阿拉伯武器一揽子计划抵消这些飞机的外汇成本，以及签署美英 V/STOL 发动机协议。总的来说，这些决定改变了英国在军用航空领域国际合作的基础。英美之间的纠葛明显加深。琼斯尤其认为，这是提升英国谈判能力的一种策略，并将最大化英国武器销售视为英美合作的一个特点。

　　这些措施的影响当然不会被法国忽视。也就是说，对历史纪录，尤其是对普洛登委员会活动的研究表明，英国官员在选择航空航天合作的长期伙伴时仍然存在矛盾。委员会会议记录显示，在当时，英国优先考虑的合作伙伴是法国。最终报告还建议威尔逊政府建立一个以英法

---

①　TNA PREM13/714，Foreign Office to Paris，16th February 1965.

②　同上。

③　Bozo（2002，p. 165）.

合作为基础的欧洲飞机制造业。然而,尽管如此,英国的飞机制造业此后越来越注重英美在民用领域的合作,以及英德在军用领域的合作。

为什么《普洛登报告》的建议没有得到更积极的采纳? 就连普洛登委员会成员也一定越来越清楚地认识到,英国和法国之间的"全心全意""彻底"的合作对美国来说是不可接受的。这一认识还有一个重要的象征性表现——琼斯坚持在《普洛登报告》草案中删除将与法国合作作为英国未来航空部门"基石"的措辞。

然而,20 世纪 60 年代英国航空防务政策的曲折,比仅仅拒绝与难以控制的法国合作具有更大的历史意义。最终,本章展示了英国如何为自己打造一个新的角色,成为航空发动机供应商和独特的 V/STOL 技术研发商。正是在这里,我们可以更清晰地勾勒出英国军用航空产业积极参与美国主导的全球化进程的新轮廓。

第 6 章
1966—1969 年：
"欧洲技术共同体"
和英德 MRCA 项目

6.1 概述

在 20 世纪 60 年代末，几项政治和外交发展使得英国在飞机制造领域寻找欧洲合作伙伴的计划从法国向东转移至德国。本章分析得出这是一个痛苦的过程。然而，最终的结果却是成功的。在 20 世纪 70 年代，军用飞机领域最昂贵的欧洲合作项目是英德意多用途作战飞机（Multi Role Combat Aircraft，MRCA）"狂风"战斗机。为什么如此庞大的欧洲项目将法国排除在外？法国可以说是欧洲航空航天领域最重要的参与者之一。为什么威尔逊政府选择德国而不是法国作为英国在国际合作中的主要伙伴？为什么英国和德国之间的纠葛让双方都如此痛苦？

本章旨在回答这些问题，并通过分析美国、英国、法国和西德就两项革命性技术（VG 和 V/STOL）进行的谈判来给出答案。本章还将重点讨论英国将 VG 合作从法国（AFVG）转向西德（MRCA"狂风"）的过程。VG 飞机具有"可变后掠翼"，可以在飞行过程中后掠并回到初始位置，从而实现最佳速度，无论是慢速还是快速。这些飞机能够在航空母舰上起飞，因此适用于空军和海军。但是，VG 机制非常复杂，这也是它的缺点之一。V/STOL 的垂直起降能力也有利于在航空母舰上起飞。特别是对于德国空军来说，在跑道被东方集团第一次打击摧毁的情况下，飞机需要在高速公路上起飞。

至关重要的是，这大部分是在大西洋联盟发生深刻危机的背景下发生的，而这场危机主要是由法国退出北约军事一体化机构所引发的①。弗雷德里克·博佐(Frederic Bozo)指出，这场危机实际上是戴高乐的核"打击力量"政策与美国倡导的"灵活反应"战略之间的冲突。美国的战略也高度依赖莱茵集团军，这是灵活反应战略的核心非核力量。然而，在 20 世纪 60 年代末，这支部队是否能继续存在似乎也成了疑问②。此外，正如休伯特·齐默尔曼(Hubert Zimmermann)所指出的那样，在 20 世纪六七十年代，"跨大西洋技术共同体"③的愿景很明显已经无法实现。取而代之的是，"欧洲合作"④的理念在战斗机、太空和核能等关键的先进技术领域获得了越来越多的支持。

从那些关心飞机政策的英国政客的角度来看，这是一个雷区。他们的反应很熟悉——试图在大西洋两岸各留一手进行务实的尝试。齐默尔曼将英国在 20 世纪 60 年代末的立场描述为"模棱两可"⑤。本章通过分析英国在战斗机研发和欧洲技术合作方面的战略，为英国的这种"模棱两可"的立场增加一些实证内容。

6.2 "背信弃义"的英国与 20 世纪 60 年代的大西洋联盟

本书的第二部分基本上表明，从一些欧洲伙伴的角度来看，20 世纪 60 年代英国政府做出的一系列决定，显然是"背信弃义"的。英国决

---

① Haftendorn (1996，pp. 224 - 226)；Ellison (2007，pp. 34 - 39)；Parr (2006，p. 72).

② Bozo (2002，pp. 201 - 203).

③ Zimmermann (2000，p. 93).

④ Zimmermann (2000，p. 99).

⑤ Zimmermann (2000，p. 107).

定购买美国制造的 F‐111，而不是法国的"幻影"轰炸机，且英法联合 VG 项目——AVFG 几乎没有启动。1969 年，英国退出欧洲空客项目，显然是这十年英国背叛的最后一幕。在此我认为，英国明显的"背信弃义"源于其战斗机研发计划和航空产业的整体重组。这也是英国试图在大西洋联盟令人担忧的曲折政治中游弋的一次尝试（有时有些困惑和绝望）。

这种情况在 20 世纪 60 年代尤为严重。这不仅因为法国在 1966 年退出北约的几个关键机构，还因为戴高乐于 1963 年 1 月 14 日和 1966 年 5 月 16 日两次反对英国加入欧洲经济共同体（以下简称"欧共体"）。戴高乐在言辞中谴责盎格鲁‐撒克逊联盟。在法国投否决票的时候，戴高乐以各种各样的方式指责英国是"一个糟糕的欧洲国家"[1]"美国的特洛伊木马"[2]以及"不属于欧洲大陆的"[3]。他的话并非完全没有依据，因为英国确实在 20 世纪 60 年代对峙期间支持美国的立场。

从本质上讲，正是在这样的背景下，各方围绕跨大西洋联盟未来进行着高度复杂的外交谈判。正如米尔沃德所言，这些"谈判并非源自（英国的）战术，而是源自其全球战略中的直接冲突"[4]。博佐认为，大西洋联盟的这些裂痕源于两种竞争性愿景之间的基本冲突：一个是独立的欧洲，另一个是在美国领导下更彻底的"大西洋主义"[5]。

扎基·多克里尔对英国从苏伊士以东撤退期间的最高层决策进行分析后得出，英国在 1964—1968 年的首要任务是欧洲，而不是"世界"[6]。但我们如何才能最好地了解这段时期英国在"世界"[7]（即苏伊士以东）、

---

[1] Milward（2002，p.483）.

[2] Milward（2002，p.482）.

[3] Ellison（2007，p.153）.

[4] Milward（2002，p.483）.

[5] Bozo（2002，p.246）.

[6] Dockrill（2002，p.219）.

[7] 同上。

欧洲和美国之间保持微妙的平衡？"背信弃义"的英国是否一如既往地对其大陆邻国不忠？

正如埃利森所言，任何对 20 世纪 60 年代中期跨大西洋关系的分析，都必须高度重视德国的作用。为了遏制戴高乐的挑战，需要构建"一种巩固西方联盟的英美德关系"①。从本质上讲，我们是在处理一种"四角关系"，美国、英国、法国和德国曾各占一角。20 世纪 60 年代中期，"四大强国"之间的博弈塑造了跨大西洋的关系。

在这样的背景下，下面章节研究了 20 世纪 60 年代英国和欧洲飞机制造业合作的兴衰，特别关注了战斗轰炸机的采购（英国 TSR - 2，美国 F - 111，英法 AFVG 和英德 MRCA）。在 20 世纪 60 年代，"四大国"美国、英国、法国和西德进行了艰难的谈判，试图在战斗轰炸机的研发和生产上实现某种国际合作，因为这种 2.0 马赫的载具仍然是发射核弹的最强大手段。然而，威尔逊政府放弃了这些主要的航空航天项目（尽管在一个有趣的历史脚注中，威尔逊政府委托生产的"鹞"式 V/STOL 战斗机成为确保英国在 1982 年马岛战争中获胜的关键因素之一）。

西德的军用市场是英国、法国和美国梦寐以求的目标。德国显然在寻找 F - 104G 的后继机型②。1945 年的波茨坦会议摧毁了德国的飞机制造能力。然而，随着冷战的开始，西德的飞机制造业开始复苏。1958 年，德国国防部长弗朗茨·约瑟夫·施特劳斯为德国空军选择了洛克希德公司的 F - 104G，而不是法国达索的"幻影"Ⅲ战斗机③。作为西德、荷兰、比利时、意大利 F - 104 联合体的一员，西德生产了 849 架

---

① Ellison（2007，p. 190）.

② Zimmermann（2000，pp. 96 - 97）.

③ 洛克希德公司对国防部长弗朗茨·约瑟夫·施特劳斯的贿赂是解开 1962 年《明镜周刊》事件之谜的关键。该事件是一起德国政治冲突，是对新闻自由的一次测试。最终，施特劳斯在 1962 年 10 月辞去国防部长一职。F - 104G 发生了几次坠机事故，被称为"飞行棺材"或"寡妇制造者"，这也是路德维希·埃哈德总理在 1966 年下台的一个重要原因［Sampson（1977，pp. 124 - 132）］。

飞机中的 604 架，并采购了 949 架飞机中的 210 架[1]。通过获得 F‑104 的许可生产，西德飞机制造业得到了美国战斗机技术的"高科技专业知识"[2]，从而开启复苏之路[3]。美国和德国开始合作研发 ADO12 V/STOL 战斗机。英国对"伦敦/巴黎和华盛顿/波恩"阵营[4]各自军事技术的发展前景并不看好。本章解释了英国为何以及如何将 VG 的联合研发伙伴从法国（AFVG）转移为德国（MRCA）。

6.3 "白热化"与金融和外交现实

许多学者对威尔逊政府的技术政策进行了分析，这一政策在 1963 年工党大会上威尔逊的"白热化"演讲中得到了最明确的体现。威尔逊政府着重强调了军用/民用高技术航空航天研发，以及核技术和计算机技术[5]。

威尔逊政府从 1966 年 11 月开始积极倡导"欧洲技术共同体"的概念。然而，到 1968 年 4 月，这个概念显然失败了[6]。扬（Young）认为，"欧洲技术共同体的基础"[7]实际上是威尔逊式魅力攻势的一部分，目的是让英国加入欧共体，他引用戴高乐的话说："如果在越南和北约问题上均采取让亲美政策的英国加入欧共体，那么英国将与德国和荷兰合

① NARA RG59，E5179，Box 4，Subject：Strike Aircraft, 19th June 1962.
② Zimmermann (2002, p. 61).
③ Rohde (2004, p. 166).
④ TNA CAB148/22, OPD (65) 111th, 16th July 1965.
⑤ Edgerton [(2006) 2008, pp. 239‑240].
⑥ Shibazaki (2009, pp. 161‑166).
⑦ TNA CAB164/159, Speech by the Prime Minister, the Rt. Hon. Harold Wilson, O. B. E., M. P., at the Lord Banquet, Guildhall, on Monday, 13th November 1967.

作,将欧共体变成大西洋集团①。"相反,还有一些研究分析了 20 世纪 60 年代欧洲技术合作的原因和失败的教训,齐默尔曼总结称,"在大多数欧洲国家,跨大西洋的观点已被以欧洲为中心的观点所取代。"②

然而,20 世纪 60 年代中期的问题是:这个大型欧洲项目的资金从何而来? 1964 年 10 月,威尔逊工党政府一上台就面临严重的预算和外汇问题。在英国的资产负债表上有三个重要项目——军事研发(特别是 VG 和 V/STOL 战斗机)、维持苏伊士运河以东的英国军事存在,以及莱茵集团军。此外,这三个项目的预算分配也因法国宣布退出北约军事一体化机构而受到严重影响。因为这意味着美国从法国领土大规模撤军和法国撤出德国领土。

法国的这个决定给美国和北约在中欧制造了不少问题。大西洋联盟的凝聚力受到威胁,美军在战略要地的基地被摧毁,北约在中欧的关键地区失去重要地位③。从英国的角度来看,现在很明显,莱茵集团军在中欧的存在是绝对必要的,可能成本会变得更高④。

更糟糕的是,英国的战斗机研发此时正受到预算问题的困扰。其中许多问题都与英德就支付英国莱茵集团军费用的抵消谈判有关。在 1966 年北约危机之前,西德与英国和美国都签署了双边抵消协议。这些条约迫使西德购买英国和美国的武器,以抵消英美两国在德国领土上的驻军费用。但这些协议很"脆弱",因为它们依赖于西德的军事预算,以及德国联邦议院(Bundestag)的讨论结果。我们将看到,这些承诺逐渐成为德国沉重的财政负担。

在 20 世纪 60 年代,欧洲联合研发下一代战斗机成为一个重要问

---

① Young (2003,p. 107).

② Zimmermann (2000,p. 109).

③ Haftendorn (1996,p. 226).

④ USNARG59,E5178,Box 1,Effect on UK Balance of Payments of New UK-German Military Offset Agreement,26th July 1965.

题。这在一定程度上归因于欧洲的高额国防开支和欧洲军工产业的困境。例如,戴高乐领导下的法国已经开始了一项发展独立核威慑力量(打击力量)的计划。然而,事实很快证明,这将给法国国民经济带来严重的预算负担。

因此,到 20 世纪 60 年代中期,英国、法国和西德都面临严重的国防开支问题。这三个国家的国防预算与美国相比都很低,而莱茵集团军的成本和下一代战斗机的研发成本却在不断上升。

6.4 1966 年的北约危机

1966 年 3 月 7 日,戴高乐致信美国总统林登·B. 约翰逊(Lyndon B. Johnson)总统,宣布法国打算退出北约军事一体化机构。黑尔格·哈夫滕多恩(Helga Haftendorn)认为,西方联盟内部由此产生的危机有三个明显特征。第一,它构成了联盟内部对美国专属核威慑理念的挑战;第二,它产生于美国"大西洋主义"与法国和西德角色之间的基本冲突;第三,这是在美苏关系缓和以及德国问题仍然无法解决的背景下发生的①。

法国宣布退出北约军事一体化机构,促使英国外交大臣迈克尔·斯图尔特提议修订英法合作项目。1966 年 4 月 5 日的 OPD 委员会建议,英国不要与法国开展任何新的双边军事项目。在 5 月 4 日的第二次会议上,斯图尔特在讨论联合研发新型轻型直升机时重申了这一立场,他表示:"法国不能再被视为一个可靠的盟友,与法国在军事领域的相互依赖会带来更多的风险②。"首相哈罗德·威尔逊在总结 OPD 委

---

① Haftendorn (1996, p. 4); Bluth (1995, pp. 101 - 104); Trachtenberg (1999, p. 382).

② TNA CAB148/25, OPD (66)23rd, 4th May 1966.

员会的讨论时进一步表示，"从目前法国对北约的政策来看，我们不应该与法国扩大合作，而应该只在明显有利于我们的具体项目上进行合作①。"当前的英法关系具有这种基本的不信任感。

遗憾的是，此时，英国与法国东部邻国——德国的关系也好不到哪里去。事实上，1966 年 7 月的英镑危机暴露了英德抵消关系的深层次问题。这场危机成为威尔逊政府面临的"最严峻的经济挑战"②。这似乎使莱茵集团军的继续存在成为问题。7 月 20 日，内阁讨论了英国削减 1 亿英镑海外开支的可能性，削减对象包括远东地区和莱茵集团军的开支。在下议院，首相哈罗德·威尔逊承诺减少政府的海外支出。他进一步尖锐地宣布，如果西德政府不同意承担更多莱茵集团军的费用，那么英国军队将撤出③。

7 月 28 日至 29 日，在威尔逊与约翰逊在华盛顿举行的会议上，威尔逊再次提出了英国国际收支的问题，强调英国既不愿让英镑贬值，也不愿从苏伊士运河以东撤军，并公开提出撤离莱茵集团军作为替代方案。作为回应，约翰逊承诺为美国空军战斗机购买价值约 1 亿美元的英国航空发动机④。这是美英 F - 111 抵消协议的首次具体实施。根据该协议，美国承诺购买价值 3. 25 亿美元的英国武器⑤。

---

① TNA CAB148/25，OPD (66)23rd，4th May 1966.

② Ellison (2007，p. 74).

③ Dockrill (2002，pp. 164 - 165)；Zimmermann (2002，pp. 188 - 189).

④ 美国空军 LTV A - 7"海盗"Ⅱ攻击机选择了罗罗斯贝发动机，约翰逊的承诺得以实现(Air View，October 1966，p. 28)。该笔合同价值为 1. 2 亿美元，是罗罗公司有史以来获得的最重要的一笔海外订单(TNA PREM13/2003，The Arrangements for Offsetting the Dollar Cost of the F. 111 Aircraft，the Secretary of the State for Defence)。

⑤ TNA PREM13/2003，The Arrangements for Offsetting the Dollar Cost of the F. 111 Aircraft，the Secretary of the State for Defence；NARA RG59/ E(A1)5603，Box 1，DEF12 - 5，Military Sales，The USAF Rolls-Royce Contract，2nd August 1966；Zimmermann (2002，pp. 188 - 189)；TNA PREM13/2003，Offset Arrangements with the United States，5th December 1967；Dockrill (2002，pp. 162 - 68，88 - 89)；Ellison (2007，pp. 78 - 81)；Gavin (2004，pp. 144，162).

由于这一承诺,约翰逊政府很不幸地卷入了英德抵消问题中。这只会增加美国自身与德国政府的抵消问题。在参议院,由迈克尔·曼斯菲尔德(Michael Mansfield)领导的一群民主党人对因此产生的成本深感不安。他们开始缩小美国在欧洲的军事部署①。约翰逊的唯一回应是指出西德在实现最初商定的抵消目标方面取得了进展。然而,他的焦虑显而易见。在 8 月 25 日给埃哈德(Erhardt)的信中,美国总统敦促埃哈德立即致力于解决德国、美国和英国之间的抵消问题②。

然而,此时,令人敬畏的亲美埃哈德政府只剩两个月的任期了。这届政府倒台的一个关键原因是,德国在美国驻军成本抵消问题上的持续危机。具体来说,与美国军用物资采购相关的增税提议、美国制造的F‑104G 战斗机接连坠毁引发的几起公关灾难,以及美德抵消性谈判的持久僵局,导致了 1966 年秋季的政府危机。

导火线出现在 1966 年 10 月。埃哈德宣布其政府将增加 20 亿德国马克(5 亿美元)的税收,以满足截至 1967 年 6 月 30 日的 8.92 亿美元的抵消目标③。埃哈德在 9 月 26 日的一次会议上向约翰逊承诺了这一点④。然而,丑闻接踵而至,导致包括副总理在内的几位政府要员辞职。1966 年 12 月,库尔特·格奥尔格·基辛格(Kurt Georg Kiesinger)宣布成立大联合政府。维利·勃兰特(Willy Brandt)担任副总理和外交部长,弗朗茨·约瑟夫·施特劳斯则担任财政部长。基辛格政府寻求从美国盟友那里获得更大的独立性。西德开始认真重新考虑以美国军用物资为主要采购对象的现行政策。

---

① Oberdorfer (2003,pp. 311 - 313).

② *FRUS*,*1964—1968*,*Volume Ⅷ*,Document 202;Gavin (2004,pp. 144 - 145);Zimmermann (2002,pp. 194 - 199).

③ McGhee (1989,p. 194).

④ NARA RG59 CF1964 - 66,Box 2228,POL GerW 1/1/66,Memorandum of Conversation,26th September 1966.

1966 年 11 月 4 日，就在西德陷入政治危机的同时，美国总统约翰逊给英国首相威尔逊写了一封信。约翰逊重申了他的要求，即以美国购买价值 3 500 万美元的英国武器作为交换，阻止莱茵集团军撤出，这笔费用将与 F－111 交易中已经商定的 3.25 亿美元分开处理。约翰逊的信达到了预期效果。11 月底，威尔逊政府决定在 1967 年 6 月之前暂停撤出莱茵集团军①。

此外，1966 年的北约危机意味着英德之间扩大合作对西方联盟的生存至关重要。然而，约翰逊对威尔逊的干预，并没有完全解决英国和西德继续被与莱茵集团军相关的严重抵消问题所困扰的问题。如果英国和西德不能解决这个问题，那么严峻的预算压力将迫使西德减少或完全撤出其在莱茵河上的军队。关键问题仍然是德国购买（或未能购买）英国的军事装备，而关键项目是下一代 VG 战斗机的研发——事实上，这是一个英法联合项目。

6.5 英法关于 AFVG 项目危机的讨论

法国宣布退出北约一体化军事机构对 AFVG 项目造成了严重影响。在此之前，英国和法国就已经对 AFVG 项目不断增加的研发和单位成本感到极度担忧。此外，法国的声明使英国对与法国在军事高科技领域的合作产生了高度的不信任感。

1966 年 10 月 13 日，国防大臣希利和航空大臣马利就这个问题发

---

① NARA RG59，E(A1)5603，Box 2，DEF12－5，US-UK Financial arrangement，14th September 1967；NARA RG59，CF1967－69，Box 1539，DEF1 EUR，Katzenbach to Department of State，18th February 1967；McGhee (1989, p. 199)；Zimmermann (2002, p. 213)；Dockrill (2002, p. 180).

表了一份联合文件。这份文件对英国和法国关于 AFVG 的明显不同预期以及该项目的估计成本表示了相当大的担忧。英国认为该项目主要是一款攻击机（英国已经有 F-4 作为截击机），然而，法国希望 AFVG 具备截击能力（也就是一款尺寸更小、威力更小的单发飞机）①。

双方在费用问题上也出现了进一步的分歧。英国提出用罗罗发动机代替斯奈克玛-BSE 发动机，以降低成本，但遭到了法国的拒绝。希利和马利认为，修改后的预算应在 150 万到 160 万英镑之间②。英国的焦虑情绪日益加剧。11 月 7 日，希利会见了梅斯梅尔，很明显，法国的预算问题将很快导致谈判破裂。正如希利和马利在他们的联合文件中所写的那样："如果谈判破裂，（英国）将面临巨大的政治和产业压力，必须迅速宣布替代方案。③"

1966 年 11 月，朱克曼爵士访问了巴黎，并与梅斯梅尔见了面，梅斯梅尔认为 AFVG 的成本将高于"协和"飞机。此时，法国飞机制造业已将资源完全投入了"协和"飞机项目，以及"美洲虎"战斗机项目。梅斯梅尔表示，法国航空发动机制造商斯奈克玛在 AFVG 的发动机研发过程中遇到了严重的困难。斯奈克玛公司倾向于向美国普惠公司，而不是英国罗罗公司寻求帮助④。

在这次会议上，非常亲美的朱克曼爵士出人意料地表现出了支持欧洲一体化想法的态度。他相信，罗罗公司和斯奈克玛公司之间的合作将是 AFVG 成功的关键。他进一步指出，"解决 V. G. 问题"⑤肯定有助于实现威尔逊提出的欧洲"技术共同体"。他主张英法两国的飞机制造业要进行更深层次的整合，并最终由西德、荷兰、比利时、丹麦和意大

---

① TNA CAB148/28，OPD (66) 99th，13th October 1966.
② 同上。
③ TNA CAB148/29，OPD (66) 129th，2nd December 1966.
④ TNA PREM13/1937，Zuckerman to Wilson，21st November 1966.
⑤ 同上。

利等国采购 AFVG①。

遗憾的是从英法两国的角度来看，越来越多的迹象表明，荷兰可能会从购买英法的"美洲虎"战斗机转向购买美国的 F-5 战斗机。另一个重大的危险是，比利时可能会追随荷兰的脚步。这种导致美国卷入越南战争的"多米诺骨牌"理论的有趣变体表明，欧洲大陆的飞机制造业正处于被美国完全吞并的严重危险之中。美国为欧洲国家提供了美国战斗机的许可生产，F-104G 就是一个例子②。

梅斯梅尔向朱克曼爵士保证，AFVG 是法国唯一正在进行的 VG 项目——尽管达索公司实际上已经作为私有企业研发了一款更小的单发 VG 飞机（"幻影"F1）。罗罗公司的董事长皮尔逊和斯奈克玛公司的总裁布朗卡尔（Blancard）尽最大努力达成了共识，即斯奈克玛公司将在罗罗公司的技术指导下进行生产③。

11 月 21 日，朱克曼爵士就这个话题给威尔逊发了一条信息。他说，尽管与梅斯梅尔的讨论仍在进行中，但由于法国持续的预算问题，AFVG 项目基本上无法正常运行。尽管如此，朱克曼爵士强调，资金问题并不是 AFVG 的核心问题。他认为，解决方案仍掌握在英国手中。他补充说，法国飞机制造业是法国国内政治中一个强大的压力团体，已全力开展"协和"飞机和"美洲虎"战斗机的研发。然而，他同时指出，由于 BAC 在该项目中负责主要的研发工作，法国对 AFVG 项目也存在着某些疑虑④。

此时，英国显然开始收紧国防开支。英国在 7 月份承诺提供 1 亿

①　TNA PREM13/1937，Zuckerman to Wilson，21st November 1966.

②　同上。

③　TNA PREM13/1937，Anglo-French Co-operation in the Aircraft Field，25th September 1967.

④　TNA PREM13/1937，Zuckerman to Wilson，21st November 1966；Zuckerman（1988，pp. 437 - 39）.

英镑,还将 1970—1971 财年的支出上限设定为 18.5 亿英镑(相比 1967—1970 财年的 21 亿英镑有所下降)①。在 11 月 30 日提交给 OPD 委员会的一份文件中,航空大臣弗雷德·马利提议,应该确认 60 架 P1127 V/STOL 战斗机的订单(费用为 6 000 万～6 500 万英镑)。然而,希利并不支持这项提议②。

在 1966 年 12 月 2 日发表的第二份 OPD 文件中,希利和马利表示 AFVG 项目遇到了法国预算问题所带来的重大困难。他们建议英国应该做好准备,要么独自开展一个 VG 项目,要么购买更多的 F-111。这份 OPD 文件的附件指出,西德可作为此类项目的潜在合作伙伴。这一立场的依据是,当时,德国空军正在对采购进行重大评估,正在认真考虑用 AFVG 作为 F-104G 替代机型的可能性③。

在这份 OPD 文件中,希利坚持认为,如果法国退出 AFVG 项目,那么英国应该继续致力于独立研发本国的 VG 飞机。他承认,除了 P.1127 V/STOL 战斗机(即 1965 年 2 月取消的超声速 P.1154 V/STOL 战斗机的亚声速机型)之外,英国国防预算无法负担这样一个项目。然而,考虑到 P.1127 造价昂贵且优先级较低,希利建议取消该项目,以便让英国专门关注可变几何项目④,这样可以节省 3 亿英镑⑤。在 12 月 9 日的 OPD 会议上,威尔逊得出结论,英国应该继续努力确保与法国的合作,如果法国退出,应该寻求与德国进行更广泛的合作⑥。

在 12 月 22 日的会议上,英国内阁面临一个选择,是取消 P.1127 项目,还是继续执行 12 月 20 日的内阁文件。参会大臣分为两派:一派

---

① Dockrill (2002, pp. 172-173).

② TNA CAB148/29, OPD (66) 127th, 30th November 1966.

③ TNA CAB148/29, OPD (66) 129th, 2nd December 1966.

④ TNA CAB148/29, OPD (66) 130th, 2nd December 1966.

⑤ Dockrill (2002, p. 174).

⑥ TNA CAB148/25, OPD (66) 48th, 9th December 1966.

坚持认为 P. 1127 成本太高；另一派则认为，如果英国真的取消了 P. 1127，那么它将失去与在 V/STOL 技术方面领先于德国和美国的地位。经过讨论，内阁基本决定继续开展 P. 1127 项目，并订购了 60 架这种机型。这一决定有效地表明，英国打算独自研发 V/STOL 项目——一个成本最高的项目①。

6.6 德国可能购买"美洲虎"和 AFVG

为了拯救 AFVG 项目，英法两国要求西德和某些 F-104G 国家购买该飞机。这样的采购将增加生产数量，以及降低研发成本。在西德，基辛格、勃兰特和施特劳斯领导下的新一届政府并不太亲美，所以选择购买欧洲而不是美国的设备。

1967 年 1 月 10 日，施特劳斯会见了英国驻西德大使弗兰克·罗伯茨爵士（Sir Frank Roberts），转达了英国政府关于英德合作的新意向。施特劳斯强调，在这一点上，由于美德抵消协议，美国有能力承担西德四分之三的军事采购预算。施特劳斯坦率地承认，这与美国想要控制欧洲的愿望密切相关②。

罗伯茨爵士敦促施特劳斯考虑以"美洲虎"和 AFVG 等项目形式开展英德合作（或者更好的情况是英德法合作）的重要性。此外，罗伯茨爵士还建议德国采用英国的 F-4"鬼怪"战斗机，该战斗机配备了罗罗斯贝发动机。罗伯茨爵士的主要目的是，通过鼓励德国购买英国或

① TNA CAB129/127，C（66）185th，20th December 1966；TNA CAB128/41，CC（66）68th，22nd December 1966.

② TNA PREM13/1525，Sir F. Roberts to Foreign Office，10th January 1967.

英法飞机来解决英德抵消问题。施特劳斯欣然同意①。

1967 年 1 月 16 日,希利、马利和梅斯梅尔在一次会议上再次讨论了 AFVG 项目。法国代表团没有提出任何预算问题。事实上,双方都认为与第三方(如德国和荷兰)合作十分重要②。尽管存在问题,但双方都表达了继续研发 AFVG 的决心。

这些观点在 1967 年 1 月 16 日希利和梅斯梅尔的另一次会议上再次得到重申。在这次会议上,英国和法国再次确认了他们对联合研发 AFVG 的承诺。英国 BAC 公司和法国制造商达索将在机体方面进行合作,斯奈克玛、罗罗和布里斯托尔-西德利三家公司将在发动机方面进行合作。英国和法国代表都承认了吸引有兴趣的第三方参与该项目的重要性,并表示他们打算与德国和荷兰举行高级别会谈。法国同样没有提及"预算问题"③。

6.7　AFVG 项目的取消

AFVG 的谈判很快集中在成本以及德国参与其中的核心问题上。1967 年 5 月 10 日,希利写了一份备忘录,两天后提交给了 OPD。这份文件指出,在 1966 年 10 月,AFVG 的研发费用估计为 2 亿~2.15 亿英镑,每架飞机的生产成本估计为 150 万~160 万英镑④。

然而,这些成本估算将会改变。在 5 月初的希利和梅斯梅尔会议上,梅斯梅尔煞费苦心地指出,法国比英国更难以接受飞机性能下降。

---

① TNA PREM13/1525，Sir F. Roberts to Foreign Office，10th January 1967.
② TNA CAB148/31，OPD (67) 7th，3rd February 1967.
③ 同上。
④ TNA CAB148/32，OPD (67) 35th，10th May 1967.

英国可以依靠 F-111 执行最远距离的侦察和打击任务,而且,英国已经拥有了一流的截击机——F-4"鬼怪"战斗机。而法国没有类似的飞机,这意味着,AFVG 必须同时拥有拦截和打击能力①。

由于这些需求,希利在备忘录的最后部分指出,OPD"应该注意到,英国和法国都能接受的 VG 飞机的估计单位生产成本已经从 161 万英镑上升到 175 万英镑"②。5 月 12 日,OPD 会议决定英国继续开展 AFVG 项目定义阶段的工作,项目研发成本为 1.2 亿英镑,单位生产成本为 175 万英镑③。为了解决成本问题,双方一致认为德国是扩大欧洲合作的关键。不仅是因为西德的需求量会很大,还因为如果西德选择 AFVG 飞机,其他欧洲国家也可能会效仿④。

然而,就在积极讨论过后一个多月,法国政府在 1967 年 6 月 17 日抛出了一枚重磅"炸弹",其在一封信中宣布,"将被迫退出可变几何项目⑤。"法国退出了 AFVG 项目! 英国驻法国大使帕特里克·赖利爵士(Sir Patrick Reilly)给英国外交部(Foreign Office)的一封外交电报显示,法国政府已决定退出,理由是"真的是财政原因"⑥。他于 6 月 29 日亲自向希利重申了这一观点,解释说"法国政府被迫在 1968—1970 年的计划开支中大幅削减预算"⑦。然而从 AFVG 支持者的角度来看,这具有毁灭性的影响。

历史学家 D. 詹姆斯(D. James)和 P. 贾金斯(P. Judkins)详尽地

---

① TNA CAB148/32，OPD（67）35th，10th May 1967.
② 同上。
③ TNA CAB148/30，OPD（67）19th，12th May 1967.
④ TNA CAB148/32，OPD（67）35th，10th May 1967.
⑤ TNA CAB148/33，OPD（67）51st，3rd July 1967.
⑥ TNA PREM13/1937，Paris to Foreign Office，17th June 1967. 希利在下议院辩论中认为法国退出 AFVG 的原因是财政原素,但一些议员指出了达索的举动[750 HC Deb.，13th July 1967，col. 1029；Reed（1973，pp. 114-115)]。
⑦ TNA CAB148/33，OPD（67）51st，3rd July 1967.

分析了法国退出 AFVG 项目的原因。首先，英国和法国的要求从根本上不同。英国需要可以在苏伊士以东使用的重型和昂贵的战斗机，而法国需要一款具备截击能力的更便宜的机型。其次，法国航空制造商达索一直在制造一款配备阿塔发动机的单发 VG（"幻影"F1 战斗机）。这是法国唯一可以不受普惠公司出口限制的机型[1]。达索似乎已经成功地说服法国政府出售"幻影"ⅢG（VG）而不是 AFVG。第三，梅斯梅尔是 AFVG 的关键支持者，他在 1967 年的大选中败北[2]。

回顾过去，很明显，从一开始，英法合作就受到几次严重冲突的影响。首先，联合项目在军事要求、设计领导地位和成本上升方面相互矛盾。其次，法国的"打击力量"计划成为沉重的财政负担。从预算的角度来看，英法合资的 AFVG 和"协和"飞机在与戴高乐的法国独立核力量计划争抢经费时遇到了相当大的困难。最后，法国认为英国购买美国 F-111 而不是法国"幻影"战斗机，是对英法合作精神的背叛。第四，达索成功地宣传了"幻影"ⅢG（VG）/F1 而不是 AFVG[3]。

然而，对希利来说，AFVG 是"（英国）长期飞机计划的核心"[4]。因此，他被迫为 VG 战斗机寻找一个新的合作伙伴，或者独立进行项目研发，承担高昂的成本[5]。

6.8　英德抵消和 MRCA

取消 TSR-2 项目并没有解决威尔逊政府的国际收支问题。在国

---

① TNA PREM13/1937，Anglo-French Co-operation in the Aircraft Field，25th September 1967.

② James and Judkins (2010).

③ Gardner (1981, pp. 136-139)；James and Judkins (2010).

④ TNA CAB148/28，OPD (66) 99th, 13th October 1966.

⑤ TNA CAB148/29，OPD (66) 129th, 2nd December 1966.

防预算方面,英国仍在削减莱茵集团军费用、英镑贬值或从苏伊士东部撤军之间进行选择。从英国的角度来看,第一个选项显然是最有吸引力的。莱茵集团军在英国国防中的重要性较低,且也带来沉重的预算负担,特别是考虑到德国无法履行其抵消承诺。

1966 年底,英国要求进行价值 2.15 亿美元的强制军事采购,用作莱茵集团军的费用。然而,德国的报价仅为 9 000 万美元,这意味着英德两国的估值相差约 1.25 亿美元。德国国内的政治混乱导致英美抵消谈判陷入停滞。这只会使越来越恼怒的威尔逊更加倾向于完全撤离莱茵集团军①。

然而,英德抵消问题并不仅仅是两国之间的双边问题。对美国来说,这也是一个重大问题,因为英国继续在西德驻军是解决 1966 年北约危机的必要先决条件。在 11 月 21 日由美国抵消谈判的首席谈判代表约翰·麦克洛伊向约翰逊总统提交的麦克洛伊(McCloy)报告中提到了这些担忧。麦克洛伊报告评估了欧洲的军事力量水平,得出的结论是,北约的存在足以维持“灵活反应”战略。同时报告还警告,美国减弱其在欧洲大陆军事力量的行为有可能引发盟国相继撤军的连锁反应,这可能最终会鼓励苏联。因此,麦克洛伊报告建议采用一种新方法来抵消美军在中欧的军事力量维持费用,以抵消外汇支出对国际收支的有害影响。麦克洛伊正致力于改变做法②。

3 月 11 日,美国总统约翰逊给德国总理基辛格写了一封信,解释了美国军队抵消的新原则和方法。信中阐明了三项原则:第一,要求北约从纯粹军事的角度确定驻欧洲部队的规模。第二,美国在德国驻军

① Zimmermann（2002，p. 213）；NARA RG59，CF1967 - 69，Box 1539，DEF1 EUR，Katzenbach to Department of State，18th February 1967.

② *FRUS*，*1964—1968*，*Volume XXIII*，Document 218；NARA RG59，CF1967 - 69，Box 1570，DEF4 NATO，John J. McCloy to the President，21st November 1966；TNA PREM13/1525，Mr. McCloy.

所需的外汇支出必须得到保障。正如约翰逊所说，"我们认识到，简单的抵消概念，即预先达成一定数量的军事采购协议，以抵消驻德美军的外汇成本，可以被适用于全方位金融关系的协议所取代。这种金融关系是大西洋共同体的坚实核心①。"正如麦克洛伊报告所建议的那样，这种财务安排将主要由德国联邦银行负责②。第三，西德政府今后将被允许自由决定自己的军事采购政策③。

根据这三项原则，美国建议将抵消方案从军售改为新的财务安排。第三项原则（德国在军事采购方面的自由）旨在补偿第二项原则，即确保美国在德国的军队费用能够得到保障。

6.9　1967年7月的罗伯茨报告

因此，美国为抵消其在驻军方面的外汇支出而采取的新政策包括由德国联邦银行购买美国国债。以前抵消美国驻军外汇支出总额的方法（即强制西德购买美国武器）实际上已被废弃。这为英国创造了一个全新的局面。

在三方抵消谈判结束后，英国内阁顾问伯克·特伦德向首相哈罗德·威尔逊提出的正是这一观点。趋势表明，从长期来看，这可能是英国的一个机会。在接下来的5年里，西德军队计划更新其装备，包括F-104G战斗机。特伦德认为，在这次更新中，英国完全有可能取代美国，成为西德军队的主要装备供应商。

①　NARA RG59，CF1967 - 69，Box 1539，DEF1 EUR，LBJ to Kiesinger，11th March 1967.

②　NARA RG59，CF1967 - 69，Box 1539，DEF 1 EUR W，Trilateral Meeting，March 21，21th March 1967.

③　TNA PREM13/1525，Mr. McCloy.

然而,英国在向西德出售武器时面临的问题是,其产品能否满足西德军队的需求。英国首选的欧洲合作伙伴逐渐从法国转变为德国。这是因为法国退出北约军事一体化机构及其持续存在的预算问题,以及德国军事市场的明显吸引力。

7月13日,英国驻西德大使弗兰克·罗伯茨爵士向内阁提交了一份关于英德抵消协议的报告。新方法实际上是英德在先进技术领域进行合作。人们所期望的结果是,德国能够正常地支付英国款项①。

罗伯茨爵士在其报告中承认,不可能通过购买德国武器来抵消莱茵集团军全部的驻扎费用。他还辩称,事实证明,朝着这一目标努力对英德关系是有害的。相比之下,法国通过飞机和导弹合作项目享受着德国的正常付款。英国在处理与西德政府的关系时,就需要设定这样一种情景②。

罗伯茨爵士补充说,德国政治形势的变化带来了两个新的因素。首先,"越来越多的德国人对埃哈德-施勒德-冯-哈塞尔(Erhardt-Schröder-Von Hassel)政府的亲大西洋和亲盎格鲁-撒克逊政策感到失望,并开始支持致力于改善与法国关系的基辛格-勃兰特-施特劳斯团队";第二,根据新的美德抵消协议,西德不再被强制要求购买美国武器③。

在这种新形势下,罗伯茨爵士提出了英德抵消协议的新方向。英德,或更广泛的西欧可以通过在政府和产业层面开展先进技术合作,实现抵消目标。该报告认为,在这种合作背景下,德国自然会向英国支付款项。从长期来看,正式的抵消协议甚至可能被取消。

---

①　TNA PREM13/1526，Anglo-German offset arrangement，Sir Frank Roberts，13th July 1967.

②　同上。

③　同上。

罗伯茨爵士的报告称这是"一种新的抵消方式"①。为实现抵消目标需遵循三个宗旨：第一是通过彻底分析德国军事需求的常规模式来寻求抵消款项；第二是在此基础上建立"英德产业合作伙伴关系"②；第三是在英国建立"西欧先进技术基地"③。

总的来说，罗伯茨报告的结论是，"抵消问题的解决办法应是联合项目或西欧的项目，如果可能的话，应在先进技术领域。联合项目在满足共同要求方面将提供迄今为止缺乏的自然因素；这些项目将德国企业变为合作伙伴，而不是竞争对手④。"

当时的目标是在 20 世纪 70 年代启动一些有前景的英德合作项目。即将更换的 F－104G 战斗机是一个有机会的方向⑤。20 世纪 60 年代末，北约国家的主力战斗机是美国的 F－104G 和意大利的 G.91，但这些飞机将在 20 世纪 70 年代进行更换，这为大规模采购带来了希望。

如果西德购买英法合作研发的"美洲虎"战斗机作为 G.91 的替代机型，则订购量预估最少为 100 架。德国拥有 600 架 F－104G，所以更换该型号的订单将是可观的。另外，如果西德决定用英国战斗机代替 F－104G，那么荷兰、意大利、比利时等 F－104G 采购国家也有可能会购买"美洲虎"战斗机。

英国与 F－104G 采购国家（德国、荷兰、意大利、比利时、加拿大）的讨论于 1967 年底开始。英国希望通过这些讨论实现两个主要目标：协调其与潜在合作伙伴国家的要求，并了解这些潜在合作伙伴国家的

---

① TNA PREM13/1526，Anglo-German offset arrangement，Sir Frank Roberts，13th July 1967.
② 同上。
③ 同上。
④ 同上。
⑤ 同上。

行业和管理组织，以实施合作项目①。1968 年 1 月发生了一件对英国而言幸运的事情，当时美国和西德取消了美德 ADO12 V/STOL 战斗机项目，因为 ADO12 太过复杂，无法继续研发②。因此，德国被迫重新考虑他们的战斗机项目。

1968 年 10 月 9 日至 11 日，希利与德国国防部长格哈德·施勒德（Gerhard Schröder）会面时，MRCA 是一个关键话题。希利概述了英国对多用途战斗机的立场。这是未来十年最大的单一国防采购项目：如果英国和德国成功，那么他们就可以切实地希望启动欧洲国防采购的概念；失败则将在很大程度上否定这一概念成为现实的任何机会③。

英国已经准备在作战要求上做出妥协，以与 F-104G 采购国家达成协议④。本着这一精神，英国、德国、意大利和荷兰继续就 MRCA 进行谈判。实际上，在比利时和加拿大退出联合体后，使用 F-104G 的北约国家已经考虑如何取代该机型有一段时间了⑤。因此，MRCA 可以满足欧洲的主要共同需求，并可获得大约 1 000 架飞机的订单⑥

1969 年 2 月，作为英德抵消谈判的一部分，英国敦促德国接受长期

①　TNA CAB148/38，OPD（68）68th，5th November 1968.

②　Air View，April 1968，p. 29.

③　TNA T225/3187，Note of Discussion between the Secretary of State for Defence and Dr G. Schroder，Federal German Minister of Defence，at 5 p. m. on 9th October and 9 a. m. on 11th October 1968.

④　同上。

⑤　比利时于 1968 年 8 月购买了法国"幻影"V 作为下一代战斗机（*Air View*，August 1969，p. 30），随后又引进了 F-16 战斗机。加拿大不参与 MRCA 项目的原因：第一，预算受限；第二，加拿大想要的是空中优势战斗机，不同于 MRCA（本质上是一款攻击机），因此购买美国战斗机更加实惠（*Air View*，February 1969，p. 30）。1969 年 9 月，因为需要的战斗机与 MRCA 相差甚远，荷兰退出了 MRCA 项目（*Air View*，September 1969，p. 26）。

⑥　TNA CAB133/387，PMVB（69）5th，Prime Minister's Visit to Bonn，February 1969，Collaboration in Defence，22nd January 1969.

技术合作的原则，并为从英国采购国防产品设定了尽可能高的目标数字①。德国总理和外交部长都对将技术合作作为解决抵消问题的长期解决方案表示认可。然而，当 1968 年 2 月谈判开始时，英国很快就意识到无法基于合作获得任何好处，主要原因如下：一是由于西德预算问题，重大军事采购的决定必须推迟；二是德国业界明显反对任何将抵消与更广泛的技术协议联系起来的做法。这在 MRCA 方面尤其明显，德国飞机制造业迫切希望获得 MRCA 最大的生产份额②。

在 1969 年 5 月 8 日的 OPD 委员会会议上，希利报告称已完成 MRCA 项目的可行性研究。他希望委员会批准签署一份涵盖整个项目的总体谅解备忘录，其中"未正式明确"选择英国罗罗公司或美国普惠公司的发动机③。但技术大臣本（Benn）指出，德国飞机制造业正在为美国发动机的研发提供支持，OPD 委员会"应该向德国明确表明，除非最终采用罗罗发动机，否则我们将无法继续这个项目"④。

对英国来说幸运的是，MRCA 发动机选型最终在 1969 年 8 月确定，罗罗公司的 RB199 入选，而不是普惠公司的 JTF16。该型发动机将由罗罗（32%）、德国 MTU（52%）和意大利菲亚特（Fiat）（16%）三家公司联合生产⑤。但不太幸运的是，荷兰人很快表达了他们对美国战斗机的偏好，而比利时人选择了法国机型。这两个国家都退出了 MRCA 项目，只剩下英国、西德和意大利。

---

① TNA CAB133/387，PMVB（69）5th，Prime Minister's Visit to Bonn，February 1969，Collaboration in Defence，22nd January 1969.

② TNA CAB148/94，OPDO（69）2nd，24th January 1969。根据 *AWST* 的文章，埃德加认为选择 RB199 发动机解决了未来 10 年英德抵消问题［Edgar（1989，p. 56）］。

③ TNA CAB148/92，OPD（69）20th，2nd May 1969.

④ TNA CAB148/91，Defence and Overseas Policy Committee，Confidential Annex，OPD（69）7th，Minutes，Thursday，8th May 1969；TNA CAB148/91，OPD（69）7th，8th May 1969.

⑤ *AWST*，8th September 1969，p. 19.

英德意 MRCA 战斗机是对罗伯茨报告中解决抵消问题的新方法的一个测试。该方法起源于《普洛登报告》中概述的英法合作项目。然而，MRCA 将成为划时代的欧洲联合研发的战斗机，以及 20 世纪 70 年代最广泛的欧洲合作项目。该项目最终采取了英德意合作的形式，这与《普洛登报告》中设想的英法模式非常不同。

由于 AFVG 最终被取消，法国达索继续研发"幻影"F1 战斗机。然而，达索没能成功在欧洲大陆销售这款机型。事实上，建立在英法合作基础上的独立欧洲战斗机研发未能实现，与此同时，顽固的法国在西方联盟中被孤立了。欧洲飞机合作的雄心从 AFVG 转移到 MRCA，反映了"联盟团结和孤立法国的政治"立场[1]，也代表了美国在政治和商业上的重大胜利。

威尔逊提出的"欧洲技术共同体"概念有助于英国通过 MRCA 项目在欧洲建立桥头堡。埃利森进一步指出，戴高乐主义者对美国主导的西方联盟进行挑战产生了意想不到的效果，即建立了"以固西方联盟的英美德关系"[2]。三方抵消协议和 MRCA 项目为美英德轴心国集团的稳固提供了具体证据。在 1965 年至 1969 年的国际战斗机研发谈判中，威尔逊政府始终保持着 VG 和 V/STOL 的设计能力，并最终保证了英国作为 MRCA 发动机供应商的地位。

6.10　威尔逊的"欧洲技术共同体"

威尔逊雄心勃勃的目标是扩大罗伯茨报告中设想的英德合作，为欧洲的技术共同体提供基础。他在 1966 年 11 月 14 日的一次讲话中

---

① Wenger (2007，p. 227).
② Ellison (2007，p. 190).

准确地表达了这些观点。威尔逊提议深化英国和欧洲大陆在高科技产业的合作。他的目标是，在明显的美国优势面前保持欧洲的竞争力①。

威尔逊还把这种共同体的发展与英国可能加入欧共体联系起来。例如，外交大臣乔治·布朗就认为，威尔逊的"欧洲技术共同体"愿景几乎完全是基于英国最终加入欧共体而提出的②。时机很明确：1966 年 9 月至 12 月，威尔逊政府以特别的热情推动了"欧洲技术共同体"的想法，当时英国也在考虑申请加入欧共体。在 1967 年 5 月，英国提出了申请。

1967 年 11 月 13 日，威尔逊在市政厅迈耶勋爵（Lord Mayer）宴会上发表了关于欧洲技术合作的演讲。他承认欧洲和美国之间存在"技术差距"，并指出了三个极具启发意义的事实。第一，一家美国大企业一年在研发上的花费超过了同一领域欧洲最重要的企业。第二，技术门槛每年都在提高，因此没有一家欧洲企业能够承担整个欧洲大陆层面类似的研发和随之而来的财务风险。第三，如果英国不与欧洲国家合作，英国企业将面临被美国竞争对手吞并的危险③。

威尔逊进一步强调，尽管英国加入共同市场的谈判需要时间，但"技术差距不会等待谈判完成后才扩大"④。因此，威尔逊建议英国应该继续与欧洲伙伴开展双边和多边项目，以促进技术合作。威尔逊再次呼吁建立"欧洲技术共同体"。

遗憾的是，1967 年 11 月，戴高乐第二次否决了英国加入欧共体的申请，这对威尔逊和他关于英国成为"欧洲技术共同体"核心的设想来说是不幸的。戴高乐认为"没有 ETC，英欧技术合作是可能的，而英国

---

① Shibazaki（2009，p. 161）.

② 同上。

③ TNA CAB164/159，Speech by the Prime Minister，the Hon. Harold Wilson，O. B. E.，M. P.，at the Lord Mayer's Banquet，Guildhall，on Monday，13th November 1967.

④ 同上。

在核武器和航空航天等领域与美国过于亲密，其对欧洲的承诺无法确定"①。此外，戴高乐怀疑英国参与欧洲的技术项目"只是其通过走后门加入欧共体的策略"②。事实上，他并非完全错误。

6.11　从苏伊士以东撤退和取消购买 F-111

经过 1 月 12 日和 1 月 15 日的两次内阁会议，1968 年 1 月 16 日威尔逊在下议院发表了一份轰动一时的声明。他宣布英国取消购买美国制造的 F-111，以及其政府打算加快英国从新加坡、马来西亚和波斯湾撤军③。F-111 不断上升的成本，以及面向英国和西德的欧洲技术基地的新承诺，显然表明英国在 TSR-2 之后的飞机政策将发生变化。

在这一声明之后，英美就取消的成本展开了谈判。英国（有点乐观地）希望尽量降低成本，同时确保美国按照 F-111 抵消协议继续购买英国军事设备。威尔逊特别关注约翰逊在三方抵消谈判中承诺的 3 500 万美元，以及随后的 1 960 万美元④。

---

① Young (2003，p. 109).

② Zimmermann (2000，p. 105).

③ 更多关于取消 F-111 的内阁讨论，参见第 8 章。在 20 世纪 60 年代早期，TSR-2 和 F-111 都被设计成以 2.0 马赫的速度低空进入苏联领土，从而避开苏联的导弹防御网络。然而，得益于 20 世纪 60 年代后期导弹技术的快速发展，苏联能够击落有人驾驶的轰炸机，如 F-111。苏联总理阿列克谢·柯西金告诉威尔逊，"轰炸机时代已经结束，苏联可以击落天空中的任何轰炸机。"(TNA T225/3313，Record of a Conversation between the Prime Minister and the Soviet Prime Minister at the Opera in Moscow on the Evening of Tuesday, 23rd January 1968)；Dockrill (2002，pp. 203-208)。

④ 美国海军部长保罗·尼采采取了强硬态度。尼采给希利写了一封信，大意是取消采购 F-111，以及考虑美国在英国的国防支出，将在 F-111 协议的预定期限内产生 7 亿美元的入超。经过谈判，取消费用为 1 100 万英镑。大多数现有抵消项目，包括美国空军 LTV A-7"海盗"Ⅱ攻击机的罗罗斯贝发动机的 8 200 万美元得以保留[TNA T225/3313，Briefs for the Prime Minister, 25th January 1968；784 HC Deb.，10th June 1969，col. 246；AWST，22nd January 1968，pp. 17-19；Priest (2006，pp. 142-143)]。

英国政府和飞机制造业认为，他们找到了一种方法，既能缓解军用飞机研发成本不断攀升的危机，同时又能维持英国的国防工业基础。解决之道显然在于与欧洲的合作——这必然会把法国排除在外。英国飞机制造业显然可以期待已有比较优势的产品（如 V/STOL 战斗机）打入巨大的美国市场。此外，这一时期见证了两项具有长期影响的技术创新，分别是 V/STOL 和 VG。这两项技术都延续到了 20 世纪 70 年代。

总的来说，随着 20 世纪 60 年代的结束，这些研发形成了一个框架，在这个框架下，英德联合研发的战斗机得以快速发展，而法国则逐渐被挤出。丘吉尔"三环政策"中的第一环——帝国——已经一去不复返。但"特殊关系"以及英国在西欧的领导作用仍有待讨论。

6.12 结论

20 世纪 60 年代中期，在西方联盟日益脆弱的背景下，英国政府正忙于探索军事航空技术领域的合作前景。从英国的角度来看，法国持续存在的预算问题，加上法国对西方联盟内部"盎格鲁-撒克逊"影响的厌恶，逐渐使天平从法国倾向了其东部邻国——德国。在此期间，英德在 MRCA（"狂风"）上的合作成为英国飞机制造业的"下一件大事"。事实上，戴高乐主义者对美国霸权的挑战产生了意想不到的后果，将英国和西德定位为欧洲新防务基地的轴心。然而，没有法国的参与，欧洲在军用飞机领域对美国的挑战是不可能成功的。在某种程度上，英国在整个 20 世纪 60 年代的发展轨迹打破了欧洲的力量平衡，特别是法国，并确保了美国在西方联盟中保持其霸权地位。

然而，英国的立场仍然非常模棱两可，因为"背信弃义"的英国试图从与美国和欧洲的关系中获得最大利益,却对任何一方都不做出完全承诺。随着 20 世纪 60 年代向 70 年代过渡,英国与欧洲合作的重点日益从军用项目转向民用航空项目,赌注和金额越来越高,英国的政策制定者和官员将需要用上所有的外交技巧和智慧,才能保持他们在西欧和美国之间的微妙平衡。

第三部分

1968—1982 年：
欧洲客机合作项目
和英美产业合作

正如第一部分和第二部分所述，二战后是英国飞机制造业面临严重危机和矛盾的时期。然而，到 20 世纪 80 年代，该产业已基本复兴。我们如何解释从 20 世纪 60 年代末的明显不确定到 20 世纪 80 年代的复苏逐一转变？第三部分通过研究英国政府在 20 世纪 70 年代这关键十年期间与欧洲大陆和美国有关的航空产业战略（机体、航空发动机和航空公司），回答了这个问题。这部分内容还展示了英国如何不安地（但最终还是在一定程度上成功地）抓住加深欧洲合作和加强美国产业参与度的"两匹马"。到了 20 世纪 80 年代中期，罗罗公司出人意料地与普惠公司和 GE 公司一起成为航空发动机制造商"三巨头"——这对于非美国制造商来说是一个巨大的成功。

第 7 章

1967—1971 年：
第二代喷气机时代
和罗罗公司的破产

7.1 概述

本章重点介绍了英国在 20 世纪 60 年代中期和 70 年代初期为解决宽体客机发展难题所做的尝试。英国在这一领域表现出一种典型的矛盾心理。一方面，英国与法国和西德通过欧洲空客联合体（European Airbus Consortium）紧密合作。这是为了实现欧洲一体化的更广泛行动的一部分，反映在 1967 年 5 月英国申请加入欧洲经济共同体（EEC）。事实上，空客的成立旨在打破美国对宽体客机市场的垄断。另一方面，英国同时也在争取让欧洲空客的直接竞争对手——美国洛克希德"三星"客机使用罗罗公司的 RB211 发动机。

可以说，英国实际上是在追求一种始终如一的重要利益：保持罗罗公司能够与普惠和 GE 公司平等竞争的世界领先航空发动机制造商地位。也可能有人会说，英国企业只是按照自由市场的逻辑经营，没有理由不选择同时与欧洲和美国合作。然而，正如本书试图表明的那样，飞机产业政策不仅仅关乎商业企业，还具有至关重要的地缘政治影响。正如纽豪斯（Newhouse）所言，"（欧洲空客项目）最大的困难在于英国，更确切地说是在于罗罗公司。这家杰出的公司反映了英国深刻而持续的不确定性，即其更大的政治和商业利益究竟是在欧洲，还是在美国[①]。"

罗罗公司在欧洲合作和美国"三星"客机之间摇摆不定，充分体现了英国的外交政策以及英国在全球范围内的地位。这种矛盾心态将产生严重的后果。罗罗公司由于未能按时为洛克希德"三星"客机研发一款全新的喷气发动机，最终于 1971 年 2 月 4 日正式宣布破产。作为二战后英国高科技的主要象征，这种可悲的失败对英国的国家威望造成了严重的打击。用一位政府官员的话来说，"就像听说威斯敏斯特教堂变成了妓院[②]。"

许多学术著作研究了美国和欧洲的宽体客机制造之争。欧文（Owen）强调，尽管英国从空客退出，但英国技术和工业部的"大西洋主义者"和"欧洲主义者"之间的对抗继续分裂着国家的政治生活[③]。海沃德（Hayward）指出，英国政府对洛克希德项目的绝对优先考虑，实际上损害了英国机体制造商的利益[④]。刘易斯·约翰曼和弗朗西丝·林奇在研究空客建立时，重点关注了英国因素，尤其是罗罗公司。他们得出的结论是，英国政府在 1969 年 4 月退出了该项目，是因为无法保证空客使用罗罗发动机而不是美国的发动机[⑤]。桑顿（Thornton）同样解释说，英国宽体客机战略扭曲了"欧洲主义者"和"大西洋主义者"之间的基本矛盾心理[⑥]。

本章为这一讨论提供了实证分析。本章研究了 20 世纪 60 年代末宽体客机领域的广泛竞争，目的是将英法关于欧洲空客的 A300 发动机的谈判置于这场跨大西洋竞争的背景下进行分析，先后探讨了罗罗公

---

① Newhouse（1982，p. 126）.
② *Fortune*，June 1971，p. 68.
③ Owen（1999，p. 318）.
④ Hayward（1983，p. 91）.
⑤ Johnman and Lynch（2006，p. 40）.
⑥ Thornton（1995，p. 42）.

司是如何在英国退出欧洲空客项目的持续谈判的同时，获得洛克希德"三星"客机合同的，探讨了 1970 年秋季罗罗公司第一次出现流动性危机的背景，探讨了罗罗公司破产以及随后美国政府通过洛克希德/罗罗项目对其提供的救助。本章的目的是表明在 20 世纪 70 年代初，英国一直试图"骑两匹马"（一匹是欧洲，一匹是美国），这几乎导致其在航空领域最有价值的资产之一彻底解体。

7.2 宽体客机

20 世纪 60 年代初，波音和道格拉斯这两家美国机体制造商分别用波音 707 和 DC－8 主导了全球远程客机市场，用波音 727/波音 737 和 DC－9 主导了中短程客机市场。英国和法国政府越来越担心美国这一主导地位。事实上，这种担忧为欧洲共同研发下一代客机计划打下了基础。

在 20 世纪 60 年代中期，航空出行需求的上升促使飞机制造商将宽体（双通道）客机引入中短途客机市场。这些客机具有运营成本低、载客量大的优势。不久，宽体客机市场就出现了四个主要机型激烈竞争的局面：美国的麦道 DC－10、美国的洛克希德"三星"、欧洲的 A300/A300B 和英国的 BAC2－11/3－11。1964 年，欧洲取得了一些明显的进展。他们首先宣布联合研发"协和"超声速客机，不久之后，他们又宣布了"空客"的概念———一款座位数为 250～300 的中短程亚声速宽体客机[1]。

1965 年 4 月，英法两国政府的代表开会讨论欧洲合作的可能性。

---

① Lynn（[1995] 1998，p. 103）。

他们还邀请德国加入。1966年7月，三国政府同意启动欧洲空客项目，并选择了法国南方飞机公司(Sud Aviation)、英国霍克·西德利航空公司和由7家德国企业组成的联合体作为主承包商。1966年10月，这些公司宣布了第一款欧洲A300的参数，即一款座位数为225～250的双发飞机[1]。

宽体客机市场之争在1966年4月正式开始。当月，泛美航空公司订购了25架波音747客机，美国航空公司技术总监弗兰克·科尔克写信给波音公司、麦克唐纳-道格拉斯公司和洛克希德公司，询问他们是否对研发一款可搭载250名乘客的双发宽体客机感兴趣[2]。宽体客机的研发不仅引发了机体制造商之间的竞争，也引发了航空发动机制造商之间的激烈竞争。欧洲空客项目推进的同时，发动机制造商也开始了下一代大风扇发动机的密集研发。竞争者主要有美国普惠公司(JT9D)、GE公司(CF6)和英国罗罗公司(RB207/RB211)。

1965年，美国空军计划采购一种超大型运输机，当时被称为C-5A。在与波音公司竞争后，洛克希德公司赢得了机体的研发合同。波音公司随后决定自主研发一款远程宽体商用客机，即波音747。C-5A发动机研发合同的竞争同样激烈，有两家主要的美国航空发动机制造商(普惠公司和GE公司)参与其中，最终，GE公司竞标成功[3]。1966年3月，波音公司选择了普惠JT9D发动机，而不是罗罗RB178发动机为波音747提供动力[4]。

---

① Hayward (1983，pp. 78 - 79).

② Newhouse (1982，pp. 120 - 122)；Aris (2002，p. 3).

③ Department of Trade and Industry, *Rolls-Royce Limited*, *Investigation under Section 165(a)(i) of the Companies Act 1948*, *Report by R A MacCrindle P Godfrey FCA* (London，HMSO，1973)，para. 200.

④ Department of Trade and Industry, *Rolls-Royce Limited*, *Investigation under Section 165(a)(i) of the Companies Act 1948*, *Report by R A MacCrindle P Godfrey FCA* (London，HMSO，1973)，paras. 197 - 201.

GE 公司 TF39 发动机（CF6 发动机的军用型）的研发成本为 4.5 亿美元，包括在获得合同前由美国政府提供的 1 300 万美元资助。这些费用完全由美国政府的一项合同提供。除此之外，GE 公司还获得了每年 2 500 万美元的 C-5A 生产合同。这笔钱可以再投资于研发民用宽体客机的发动机。此外，用于波音 747 的普惠 JT9D 发动机也得到了美国政府的慷慨资助，金额高达 1 100 万美元[①]。

所有这一切的结果是，GE 和普惠这两家美国企业都获得了研发下一代风扇发动机的慷慨合同。相比之下，罗罗公司却没有这样的支持。为了与普惠和 GE 竞争，罗罗公司迫切需要获得一份类似的大风扇发动机研发合同。所以，欧洲空客项目成为这家英国公司雄心壮志的源泉[②]。

7.3　英法关于空客发动机的谈判

然而，英国和法国在 A300 应该采用哪种发动机的问题上存在巨大分歧。英国坚持使用罗罗发动机，而法国要求纳入普惠 JT9D 发动机——法国斯奈克玛公司获得了生产该发动机的生产许可（普惠公司持有斯奈克玛公司 10% 的股份，并在该公司董事会中占有一个席位）。BSE 公司也获得了"协和"飞机将配备 BSE 奥林巴斯发动机的保证。随后，BSE 公司和斯奈克玛公司联合提出了为欧洲空客生产普惠 JT9D

---

① Department of Trade and Industry, *Rolls-Royce Limited*, *Investigation under Section 165(a)(i) of the Companies Act 1948*, *Report by R A MacCrindle P Godfrey FCA* (London, HMSO, 1973), p. 19 of Appendix 11.

② TNA AVIA65/2007, Rolls-Royce to Frederick Mulley, 17th February 1966; Hayward (1986, p. 129).

的提议①。

正是在这样的背景下,1966年2月,罗罗公司首席执行官丹宁·皮尔逊给航空大臣弗雷德·马利写了一封信。皮尔逊强调了A300采用罗罗发动机的重要性,并警告了加入的竞争对手JT9D。正如他所说,"我们不仅将失去未来在美国大型亚声速运输机发动机市场站稳脚跟的最后机会,而且还将把空客的发动机市场拱手让给普惠公司②。"

1966年6月,罗罗公司甚至提议与BSE公司合并,以提高公司的地位。这样做的明显动机是,罗罗公司"希望阻止美国通过普惠公司和BSE公司的可能合作,因为这种合作会让美国航空发动机产业在英国获得立足点。③"对罗罗公司来说幸运的是,BSE公司当时正处于严重的财务困境之中。事实上,这家总部位于布里斯托尔的公司需要与罗罗公司合并,以确保自己得以生存。1966年,罗罗公司以280万英镑的价格收购了该公司④。美国对英国飞机制造业的入侵被阻止了。

鉴于欧洲空客的发展势头日益强劲。1967年3月,英国技术大臣托尼·本(Tony Benn)向内阁建议,英国应该加入空客联合体。在决定是否接受本的建议时,政府考虑了几个因素。第一,为了英国飞机制造业的生存,英国制造商是否有必要与海外制造商合作? 第二,拟议中的项目是否是挑战美国喷气客机市场主导地位的最佳可能手段? 第三,如果没有空客,英国飞机制造业能否获得足够多的订单来维持生产线运转? 第四,空客项目在政治上是否对更广泛的欧洲合作至关重要?

---

① Hayward (1986,pp. 128 - 129).

② TNA AVIA65/2007, Denning Pearson to Frederick Mulley, Minister of Aviation,17th February 1966.

③ TNA PREM13/1936, Aero Engines, Frederick Mulley to Prime Minister,29th June 1966.

④ Pugh (2001,p. 102).

最后，英国选择罗罗公司作为欧洲空客/下一代客机的发动机供应商是否会给英国带来巨大利益？

在向内阁提出的建议中，本提出在英国政府同意加入空客联合体之前设定一些条件：① 三家国家航空公司（法航、BEA 和汉莎航空）要保证至少购买 75 架空客飞机；② 主承包商要保证启动成本不超过预计的 1.3 亿英镑；③ 法国和德国政府要保证选择罗罗发动机①。

1967 年 5 月 9 日，空客项目的三个主要欧洲方的代表开会讨论他们的计划。会议的主要议题是，欧洲空客的双发设计应该采用哪种发动机：罗罗还是普惠？在讨论中，英国代表团提出了三发设计方案，这样空客就可以使用洛克希德"三星"三发客机配备的罗罗发动机②。

英国技术国务大臣约翰·斯通豪斯表示，法国和德国"强烈反对"这一提议。他们"立即意识到，我们（英国）正试图同时骑两匹马，从而在与洛克希德的竞争中处于最有利的位置"③。事实上，这是英国完全透明的一次尝试，目的是避免重复研发，并通过为两款飞机提供发动机来实现利润最大化。此外，若欧洲空客采用三发设计，则将与洛克希德"三星"和麦道 DC‑10 直接竞争，从而失去与更便宜的双发机型竞争的能力。

就在谈判进行的同时，两家美国机体制造商（洛克希德公司和麦道公司）正在认真考虑研发一款比 A300 更宽更长的新飞机。1967 年初，洛克希德公司开始销售它的宽体客机"三星"④。表 7.1 列出了宽体（双

---

① 　TNA CAB129/128，C（67）30th，The Airbus，Memorandum by Minister of Technology，14th March 1967.

② 　TNA PREM13/1939，Airbus Discussions in Paris on 9th May，12th May 1967.

③ 　TNA PREM13/1939，Airbus Discussions in Paris on 9th May，12th May 1967；Lynn（[1995] 1998，p. 105）；*AWST*，15th May 1967，p. 31.

④ 　Eddy et al.（1976，p. 68）；Newhouse（1982，p. 141）.

通道)客机与发动机的情况。1967 年 4 月 28 日,麦克唐纳公司和道格拉斯飞机公司合并,部分原因是为了应对客机市场的激烈竞争。合并后的麦道公司已经在远程、高载客量市场输给了波音 747,并有可能在中短程客机市场输给洛克希德"三星"客机①。

表 7.1　宽体(双通道)客机与发动机的情况

座　级	机　体	发动机(推力/磅②)
远程 400 座级	波音 747③	普惠 JT9D(50 000 磅级)
远程 300 座级	麦道 DC-10②	GE CF6(50 000 磅级) (与 TF39 相同)
	洛克希德"三星"②	RB211 加长型(50 000 磅级)
中程 300 座级	麦道 DC-10②	GE CF6(50 000 磅级)
	洛克希德"三星"②	罗罗 RB211-22(40 000 磅级)
中短程 300 座级	欧洲 A300①	罗罗 RB207(50 000 磅级)
	欧洲 A300B①	GE CF6(50 000 磅级) RB211 加长型(50 000 磅级)
中短程 250 座级	英国 BAC BAC3-11	RB211 加长型(50 000 磅级)

资料来源:作者。

注:①2 台发动机。
　　②3 台发动机。
　　③4 台发动机。洛克希德"三星"客机座位数为 300 个,配备 3 台发动机,需要 40 000 磅级的 RB211-22 发动机。座位数为 250 个、配备两台发动机的 BAC BAC3-11 和欧洲 A300B 需要 50 000 磅级的 RB211-50 系列发动机。

1967 年 9 月 11 日,洛克希德公司开始推销"三星"客机。麦道公司

---

①　Eddy et al. (1976, pp. 66-67).
②　1 磅=4.536×10⁻¹ 千克。

因此决定，必须继续研发一款三发宽体客机（DC-10）与洛克希德公司直接竞争。随后而来的是一场激烈的商战。两家公司都独立制定了投产标准：美国四大航空公司（美国航空公司、环球航空公司、东方航空公司和联合航空公司）中至少有两家必须签订至少 20 架飞机的确认订单。这是开展新客机项目、实现收支平衡的必要前提。当然，这也意味着，任何成功拿下四大航空公司中三家的制造商，都将迫使其竞争对手退出竞标[①]。如果洛克希德"三星"客机能够获得三家主要航空公司的订单，麦道公司将不得不取消 DC-10 的研发；反之亦然。对美国飞机制造业来说，这是一个决定性的时刻。如果一方让步，那么另一方将能够完全控制 300 座的中型客机市场。对失败者来说，后果将是灾难性的，甚至可能是致命的。

在三发宽体客机的研发方面，GE 公司的 CF6 发动机占据了领先地位，因为它被选为美国空军 C-5A 运输机的发动机。然而，普惠公司在这方面的研发则不如 GE 公司和罗罗公司。这是因为，普惠公司专注于为波音 747 研发强大的 JT9D 发动机，这款发动机比竞争对手GE 公司的 CF6 发动机和罗罗公司的 RB211 发动机的成本要高得多。洛克希德公司倾向于 RB211，因为一旦英国如预期的那样加入欧洲经济共同体，RB211 将为他们打开进入欧洲市场的大门。在这个阶段，罗罗公司十分满足于其"双重计划"（用于双发飞机 A300 的 RB207 和用于三发飞机"三星"的 RB211），并放弃了说服欧洲空客采用单一三发动机型号的狡猾尝试[②]。

---

① Newhouse（1982，p. 149）。

② Hayward（1983，p. 88）。贸易和工业部调查报告显示，"没有证据"表明在此期间罗罗公司董事会试图评估拟议的 RB211/207 项目的潜在财务风险［Department of Trade and Industry，*Rolls-Royce Limited*，*Investigation under Section 165（a）（i）of the Companies Act 1948*，*Report by R A MacCrindle P Godfrey FCA*（London，HMSO，1973），para. 230］。

麦道公司和洛克希德公司为他们的客户提供了一个选择：罗罗公司的 RB211 或 GE 公司的 CF6。GE 公司将 CF6 的价格定为每台 28 万英镑，而罗罗公司则将 RB211 的价格降至每台 20 万英镑[①]。1967 年 7 月 18 日，罗罗公司高管讨论了他们的双重计划，其中包括 RB211 和 RB207，并预计发动机需求量为 3 289 台。该数字基于三发"三星"客机出售 510 架和双发"三星"客机出售 500 架，并假设备用发动机的销量占 30%。值得注意的是，在 1971 年罗罗公司破产后，英国贸易和工业部发布的一份报告指出，"预测计划基于这样一个假设，即这个市场上只有一家发动机制造商和一家飞机制造商[②]。"事实证明，这的确是一个极其不切实际的设想。

1967 年 7 月 25 日，空客项目的三个主要欧洲代表再次会面，并决定启动项目定义阶段。在这次会议上，法国和德国代表同意采用罗罗 RB207 发动机，以换取法国在机体设计方面的领导权[③]。看起来，欧洲国家一致决心让空客取得成功。事实上，两个月之后，在 1967 年 9 月 26 日，英国、法国和德国的部长签署了一份备忘录，标志着项目定义阶段的开始。他们将在 1968 年 7 月前最终决定空客项目是否进入下一阶段[④]。

尽管他们表面上很和谐，但背后的问题却越来越多。在整个谈判过程中，英国和法国都固执地把焦点放在各自的关键利益上，分别是采用罗罗发动机和指定法国为主要机体设计方。事实上，尽管签署了谅

---

① Reed (1973，p. 128).

② Department of Trade and Industry, *Rolls-Royce Limited*, *Investigation under Section 165(a)(i) of the Companies Act 1948*, *Report by R A MacCrindle P Godfrey FCA* (London, HMSO, 1973), para. 220.

③ TNA PREM13/1939, Airbus, to the Minister of Technology, 26th July 1967; Gardner (1981，pp. 168–69); Hayward (1983，p. 76).

④ TNA CAB134/2609, European Airbus, AI (68) 2, Memorandum by the Minister of Technology, 24th May 1968.

解备忘录，英国和法国仍然有一个明显的未解决问题。在谅解备忘录的谈判过程中，法国交通部长让·沙芒（Jean Chamant）要求英国政府不要支持 BAC2‑11 的研发。BAC2‑11 是一款 250 座的客机，配备两台罗罗 RB211 发动机。尽管座位容量不同，但法国显然将 BAC2‑11 视为 A300 的竞争对手①。

1967 年 12 月 14 日，英国大臣们讨论了这个问题。内阁面临的问题是，英国政府是否应该允许 BEA 公司购买 BAC2‑11。贸易委员会主席安东尼·克罗斯兰（Anthony Crosland）认为，应该允许 BEA 公司这么做，理由有两个：一是 BEA 公司已经提出了购买要求，二是 BAC2‑11 的出口前景很好。托尼·本持反对意见，他也概述了决定自己立场的两个原因：首先，配备 RB211 发动机的 BAC2‑11 的研发总成本预计在五年内将达到 1.2 亿英镑，因此研发必然需要大量的政府补贴；其次，BAC2‑11 的研发将损害空客的前景②。

经过多次讨论，内阁决定政府不应该为 BAC2‑11 的研发提供帮助③。英国的国家选择被排除在外，丘吉尔的"三环外交"已经缩小到两个，英国政府实际上已经把欧洲合作项目置于独立的国家项目之上。然而，在这种背景下，选择美国飞机的方案仍然活跃。

---

① TNA PREM13/1939，Airbus，26th July 1967. 1967 年年中，BAC 公司（英国政府未将该公司制定为空客的承包商）开始销售 BAC2‑11。该机型是成功的 BAC1‑11 的后续机型。TNA T225/3163，Benn to M. J. Chamant，14th September 1967；TNA T225/3163，Airbus，20th September 1967；Hayward（1983，pp. 85‑86）；AWST，2nd October 1967，p. 30.

② TNA CAB128/42，CC（67）70th，14th December 1967.

③ TNA CAB129/134，C（67）191st，British European Re-equipment，Memorandum by the Minister of Technology，12th December 1967；TNA CAB128/42，CC（67）70th，14th December 1967；Gardner（1981，pp. 170‑71）.

7.4 洛克希德公司/罗罗公司的交易

此时，美国正面临严重的国际收支问题，美元危机不断。到 1971 年，整个布雷顿森林体系（Bretton-Woods system）的完整性受到了损害。美国参议院领袖迈克尔·曼斯菲尔德建议，可以通过从欧洲撤军来大幅削减预算，特别是如果西欧国家继续拒绝在这一领域做出贡献的话。

1968 年初，GE 公司试图利用美国的国际收支问题，在争夺宽体客机市场主导地位的竞争中占据优势。显然，美国客机配备罗罗发动机将导致大量货币流入英国。从美国公众舆论的角度来看，这将是一次难以接受的交易。为此，GE 公司游说了国会参议员和众议员。

为了反驳这种说法，洛克希德公司被迫与英国签订了一份"抵消"订单，以证明"三星"客机使用非美国发动机是合理的[①]。1968 年 1 月，洛克希德公司总裁丹尼尔·J. 霍顿（Daniel J. Haughton）带着一份给英国政府的报价访问伦敦。作为洛克希德公司选择罗罗 RB211 发动机为"三星"客机提供动力的回报，英国航空公司承诺在飞机研发完成后购买 50 架。这将平衡美国进口罗罗发动机的成本。霍顿直接把他的建议提交给了 BEA 公司，同时也提交给了航空部的议会秘书约翰·斯通豪斯。然而，由于英国政府对欧洲 A300 项目的承诺，斯通豪斯拒绝了该提议[②]。

---

① Department of Trade and Industry, *Rolls-Royce Limited*, *Investigation under Section 165（a）（i）of the Companies Act 1948*, *Report by R A MacCrindle P Godfrey FCA*（London，HMSO，1973），para. 243.

② *AWST*，8th April 1968，p. 34.

1月25日，霍顿和内阁办公室首席科学顾问索利·朱克曼爵士在内阁办公室与皮尔逊讨论了洛克希德公司的提议。霍顿解释说，他预计每架飞机将为罗罗发动机花费400万美元，他相信，"三星"客机至少可以在全球销售250架。因此，发动机的总成本将在10亿美元左右。如果英国航空公司以每架1 600万美元的价格购买50架"三星"客机，将产生8亿美元的出口收入，从而抵消大部分发动机购买费用。朱克曼爵士指出，如果英国接受这一提议，最终将有效地承担启动"三星"客机的部分成本①。

霍顿访问期间没有就这一提议做出任何决定。与此同时，在美国，国会议员罗伯特·塔夫脱（Robert Taft）和参议员弗兰克·劳希（Frank Lausche）都代表着GE公司工厂所在的地区，他们抗议美国航空公司可能购买装有英国发动机的机型，提出了反对的两个原因：对美国国际收支的负面影响，以及就业机会的流失。因此，美国政府和美国飞机制造商董事会成员都面临选择国内发动机供应商的巨大压力。罗罗公司深知这种情况，并意识到，如果没有抵消采购协议，洛克希德公司将选择一家美国的发动机制造商②。

在四大航空公司中，美国航空公司率先采取行动。2月19日，美国航空公司订购了25架DC－10和另外25架的选择权订单，总成本为4亿美元③。然而，它没有指定发动机。在这个关键时刻，罗罗公司与英国商业银行家、罗罗公司的财务顾问拉扎德兄弟公司（Lazard Brothers）就

---

① TNA PREM13/1936，Notes of meeting held at the Cabinet Office，S. W. 1.，at 10:30 a. m. on 25th January 1968.

② TNA T225/3438，Washington to Foreign Office，14th February 1968；TNA T225/ 3438，Washington to Foreign Office，6th March 1968.

③ 美国航空公司订购DC－10时，并没有确定选择GE公司的CF6还是罗罗公司的RB211. *AWST*，26th February 1968，pp. 26－29；TNA T225/3438，Foreign Office to Washington，19th February 1969；Department of Trade and Industry，*Rolls-Royce Limited*，*Investigation under Section 165（a）（i）of the Companies Act 1948*，*Report by R A MacCrindle P Godfrey FCA*（London，HMSO，1973），para. 247.

抵消安排展开了谈判。它还利用了围绕英国飞机买家航空控股有限公司(Air Holdings Ltd.)的"航空校友关系网"①。

勋爵们的时刻来临了！罗罗公司董事长、拉扎德兄弟公司董事金德斯利勋爵(Lord Kindersley)在拉扎德公司董事长普尔勋爵(Lord Poole)的斡旋下，找到了拉扎德公司的大股东考德雷勋爵(Lord Cowdray)，请求他帮助制定针对洛克希德公司的抵消方案②。航空控股有限公司同意订购 50 架"三星"客机。但是，它规定只有在保证订单未被执行就没收定金的情况下，才会支付定金。因此，航空控股有限公司无意出售"三星"客机，因为罗罗公司同意赔偿因没收定金而可能造成的任何损失。这将使罗罗公司面临损失 1 250 万英镑的风险，不可避免地迫使这家英国制造商回到金融机构的怀抱③。

英国政府准备赔偿罗罗公司 500 万英镑的损失，这意味罗罗公司的潜在损失为 750 万英镑，并将向航空控股公司保证 25 万美元的固定费用④。正如纽豪斯在他的《竞技游戏》(Sporty Game)一书中所说的那样，"与航空控股公司的交易就像一项条约，巩固了洛克希德公司与英国的联盟"⑤。

这项协议最终促使约翰逊政府批准美国航空公司购买罗罗发动机。运输部负责国际事务的助理部长唐纳德·G. 阿格(Donald G. Agger)在这方面起了带头作用，并获得了国防部和财政部的支持。在

---

① West (2001, p. 70).

② *AWST*, 8th April 1968, p. 34.

③ Department of Trade and Industry, *Rolls-Royce Limited*, *Investigation under Section 165(a)(i) of the Companies Act 1948*, *Report by R A MacCrindle P Godfrey FCA* (London, HMSO, 1973), para. 243.

④ 同上。

⑤ *AWST*, 26th February 1968, pp. 26 - 29; *AWST*, 29th April 1968, p. 30; Newhouse (1982, pp. 153 - 154); Stonehouse (1975, p. 75). Lazard and Rothschild organised the Air Holdings deal (TNAT225/3438, Foreign Office to Washington, 15th February 1968; TNA T225/3438, R. B. 211, I. P. Bancroft, 15th February 1968).

他的"发动机备忘录"中，阿格概述了美国政府看好洛克希德"三星"客机配备罗罗发动机前景的两个关键原因。显然，此举将为该型号打开出口市场。此外，这也会对欧洲空客造成打击①。

1968年3月29日，洛克希德公司宣布已经获得美国东方航空公司、环球航空公司和航空控股公司共168架"三星"客机的订单，交易总额达20亿美元，是美国航空史上最大的一笔交易②。这些飞机将由RB211提供动力。相比之下，麦道公司只从美国航空公司获得了25架GE公司提供动力的DC-10订单。在四大航空公司中，只有一家——联合航空公司——还没有下订单。如果联合航空公司选择"三星"客机，这无疑标志着DC-10的终结③。

东方航空公司和环球航空公司对联合航空公司施加了巨大压力，希望联合航空公司也购买"三星"客机。他们知道，这会让麦道公司破产。行业领袖们坚信"一家财务健康的飞机制造商总比两家财务不佳的要好。④"然而，值得注意的是，联合航空公司最大的股东之一是摩根担保(Morgan Guaranty)，一家与GE公司密切相关的银行。因此，当美国联合航空公司在1968年4月25日宣布订购40架DC-10时，人们并不感到意外⑤。

在20世纪60年代末的商业战争多年后，霍顿指出，洛克希德公司未能向联合航空公司提供装有GE发动机的"三星"客机是"他人生中第二大的错误"⑥。联合航空公司的订单有效地促使麦道启动了DC-10项目。洛克希德公司和麦道公司各自拿下了四大航空公司中的两

---

① *AWST*，18th March 1968，p. 325.
② Newhouse (1982，p. 155)；Eddy et al. (1976，p. 78).
③ Eddy et al. (1976，pp. 78-79).
④ Eddy et al. (1976，p. 79).
⑤ Eddy et al. (1976，p. 80).
⑥ Newhouse (1982，p. 156).

家,将美国宽体客机市场一分为二。结果,两款规格几乎相同的飞机("三星"和DC‐10)将进入一个绝不广阔的市场①。

因此,罗罗公司和GE公司分别被选中为洛克希德公司和麦道公司的新型宽体飞机提供发动机。这两个强大的联盟展开了激烈的竞争,以确保获得足够的订单数量,以至少达到盈亏平衡点,从而避免重大损失。正是怀着这样的目标,双方转向了欧洲远程市场。

然而,罗罗公司还面临另一个问题:如何找到足够的资源为A300研发RB207和为"三星"研发RB211? 当时正在研发A300机体的法国,对罗罗公司处理这两个项目的能力并非完全有信心。这只会加深他们对英国关于欧洲空客态度的怀疑。

事实上,法国的怀疑并非毫无根据。可以肯定的是,在1968年3月与洛克希德公司签订合同后,罗罗公司的财务状况非常健康。罗罗公司拥有7 000万英镑的短期银行贷款(5 000万英镑的银行透支和2 000万英镑的承兑贷款),以及来自洛克希德公司的大量资金②。然而,"三星"和DC‐10在300座客机市场上的差距意味着,预计销售的飞机数量和每架飞机的销售价格都低于最初的估计。乌云已经开始笼罩在"三星"客机和罗罗公司的上空。

7.5 欧洲空客项目的定义阶段

罗罗公司在获得"三星"客机的发动机合同上取得了明显的成功。

---

① *AWST*, 29th April 1968, p. 34; 6th May 1968, pp. 39 – 40.

② Department of Trade and Industry, *Rolls-Royce Limited*, *Investigation under Section 165(a)(i) of the Companies Act 1948*, *Report by R A MacCrindle P Godfrey FCA* (London, HMSO, 1973), para. 334.

然而，正是这一成功让该公司"双管齐下"的研发计划——为欧洲空客研发 RB207 和为"三星"研发 RB211——陷入了不确定性。在"三星"协议宣布 5 天后，托尼·本在下议院表示，"罗罗公司获得 RB211 订单不会以任何方式减少我们对欧洲空客的支持"①。然而，事实上，罗罗公司同时承担这两个项目已经超出了其能力范围。

每个人都清楚，洛克希德公司的"三星"客机发动机订单，将使那些对空客不太热心的欧洲国家航空公司的订单相形见绌。预计后一个项目最多只有 75 个订单。事实上，同时研发 RB207 和 RB211 超出了罗罗公司的财政能力。毫无疑问，面对这一选择，罗罗公司将压倒性地专注于利润丰厚得多的"三星"交易。正如海沃德所言："洛克希德公司的订单让罗罗公司不再担心失去大型民用发动机重要制造商的地位。第二个项目 RB207 的存在，实际上是一件越来越尴尬的事情。②"

至少法国很清楚这一点，所以他们采取了行动。1968 年 5 月，南方飞机公司首席运营官罗杰·贝特耶(Roger Beteille)去到德比(Derby)，参观了罗罗公司的工厂，试图揭开该公司的真实意图。他很快得出结论，罗罗公司已经决定将全部精力投入洛克希德的"三星"客机发动机(RB211)上，"RB207 完蛋了"③。值得注意的是，两台 RB207 的要价与三台 RB211 的要价相同。由此对欧洲空客的价格竞争力造成的损害是不容忽视的。HSA 公司的阿诺德·霍尔(Arnold Hall)警告南方飞机公司总裁亨利·齐格勒(Henri Ziegler)说，欧洲"正处于制造全球最大滑翔机的严重危险之中"④。"三星"的交易似乎也影响了托尼·本的个人变化，即从 1967 年的"现代化的泛欧洲技术官僚"转变为 1969 年

---

① 762 HC Deb.，1st April 1968，col. 45.
② Hayward (1983，p. 92).
③ Aris (2002，p. 33).
④ Aris (2002，p. 34).

的"反法的小英格兰人"①。

1968年夏天，A300面临的问题不仅仅是发动机的不确定性。根据谅解备忘录，欧洲空客并没有受到预期最终运营A300的航空公司（BEA公司、汉莎航空公司和法国航空公司）的热烈欢迎。BEA公司曾担心这架飞机的容量过大，而汉莎航空公司则通知德国政府，其只能运营6架飞机。此外，研发成本估计将从1.3亿英镑上升到2.55亿英镑。简而言之，随着项目定义阶段接近尾声，A300项目被大量的问题所困扰：发动机的不确定性，吸引客户的前景减弱，以及研发成本的上升②。

1968年8月2日，法国、英国和德国官员参加了巴黎的三方部长会议。为了给政府更多的时间与航空公司进行谈判，三方同意推迟决定是否继续进行空客项目。然而，就在这次会议上，不同党派之间的一些基本分歧变得非常明显，令人十分不安。英国代表认为，该项目必须具有经济可行性。然而，法国和德国坚称，该项目应继续进行，即使它不太可能实现收支平衡③。

欧洲空客项目开始出现问题。特别是对法国来说，这个项目代表了欧洲保留其独立研发商用飞机的最后机会④。在A300不断遭遇困难，尤其是英国政府的悲观情绪的背景下，BAC公司于1968年7月宣布研发BAC3-11。BAC3-11可搭载250名乘客，并将由两台RB211发动机提供动力。BAC公司认为这款飞机不会与DC-10或"三星"竞争，因为它比这两种机型都要小一些。事实上，BEA公司除了对BAC3-11感兴趣之外，还计划与洛克希德公司合作，在美国市场销售

---

① Aris（2002，p. 37）.
② TNA CAB129/138, C(68)91st, 29th July 1968；*AWST*, 17th June 1968, p. 29.
③ *AWST*, 12th August 1968, p. 46.
④ 同上。

这款飞机①。

回到巴黎后不久，贝特耶决定在南方飞机公司组织一个秘密的"海盗团队"来重新设计空客飞机。齐格勒意识到了这一举措；他的目标是为 A300 研发一款"现成"的发动机。他认为罗罗公司为欧洲空客研发一款全新的发动机（RB207）的提议过于冒险，所以希望为 A300 配备一款经过验证的发动机，比如普惠公司的 JT9D、GE 公司的 CF6 或罗罗公司的 RB211②。罗罗公司和欧洲同时背弃了对方。

7.6 空客缩水

1968 年 12 月 9 日和 10 日，一群被称为空客指导委员会的联合承包商在伦敦开会。会议开始时，机体制造商们建议将 A300 客机的座位减少到 250 个，并将其更名为 A300B。这款机型将采用罗罗 RB211 发动机（推力为 4.7 万磅）的"加长型"，而不是 RB207 发动机（推力超过 5 万磅）。缩小到 250 个座位将使换装发动机成为可能③。

从英国的角度来看，这似乎是一项最受欢迎的研发，因为 RB211 也注定要用于洛克希德"三星"。尽管如此，本感觉到，委员会成员正在权衡欧洲空客配备美国发动机的想法。齐格勒指出，如果各参与国坚持，空客飞机也可以使用普惠 JT9D 和 GE CF6。此外，座位减少到 250 个这个建议清楚地表明，A300B 打算作为 BAC3 - 11 的直接竞

---

① *AWST*，29th July 1968，p. 29；Hayward（1983，p. 92）.

② Aris（2002，pp. 37 - 38）；Magaziner and Patinkin（1989，pp. 240 - 241）.

③ RB211"加长版"之后用于洛克希德"三星"客机的长航程型号（TNA CAB129/141，C(69) 28th, 17th March 1969）.

争对手①。

1968 年 12 月 12 日,托尼·本在下议院声明"退出 A300 设计给三个政府带来了一个必须考虑的新的局面,他们将不得不考虑"②。1969年 1 月 8 日,托尼·本向法国和德国提议将 BAC3 - 11 重新定位成欧洲合作项目(或许可以取代 A300)③。1 月 17 日,德国联邦经济事务部国务卿克劳斯·冯·多纳尼(Klaus von Dohnanyi)与沙芒在巴黎举行了会谈,但这一提议遭到了全面否决。法国表示,即使没有英国的参与,他们也将继续推进 A300B 项目④。

2 月 5 日,德国政府也决定与法国继续合作推进 A300B 项目,而不考虑英国的立场⑤。2 月 13 日,在波恩举行的一次高层会议上,威尔逊告诉德国东道主,"如果德国同意制造一架卖不掉的空客,那将是一个巨大的错误⑥。"作为回应,德国财政部长弗朗茨·约瑟夫·施特劳斯认为,在技术和财政方面,欧洲需要与美国保持一定程度的技术和资金独立。欧洲的合作对实现这一目标至关重要。施特劳斯还表示,法国永远不会同意制造 BAC3 - 11,因为法国认为这种机型是不可改变的英国

① TNA T225/3258,European Airbus:Draft Statement for SEP Committee 9th December 1968 by Minister of Technology;TNA AVIA63/159,Airbus Directing Committee:Minutes of the Meeting with the Associated Contractors in London on 10th December 1968.

② 775 HC Deb.,12th December 1968,col. 203.

③ TNA T225/3166,Technological Collaboration with Germany in Civil aircraft,16th January 1968.

④ AWST,27th January 1969,p. 30;TNA FCO46/410,Bonn to Foreign and Commonwealth Office,22nd January 1969.

⑤ TNA T225/3166,(b) Civil aircraft;TNA T225/3166,Bonn to Foreign and Commonwealth Office,5th February 1969.

⑥ TNA T225/3166,Record of a Meeting between the Prime Minister and the Federal German Chancellor at the Federal Chancellery,Bonn,at 10 a. m. on Thursday,13th February 1969.

机型①。尽管法国和德国在 3 月 13 日和 14 日的会议上再次重申了两国对空客的承诺，但他们仍然希望英国能继续参与空客项目②。最后，他们要失望了。

7.7　英国退出欧洲空客项目

1969 年 3 月 25 日英国内阁会议的主要话题是本关于欧洲空客的备忘录。大臣们一致认为这个项目不合适继续进行。第一，不可能强迫国家航空公司购买这些飞机。第二，BAC3 - 11 项目更有前景。BEA 公司对这种机型表达了明显的兴趣，而 BAC 公司和洛克希德正在就其联合研发进行深入讨论。第三，法国和德国显然有意将 A300B 设计得足够灵活，以便安装美国发动机。这意味着，无法保证 A300B 将由罗罗发动机提供动力。如果空客真要采用罗罗发动机，那么他们应该已经表明希望使用 RB211 的"加长型"发动机。该发动机已经被指定用于"三星"客机的远航程版本，但洛克希德公司尚未确认启动该型飞机的意图③。

上述反对英国继续参与欧洲空客项目的理由似乎令人信服。最后，内阁指示本通知法国和德国政府，英国将退出这个项目④。4 月 10 日，在伦敦举行的三方部长级会议上，本报告说，英国政府对 A300B 项

---

①　TNA T225/3166, Record of a Meeting between the Prime Minister and the Federal German Chancellor at the Federal Chancellery, Bonn, at 10 a. m. on Thursday, 13th February 1969.

②　TNA PREM13/2484，Paris to Foreign and Commonwealth Office，15th March 1969.

③　TNA CAB129/141, C (69) 28th, 17th March 1969；TNA CAB128/44，CC (69) 14th，25th March 1969.

④　TNA CAB128/44，CC (69) 14th，25th March 1969.

目不满意，原因是市场和经济前景疲软，研发成本高，以及未承诺使用罗罗发动机。法国和德国政府明确表示，将在双边基础上继续推进A300B项目。值得注意的是，他们还表示有意"在一段时间内向我们（英国）敞开大门"[①]。

英国退出后，A300B项目陷入了两难境地。英国 HAS 公司（飞机机翼研发的主要承包商）突然间失去了政府的支持。尽管如此，该公司仍希望以私有企业的形式留在该项目中。它的乐观是有充分理由的，因为没有它，法国和德国就不可能继续研发。机翼是机体最复杂的部分，要找到另一家公司来生产已经太晚了。施特劳斯为德国政府提供了研发机翼所需的 3 100 万英镑中的 1 800 万英镑。因此，HSA 公司一半以上的成本被计算在内。1969 年 5 月 29 日，随着这一问题的解决，法国和德国政府同意建立空客工业公司作为 A300B 的管理机构[②]。

在整个过程中，英国的立场在某种程度上非常一致。英国政府的切身利益在于保持罗罗公司作为领先航空发动机制造商的地位，使其能够与普惠公司和 GE 公司平等竞争。在罗罗公司获得"三星"订单之前，英国政府认为，最好的办法是支持欧洲空客。但是，1968 年 3 月与洛克希德公司签订合同后，A300 实际上就不再是优先考虑的项目了，甚至带来了不便[③]。空客指导委员会决定，将 300 座的 A300 缩小为 250 座的 A300B，并暗示可能选择美国发动机，这几乎是压垮骆驼的最后一根稻草，并迫使罗罗公司退出欧洲空客项目[④]。

在当时，这似乎是英国的胜利。罗罗公司已经获得了采用其下一

---

① TNA T225/3259，Airbus Tripartite Meeting 10th April 1969；TNA FCO46/413，Minute of a Meeting Between the British，German and French Ministers Held in London on 10th April 1969.

② Lynn（[1995] 1998，p. 108）；TNAT 225/3442，Bonn to Foreign and Commonwealth Office，29th November 1969.

③ Hayward（1983，p. 92）.

④ TNA CAB128/44，CC（69）14th，25th March 1969.

代发动机的完美机体，而且条件极为有利。它能做到这一点靠的是骑两匹马，即欧洲的空客和洛克希德公司"三星"①。然而，未能在两个项目之间建立起人们所期望的联系并为两个项目提供发动机，再次给罗罗公司带来了困扰。这次失败播下了欧洲大陆飞机制造业和美国 GE公司紧密合作的种子。

7.8 "三星"客机在欧洲的失败

到 1969 年春天，美国四大航空公司已经决定好走哪条路。对于洛克希德公司和麦道公司来说，竞争现在转向了欧洲的远程市场。他们计划同时销售"三星"和 DC－10 的中短程和远程机型。当然，远程宽体飞机市场已经被波音 747 垄断。尽管如此，洛克希德公司和麦道公司相信，他们性价比更高的机型将能够与 747 竞争。然而，在这场对抗中，洛克希德公司处于一定的劣势地位。"三星"仍在等待罗罗公司研发"加长型"发动机 RB211。相反，在为巨大的 C－5A 运输机制造强大的 CF6 发动机方面，GE 公司已经有了相当丰富的经验②。麦道公司从一开始就领先于对手。

洛克希德公司"三星"客机的座位数为 300 个，需要 3 台推力为 4万磅的发动机(RB211 的标准版本)。A300B 和 BAC3－11 的座位数均为 250 个，都需要 2 台"加长型"RB211(推力大约为 5 万磅)。在远程市场(跨太平洋和跨大陆航班)中，400 多个座位的波音 747 占据了垄断地位。这种巨型飞机配备了 4 台发动机——普惠 JT9D。洛克希德公司

① TNA PREM13/1939，Airbus Discussions in Paris on 9th May，12th May 1967.
② TNA T225/3441，RB211-Applications in Developed Versions in Lockheed Trijet and A300B.

和麦道公司分别利用"三星"客机和 DC-10 在 300 座级中程飞机市场上展开了激烈的竞争。

250 座级中程市场已经被 A300B 所垄断。这正是 BAC3-11 想要进入的市场。罗罗公司的首要任务是为中程型"三星"提供 RB211。然而,资金不足阻碍了这家英国发动机制造商为远程型"三星"研发一款"加长型"的 RB211。显然,罗罗公司无法为 300 座级的远程客机提供动力,也无法为 250 座级的双发中程客机提供动力。

因此,从长远来看,罗罗公司几乎没有机会与其主要对手普惠公司和 GE 公司竞争。更糟糕的是,由于公司资金短缺,而且没有 RB211 "加长型"可供使用,洛克希德公司没有进入 300 座级远程市场的前景。这意味着,当谈到可供选择的各种机型时,洛克希德公司"三星"客机不如麦道 DC-10。也就是说,与普惠 JT9D 和 GE CF6 相比,罗罗公司的 RB211 还是有一些技术优势的,尤其是在推力速度和静音性能方面。

1969 年中期,洛克希德-罗罗和麦道-GE 公司之间的商业竞争集中在所谓的"KUSS"集团——荷兰的皇家航空公司(KLM)、法国的法国联合航空运输公司(UTA)、瑞士的瑞士航空(Swissair)和斯堪的纳维亚的北欧航空公司(SAS)的主要客机上。成立该集团是为了加强各航空公司在与飞机制造商谈判中的地位。最终,麦道公司-GE 公司获得了"KUSS"集团的订单,主要是因为 GE 公司提供了最慷慨的信贷条款,包括十年期的偿还计划,以及大大低于纽约对航空公司的优惠利率[1]。

这是洛克希德公司的又一次损失。该公司现在正努力修改其远程"三星"客机在欧洲的销售战略,目的是确保 A300B 和"三星"使用相同的发动机,以获得 ATLAS 集团(法国航空公司、汉莎航空公司、意大利

---

① TNA FCO70/18, Washington to Bonn, 24th June 1969；TNA FCO70/18, Commercial-In Confidence, B. V. Bull, 23rd June 1969；Hayward (1986, p.130).

航空公司和比利时航空公司）的订单①。

1969 年 7 月 9 日，洛克希德公司和英国政府的代表开会讨论这个新计划。霍顿强调了"三星"远程版本获得 ATLAS 集团订单的重要性。洛克希德公司显然认为，如果法国航空公司和汉莎航空公司下了订单，那么意大利航空公司和比利时航空公司肯定也会购买。这将足以启动远程版本的"三星"客机②。

霍顿的分析显示，罗罗公司获得法国航空公司和汉莎航空公司 A300B 的发动机订单至关重要。他认为，"三星"的成功与 A300B 的成功密切相关。如果法国航空公司和汉莎航空公司为其中程 A300B 选择 RB211 发动机，那么由于发动机的通用性，他们几乎肯定会订购远程版本的"三星"客机。这是影响航空公司购机决定的一个重要因素，因为零部件的成本很大程度上受通用性的影响③。

然而，出于同样的原因，GE 公司也在努力争取法国航空公司和汉莎航空公司 A300B 和远程 DC－10 的发动机订单。简而言之，法国航空公司和汉莎航空公司在发动机-飞机组合上面临两种选择：中程 A300B 和远程"三星"选择罗罗公司的 RB211，或者中程 A300B 和远程 DC－10 选择 GE 公司的 CF6。他们的决定或多或少将决定"三星"和 RB211 项目的命运④。

因此，GE 公司和罗罗公司之间争夺法国航空公司和汉莎航空公司订单的竞争异常激烈也就不足为奇了。然而，当谈到 A300B 时，他们

---

① TNA FCO70/18, Commercial - In Confidence, B. V. Bull, 23rd June 1969.
② TNA FCO70/18, Lockheed, The Airbus and The RB211, 9th July 1969.
③ 同上。
④ TNA T225/3442, RB. 211, F. R. Barratt, 8th August 1969; TNA FCO70/18, Commercial - In Confidence, B. V. Bull, 23rd June 1969; TNA FCO70/18, Washington to Foreign and Commonwealth Office, 24th June 1969; TNA FCO70/ 18, Note of a Meeting in Millbank Tower on Wednesday, 9th July 1969.

的提议有了明显的不同。罗罗公司提供 A300B 的条件是，法国航空公司和汉莎航空公司选择配备 RB211 的"三星"客机作为他们的远程飞机。在估算了 RB211 高推力版本的研发总成本后，罗罗公司得出结论，只有在获得远程版"三星"和双发 A300B 发动机订单的情况下，才有资源研发这种发动机的"加长型"。然而，如果仅能确保 A300B 的订单，那么 RB211"加长型"的研发就失去了商业意义①。

　　相比之下，GE 公司的报价是无条件的。因为 GE 公司已经获得了"KUSS"集团的订单。法国航空公司和汉莎航空公司都不喜欢罗罗公司的提议，他们强烈要求取消这些条件。然而，为了让罗罗公司无条件提供报价，法国航空公司和汉莎航空公司需要订购远程版"三星"客机。对洛克希德公司和罗罗公司来说，更为不利的是，GE 公司还表示，根据与法国斯奈克玛公司和德国 MTU 公司达成的分包协议，可由法国和德国企业制造 A300B 所需的 CF6 发动机，从而使其方案更具吸引力②。

7.9　英德抵消资金提案

　　洛克希德公司的目标很明确：获得法国航空公司和汉莎航空公司的远程飞机订单。考虑到这一点，公司代表联系了贝特耶和齐格勒，讨论洛克希德公司和空客之间的销售合作。这表明洛克希德公司公然试图将合作伙伴从 BAC 公司转向空客。对美国来说，不幸的是，法国对洛克希德公司的计划明显不感兴趣，且相信 A300B 可以凭借自身的优势在美国市场上销售。他们也已经在为空客飞机选择 GE 公司或罗罗公司的发动机。

---

① TNA T225/3441, Stretched RB211，5th August 1969.
② 同上。

此外，德国的反应对洛克希德公司来说更加鼓舞人心。他们对空客飞机和"三星"远程客机都配备了 RB211 发动机，以及法国航空公司和汉莎航空公司同时使用这两款机型的计划很感兴趣①。私下里，德国也在坚持要求英国重返空客项目，以制衡盛气凌人的法国人。

本着这种精神，英国和德国官员开始仔细研究将配备 RB211 发动机的远程型"三星"客机出售给 ATLAS 集团的前景。德国将挪用莱茵集团军的支出，为 ATLAS 集团的"三星"/RB211 订单提供补贴。1969年 9 月 5 日，一位未透露姓名的英国官员与空客指导委员会主席、联邦经济部的关键人物克劳斯-迪特尔·赖查特（Klaus-Dieter Reichardt）举行了一次会议，这一计划被提上议程②。

这位英国官员提出，根据英德抵消协议第 4 条，资金可以用来补贴罗罗公司的方案。赖查特提议，德国可将支付给英国的莱茵集团军的部分抵消款项用来帮助法国航空公司和汉莎航空公司购买"三星"和RB211③。1969 年 9 月 26 日，英德官员在波恩举行了另一次会议，集中讨论使用英德抵消资金帮助汉莎航空公司购买配备 RB211 发动机的"三星"客机的可能性④。

然而，这种情绪在 10 月初发生了变化。空客工业公司（Airbus Industrie）的齐格勒表示，他不建议将 RB211 作为 A300B 的主要发动

---

① TNA T225/3442，The Stretched RB211（RB211‐50 Series）。德国主要出于政治原因支持罗罗公司，因为英国参与欧洲空客项目是英国对欧洲的承诺（Aris, 2002, p. 46）。

② TNA T225/3260，Bonn to Foreign and Commonwealth Office，6th September 1969.

③ TNA T225/3260，Bonn to Foreign and Commonwealth Office，6th September 1969；TNA T225/3443，Anglo-German Offset‐Article 4，Ann Toulmin，11th February 1970.

④ TNA T225/3260，Bonn to Foreign and Commonwealth Office，6th September 1969.

机。他偏爱 GE 公司的 CF6 发动机,因为"没有附加条件"①。齐格勒的声明意味着,汉莎航空公司和法国航空公司为欧洲空客选择的发动机,将取决于他们决定购买哪一种远程客机:DC‐10 还是"三星"②。在这个阶段,关键的问题是英德两国的补偿资金是否真的可以用来帮助汉莎航空公司购买"三星"的远程版本。如果可以的话,罗罗公司可以无条件地向汉莎航空公司和法国航空公司提出在 A300B 上使用"加长版"RB211 的提议——没有任何附加条件③。

然而,美国政府一发现英德两国的抵消资金计划,就提出了强烈的反对意见。9 月 11 日,美国驻伦敦和波恩大使馆发表声明,抗议使用抵消资金来补贴英国飞机出口。根据声明,这与"关贸总协定中概述的国际公认的贸易做法"相违背④,违反了第 16 条第 4 款的出口补贴条款。在这一条款中,补贴明确是针对"以低于在国内市场购买同类产品的可比价格出口"的产品销售⑤。毫无疑问,美国政府此举是"迫于美国飞机制造业的压力"⑥。但这种压力起了作用。1969 年 11 月,赖查特被迫通知英国,他"不得不接受失败"⑦。

这意味着罗罗公司向空客提供 RB211 仍然是有条件的。与此同

① TNA FCO46/413, L. Williams to F. R. Barratt, 10th October 1969.

② 同上。

③ 出于价格原因,普惠公司退出了竞争。TNA T225/3260, Bonn to Foreign and Commonwealth Office, 6th September 1969; TNA FCO46/413, Bonn to Foreign and Commonwealth Office, 21st October 1969; TNA FCO46/413, Bonn to Foreign and Commonwealth Office, 26th November 1969.

④ TNA T225/3442, OPD (69) 59th, J. F. Slater, 6th November 1969.

⑤ NARA RG59, CF 1967‐69, Box 757, FN12 GER W, Rogers to American Embassy Bonn, 9th September 1969.

⑥ TNA T225/3443, Anglo-German Offset‐Article 4, Ann Toulmin, 11th February 1970.

⑦ TNA FCO46/413, Bonn to Foreign and Commonwealth Office, 26th November 1969; NARA RG59, CF 1967‐69, Box 757, FN12 GER W, Rogers to American Embassy Bonn, 9th September, 1969. 波音推动美国国务院反对使用英美两国的抵消基金。这可能是因为,对波音公司来说,汉莎航空公司曾是一家主要客户。

时，GE 公司为确保其发动机最终用于空客项目，采取了不同的策略。GE 公司的代表试图说服齐格勒在空客上安装与 DC - 10 相同的发动机短舱（容纳发动机的吊舱）。这将在财务上帮助空客，并将 CF6 转包给斯奈克玛公司①。事实上，这就是 GE 公司和斯奈克玛公司结盟的基础，目的是将普惠公司和罗罗公司完全排除在欧洲空客项目之外②。

1971 年 1 月，GE 公司与法国斯奈克玛公司和德国 MTU 公司达成协议，将 A300B 的 CF6 生产工作的 40％进行分包③。从 1971 年 11 月到 1973 年 5 月，法国航空公司和汉莎航空公司订购了配备 CF6 发动机的 A300B。这为接下来的 20 年奠定了基调，在此期间，GE 公司巩固了自己作为欧洲空客主要发动机供应商的地位。随着欧洲空客的发展，GE 公司的民用飞机发动机业务也实现了大幅扩张④。

相反，罗罗公司实际上输掉了这场旨在确保其发动机主导欧洲远程客机市场的竞争。如果最初的目的是阻止美国制造商打入欧洲市场，那么显然罗罗公司已经失败了。20 世纪 70 年代，GE 公司在欧洲站稳了脚跟。洛克希德公司和罗罗公司已没有机会启动远程型"三星"客机和"加长型"RB211 发动机的研发。随着罗罗公司的研发成本不断上升，公司高管开始紧张地查看自己的账目。

7.10 1970 年 10 月罗罗公司首次出现流动性危机

洛克希德公司和罗罗公司在欧洲远程市场上的失败加大了压力。对 RB211 项目的预期不再是达到盈亏平衡点。罗罗公司显然无法承

---

① Aris (2002，p. 47).
② Hayward (1986，p. 126).
③ Endress (1999，p. 124)；Garvin (1998，pp. 56 - 57).
④ Endress (1999，pp. 66，89).

担 RB211 项目不断增加的研发成本。1970 年 8 月 24 日至 27 日，来自技术部的团队访问了罗罗公司位于德比的发动机部门，他们对此感到很不安。罗罗公司已经向该团队就 RB211 的情况进行了明确的解释①。

1970 年 9 月 17 日，罗罗公司向航空部和供应部报告称，为洛克希德公司研发发动机的成本不断上升，导致公司陷入流动性危机。罗罗公司表示，标准型 RB211 项目的研发费用已从 7 490 万英镑上升到惊人的 1.375 亿英镑。公司高管们得出结论，如果没有 6 000 万英镑的额外贷款，公司即将破产②。

1970 年 10 月 15 日，内阁开会讨论这一问题以及有关英国飞机制造业的其他问题。如果英国政府决定协助研发标准型 RB211，那么就产生了一个关键的问题：政府是否准备为 BAC3－11 和"加长型" RB211 提供资金？这一替代方案为英国保持制造大型民用亚声速飞机和大型民用航空发动机的能力提供了最佳机会，但将耗资约 1.5 亿英镑③。

在这次会议上，内阁的焦点放在了一份题为《空客和 RB211－61 发动机》的报告上（RB211－61 是标准型 RB211－22 的"加长型"）④。这份报告的作者是内阁秘书伯克・特伦德。报告指出，在"协和"飞机被

①　Department of Trade and Industry，*Rolls-Royce Limited*，*Investigation under Section 165（a）（i）of the Companies Act 1948*，*Report by R A MacCrindle P Godfrey FCA*（London，HMSO，1973），para. 415.

②　Department of Trade and Industry，*Rolls-Royce Limited*，*Investigation under Section 165（a）（i）of the Companies Act 1948*，*Report by R A MacCrindle P Godfrey FCA*（London，HMSO，1973），para. 417，appendix 11；TNA CAB134/3447，Events Leading up to ￡60 million support for Rolls-Royce，14th May 1971；TNA CAB128/ 47，CM（70）30th，15th October 1970.

③　TNA CAB128/47，CM（70）30th，15th October 1970.

④　TNA CAB129/152，CP（70）74th，Airbuses and the RB211－61 Engine，8th October 1970.

取消的情况下，BAC3－11 能为英国飞机制造业提供工作机会。然而，考虑到英法关系，单方面取消"协和"飞机以及研发 BAC3－11 作为空客的竞争对手，将是极其复杂的。另一种可能的做法是，提供 A300B 的研发资金和支持"加长型"RB211，这将花费 7 000 万到 9 000 万英镑。无论如何，内阁必须立即就此事做出决定，因为如果没有财政支持，BAC 将无法在 10 月底后继续开展 BAC3－11 的研发工作①。

此时，英国贸易与工业大臣约翰·戴维斯（John Davies）开始向同事们通报罗罗公司问题的严重性。罗罗公司高管在 8 月中旬告知戴维斯，罗罗公司在向"三星"客机提供标准型 RB211 的合同上将面临巨大损失。因为 RB211 的研发成本翻了一番，达到 1.4 亿英镑。为了完成与洛克希德公司的合同，罗罗公司需要额外的 6 000 万英镑资金②。

因此，10 月 19 日的内阁会议必须做出两项紧急决定。首先，政府是否应该支持用于"三星"客机的标准型 RB211－22 发动机的研发？其次，政府是否应该支持为 BAC3－11 或 A300B 研发"加长型"RB211 发动机？如果采取第二种选择，将不可避免地引发另一个问题——英国政府是否应该支持 BAC3－11？该机型显然是法德 A300B 的竞争对手③。

这里涉及的金额是天文数字。戴维斯建议采取积极的行动：政府支持 BAC3－11 和"加长型"RB211 的研发，提供 1.44 亿英镑的资金。他承认，政府不太可能收回这笔支出。然而，他认为，这两个项目为英国飞机制造业提供了最佳机会，以保持其制造大型民用亚声速飞机和

① TNA CAB129/152，CP（70）74th，Airbuses and the RB211－61 Engine，8th October 1970.

② TNA CAB128/47，CM（70）30th，15th October 1970.

③ TNA CAB128/47，CM（70）31st，19th October 1970.

大型民用航空发动机的能力。英国或许可以在没有 BAC3－11 和"加长型"RB211 的情况下，维持其飞机制造业，但在这种情况下，法国和德国几乎肯定会在这些领域占据欧洲的领导地位[1]。

财政大臣安东尼·柏柏尔（Anthony Berber）与戴维斯持相反的观点。他认为，如果英国在可预见的未来无法脱离"协和"飞机，而且如果政府需要承担的成本包括对 BAC3－11 以及"加长型"RB211 的支持，那么英国几乎没有机会实现《公共开支白皮书》中概述的目标[2]。然后，柏柏尔认为，即使政府全力支持"加长型"RB211 的研发，该项目仍将暗淡收场。在进行下一代发动机研发之前，这样的支持仅足以使罗罗公司在有限的时间内与普惠公司和 GE 公司同处"大联盟"之列。现在的支持只意味着延缓事态的进展[3]。

柏柏尔接着介绍了英格兰银行行长莱斯利·奥布赖恩（Leslie O'Brien）的观点。奥布赖恩表示，如果政府决定支持 BAC3－11 配备"加长型"RB211 和标准型 RB211，那么将可能得到伦敦金融城的所有金融机构的支持。英格兰银行（"政府和伦敦金融城之间的官方沟通渠道"[4]）将再支付 1 000 万英镑，然后政府将为标准型 RB211 支付 4 000万英镑，为 BAC3－11 和"加长型"RB211 支付至少 1.5 亿英镑。然而，如果政府只支持标准型 RB211，那么伦敦金融城只需支付 1 000 万英镑。这样一来，英国政府可剩下 5 000 万英镑来拯救罗罗公司。这就是柏柏尔向其同事们推荐的处理方式[5]。

在这次内阁会议上，出现了关于罗罗公司的三个备选方案：① 让

① TNA CAB128/47，CM（70）31st，19th October 1970.

② The Chancellor of Exchequer，*New Policies for Public Spending*，Cmnd. 4515 (London，HMSO，1970).

③ TNA CAB128/47，CM（70）31st，19th October 1970.

④ Cain and Hopkins（2002，p. 122）.

⑤ TNA CAB128/47，CM（70）31st，19th October 1970.

罗罗公司破产清算；② 支持用于 BAC3－11 的"加长型"RB211（戴维斯的立场）；③ 限制对用于"三星"的标准型 RB211 的支持，并利用伦敦金融城机构的大量支持（柏柏尔的立场）。在随后的讨论中，越来越明显的是，几位英国大臣认为，金融城机构已经为罗罗公司提供了长期资金并致力于航空控股/洛克希德公司的交易，还应该为 RB211 项目做出贡献①。

希思对这次令人精疲力竭的交流进行了总结，并得出了以下结论。首先，政府应该支持标准型 RB211，避免罗罗公司被立即清算。其次，内阁将拒绝支持配备"加长型"RB211 的 BAC3－11，因为此举成本过高。因此，问题仍然是戴维斯的立场——为 BAC3－11 或 A300B 设计"加长型"RB211②。

10 月 27 日，内阁再次开会讨论法德两国关于英国重新加入空客项目的建议。戴维斯认为，这些条件"没有吸引力"。他指出，欧洲航空公司没有保证会把 A300B 的发动机从通用的 CF6 换成罗罗的 RB211。因此，戴维斯重申了他的观点，即政府应该支持 BAC3－11 和"加长型"RB211③。

事实上，这次内阁讨论的共识是，A300B 选项是"不可接受的"。即使售出 250 架 A300B，其中 100 架配备了 RB211，净亏损也将达到 6 500 万英镑。希思的结论是，如果没有得到伦敦金融城的坚定承诺，政府不应该支持 RB211。他认为，英国金融机构有责任向罗罗公司支付更多的费用④。希思政府因此面临代表罗罗公司与伦敦金融城谈判的艰巨任务。法德两国要求英国重新加入欧洲空客联合体，这就要求

---

① TNA CAB128/47，CM（70）31st，19th October 1970.
② 同上。
③ TNA CAB128/47，CM（70）33rd，27th October 1970.
④ 同上。

罗罗公司为 A300B 研发"加长型"RB211,但这并没有让事情变得更容易,因为成本正在不断增加。

7.11 6 000 万英镑的救助计划

1970 年 10 月 28 日,希思、柏柏尔和金融城的代表在唐宁街 10 号举行了会议。他们关注的焦点是罗罗公司的流动性危机。希思首先就罗罗公司的财务困境提出了以下观点:① 如果研发标准型 RB211,公司的损失可能在 6 100 万英镑左右;② 生产 500 台标准型 RB211 的损失可能为 4 500 万英镑,公司需要销售所有 500 台才能实现收支平衡;③ 罗罗公司最终需要大约 6 000 万英镑现金的注入以避免破产[①]。

在这一相当发人深省的介绍之后,希思表示,罗罗公司的未来并非取决于 BAC3 - 11 或"加长型"RB211。伦敦金融城的银行家们声称,如果政府为标准型 RB211 提供额外的 6 100 万英镑启动援助,他们将继续提供 7 000 万英镑的贷款,包括罗罗公司尚未提取的 1 800 万英镑。然而,如果政府拒绝提供现金,那么银行家将不愿意提供超过 5 200 万英镑(即 7 000 万英镑减去 1 800 万英镑)的贷款[②]。

希思向银行家们明确表示,政府不能接受"无限期的承诺"。对此,伦敦金融城代表表示,最初的提议(即他们拿出 4 000 万英镑,而政府拿出 2 000 万英镑)实际上已经失效。毕竟,这取决于政府是否支持

---

① TNA PREM15/3,Note of a Meeting at 10 Downing Street on Wednesday,28th October 1970 at 4. 30 p. m.

② 同上。

BAC3 - 11 和"加长型"RB211①。

希思试图说服他的客人，政府对罗罗公司的运作没有商业利益。他认为，伦敦金融城有责任分担所需的额外资金。但银行家们不愿让步。他们认为罗罗公司的储备和资本状况不足以让他们有理由在已经承诺的资金之外再注入任何资金②。

在 11 月 3 日的另一次内阁会议上，形势变得越来越严峻，大臣们就如何摆脱危机得出了一些基本结论。首先，必须任命一位新的董事长来重建公司。这项任务落到了联合利华前董事长科尔勋爵（Lord Cole）的肩上。第二，必须指定一家独立的会计师事务所，以便准确地确定完成标准型 RB211 合同所需的最低追加金额。内阁显然认为，如果政府提供 70% 的追加成本（即 4 200 万英镑），那么伦敦金融城在道义上有义务提供额外的 1 800 万英镑（当然，前提是会计师确认所需的金额确实为 6 000 万英镑）③。

11 月 4 日，奥布赖恩和科尔勋爵见到了希思。他们告诉他为了让米德兰银行、劳埃德银行和英格兰银行批准为罗罗公司提供 1 800 万英镑的特别贷款，而必须满足的条件④。11 月 9 日，希思内阁、英格兰银行、米德兰银行和劳埃德银行同意向罗罗公司提供 6 000 万英镑的救助计划。罗罗公司的第一次流动性危机就此解决⑤。遗憾的是，这并不是最后一次。

对罗罗公司的救助并没有解决希思内阁在航空领域的另一个困

① TNA PREM15/3，Note of a Meeting at 10 Downing Street on Wednesday，28th October 1970 at 4. 30 p. m.

② 同上。

③ TNA，CAB128/47，CM（70）35th，3rd November 1970；Department of Trade and Industry，*Rolls-Royce Ltd and the RB211 Aero-Engine*，Cmnd. 4860（London，HMSO，1972），Annex C.

④ TNA，CAB134/3447，Events leading up to £60 million support for Rolls-Royce，14th May 1971.

⑤ Department of Trade and Industry，*Rolls-Royce Ltd and the RB211 Aero-Engine*，Cmnd. 4860（London，HMSO，1972），para. 10.

境——空客。法国和德国政府仍在敦促英国重返该联合体。第一种选择是，接受这一提议——从而使希思政府卷入支持欧洲空客和"加长型"RB211 的问题中。第二种选择是，支持 BAC 公司研发 BAC3-11（A300B 的竞争机型）和研发配备 BAC3-11 的"加长型"RB211。顺便说一句，第二种选择是伦敦金融城最喜欢的立场，因为他们已经与英国飞机制造业陷入了财务纠葛，他们自然希望有一个强大的担保人（即英国政府）加入他们的纠葛。第三种选择是，既不支持 A300B 也不支持 BAC3-11。

希思政府认为罗罗公司没有能力同时为"三星"研发标准型 RB211 和为 A300B 或 BAC3-11 研发"加长型"RB211。因此，12 月 1 日，内阁决定不支持研发配备 BAC3-11 或 A300B 的推力更大的 RB211，因为这需要巨大的政府开支。这个决定使陷入困境的罗罗公司几乎没有选择，只能专注于为"三星"研发标准型 RB211①。

7.12 库珀兄弟公司调查与第二次流动性危机之间的罗罗公司

1970 年秋，一个不祥的问题开始进入英国政策制定者和银行家的脑海：英国政府和伦敦金融城同意的 6 000 万英镑救助计划是否足以涵盖标准型 RB211 的研发②？ 此时，会计事务公司库柏兄弟公司正在

---

① TNA CAB129/152，CP (70) 74th，Airbuses and the RB211-61 Engine，Note by Secretary of Cabinet，8th October 1970；TNA CAB128/47，CM (70) 42nd，1st December 1970.

② Department of Trade and Industry，*Rolls-Royce Limited*，*Investigation under Section 165 (a)(i) of the Companies Act 1948*，*Report by R A MacCrindle P Godfrey FCA* (London，HMSO，1973)，para. 439.

仔细研究罗罗公司 1971—1975 年的预测。他们的报告将于 1971 年 1 月 26 日提交给罗罗公司的董事会批准①。

然而，早在这份报告完成之前，库珀兄弟公司就已经找到了越来越多的理由，来上调研发 RB211 的预期成本。首先，1970 年 12 月 4 日的一份生产成本估算报告显示，每台 RB211 的成本比不到四个月前（也就是 8 月 10 日）做出的同类估算增加了 17 200 英镑②。

随后，12 月 9 日，库珀兄弟公司获得了一份 RB211 盈利计划的副本。这与 9 月 10 日提交的早期版本基本相同。该计划假设 RB211 的销量为 976 台（813 台已安装发动机和 163 台备用发动机），而实际确认订单只有 540 台（450 台已安装发动机和 90 台备用发动机）。除非这些数字有所改变，否则这将意味着库珀兄弟公司进一步损失 4 440 万英镑③。库珀兄弟公司的结论是，罗罗公司的预测"过于乐观，这些预测反映的是管理目标，而非可能的业绩"④。事实上，罗罗公司可能还需要 6 260 万英镑才能维持运营⑤。

1971 年 1 月 19 日，罗罗公司执行委员会开会讨论 1971 年的利润计划。就在同一天，罗罗公司公布了 1971—1975 年的业绩预测。预测

① Department of Trade and Industry, *Rolls-Royce Limited*, *Investigation under Section 165(a)(i) of the Companies Act 1948*, *Report by R A MacCrindle P Godfrey FCA* (London, HMSO, 1973), para. 442.

② Department of Trade and Industry, *Rolls-Royce Limited*, *Investigation under Section 165(a)(i) of the Companies Act 1948*, *Report by R A MacCrindle P Godfrey FCA* (London, HMSO, 1973), para. 451.

③ Department of Trade and Industry, *Rolls-Royce Limited*, *Investigation under Section 165(a)(i) of the Companies Act 1948*, *Report by R A MacCrindle P Godfrey FCA* (London, HMSO, 1973), paras. 452 - 453.

④ Department of Trade and Industry, *Rolls-Royce Limited*, *Investigation under Section 165(a)(i) of the Companies Act 1948*, *Report by R A MacCrindle P Godfrey FCA* (London, HMSO, 1973), para. 464.

⑤ Department of Trade and Industry, *Rolls-Royce Limited*, *Investigation under Section 165(a)(i) of the Companies Act 1948*, *Report by R A MacCrindle P Godfrey FCA* (London, HMSO, 1973), para. 467.

表明,在 1971 年,最高需求将达到 1.219 亿英镑。提议的 8 800 万英镑将无法与此相匹配,留下了至少 3 390 万英镑的总赤字①。

1 月 20 日,科尔勋爵向库珀兄弟公司的本森解释了情况。从罗罗公司的角度来看,现在只剩下了两条路:要么完全终止 RB211 项目,要么谈判争取更多时间来完成该项目。在第一种情况下,获得 1970 年 11 月额外启动援助的基础将不复存在。而且在任何一种情况下,洛克希德公司和其他航空公司都可能提出巨额赔偿要求。延期可能要花费 5 000 万英镑,而完全取消可能要花费 3 亿英镑②。

1 月 22 日,科尔勋爵和本森向航空供应部的罗纳德·梅尔维尔爵士(Sir Ronald Melville)报告称,罗罗公司正迅速陷入另一场严重的流动性危机。从技术角度来看,RB211 的完成是可能的,然而,这需要更多的时间和资金(除了 1970 年 11 月 6 000 万英镑的一揽子救助计划外,估计将超过 1.5 亿英镑)。剩下的唯一选择是,推迟或终止该项目。即使是延期,也需要洛克希德公司和其他航空公司的某种投入,因为他们希望给他们的飞机安装罗罗发动机③。

1 月 26 日,罗罗公司又召开了一次重要的董事会会议。董事会的观点与执行委员会在 1 月 19 日达成一致。如果 RB211 项目继续进行,董事会估计需要 1 亿英镑的资金。任何违反与洛克希德公司和其他航空公司合同的罚金都可能被加到这笔金额中④。

① Department of Trade and Industry, *Rolls-Royce Limited*, *Investigation under Section 165(a)(i) of the Companies Act 1948*, *Report by R A MacCrindle P Godfrey FCA* (London, HMSO, 1973), para. 474.

② Department of Trade and Industry, *Rolls-Royce Limited*, *Investigation under Section 165(a)(i) of the Companies Act 1948*, *Report by R A MacCrindle P Godfrey FCA* (London, HMSO, 1973), para. 475.

③ TNA T225/3675, Rolls-Royce; TNA CAB130/504, GEN16(71) 1st, Rolls Royce, Memorandum of the Minister of Aviation Supply, 28th January 1971.

④ TNA PREM15/228, Rolls-Royce Limited Minutes of a Meeting of Directors in London on 26th January 1971.

三天后，内阁召开了紧急会议。航空供应大臣弗雷德里克·科菲尔德(Frederick Corfield)认为，继续研发 RB211 项目预计耗资 1.1 亿英镑。科菲尔德做了一个相当可疑的假设，即洛克希德公司不会因罗罗公司违反合同而获得赔偿。科菲尔德表示，唯一的替代方案就是让罗罗公司进入破产管理程序，之后政府将接管公司的军事业务部门。希思证实，这确实是前进的方向[1]。

罗罗公司的命运现在实际上取决于洛克希德公司是否准备接受项目延迟以及发动机价格提高的情况。然而，洛克希德公司此时也面临严重的财政问题。1970 年初，洛克希德公司在美国国防部遇到了问题，因为 C–5A 的研发成本不断上升。为了拯救这家制造商，美国国防部副部长戴维·帕卡德(David Packard)求助了金融部门。洛克希德公司从一个由 24 家银行组成的财团获得了 4 亿美元的信贷额度[2]。然而，该笔信贷的条件是五角大楼需向洛克希德支付包括 C–5A 在内的军事合同[3]。

2 月 1 日，霍顿与五角大楼就 C–5A 和其他几个军事项目达成了协议。他同意向洛克希德公司补偿超过 7.57 亿美元。与五角大楼的协议使霍顿得以继续进行"三星"项目，以及与罗罗公司开展合作。霍顿在结束五角大楼工作的第二天，从洛杉矶飞到伦敦，亲自告诉罗罗公司这个好消息[4]。考虑到美国银行即将注入的 1.5 亿美元新贷款，他的兴高采烈是可以理解的[5]。遗憾的是，当泰德·希思还在飞机上的时候，他给国家安全顾问亨利·基辛格(Henry Kissinger)打了个电话，告

---

① TNA CAB130/504 GEN16 (71) 1st, Memorandum by Minister of Aviation, 28th January 1971; TNA CAB130/504, GEN17 (71) 1st, 29th January 1971.
② *Business Week*, 26th June 1971, pp. 70–72; Rice (1971, p. 185).
③ Rice (1971, pp. 193–194).
④ Hartung (2011, p. 97); West (2001, p. 110).
⑤ Rice (1971, p. 194).

诉他罗罗公司即将破产①。

2月2日早上，科尔勋爵给住在希尔顿酒店的霍顿打电话，问他是否介意提前30分钟到格罗夫纳酒店进行一次私人谈话。霍顿可能因为这通电话而产生的任何怀疑，都在当天早上得到了证实，因为科尔勋爵告诉他，罗罗公司的问题似乎无法解决，并将在两天后正式宣布破产②。霍顿同意在第二天早上会见英国政府代表，从这一点来看，大多数政党都认为他已经接受了失败③。

但他们低估了霍顿。那天晚上，他在希尔顿酒店召集了一小群洛克希德公司的管理人员，带着挑衅的情绪说："我们有很多负鼠在外面跑：罗罗公司、政府、银行、航空公司，所有人。我们要做的是，把所有的负鼠同时搬到树上。L-1011（'三星'）项目将继续进行④。"这些都是激烈的言辞，但是钱从哪里来呢？

7.13　洛克希德/罗罗摊牌

2月3日上午9点半，霍顿会见了罗罗公司的代表。他们一致认为，如果英国政府不支付超过1亿英镑，且洛克希德公司不做出重大让步（预付发动机款项，接受12个月的延期，并放弃所有违反合同的索赔）的话，罗罗公司将会破产。然而，洛克希德公司不可能在没有与债权人协商的情况下做出这样的让步。此外，订购了配备RB211的"三

---

① TNA PREM15/229, Telephone Conversation between the Prime Minister and Mr. Kissinger at 2.30 p.m. on Monday, 1st February 1971.

② Eddy et al. (1976, p. 101).

③ TNA PREM15/229, Rolls-Royce and Lockheed: Summary Note of a Meeting at 4.30 p.m. on 2nd February 1971.

④ West (2001, p. 116).

星"客机的其他航空公司（如东方航空公司和环球航空公司）的意图仍然不确定。最后，这样的行动不太可能得到尼克松政府的支持。即使尼克松愿意支持洛克希德公司，那也需要国会的支持（这同样不确定）①。

2月3日上午，内阁召开了决定性的会议。会议的任务是，在两种备选的行动方案之间做出决定。第一个行动方案是美国和英国采取以下措施：尼克松政府将给洛克希德公司财政支持；洛克希德公司同意提高每台发动机价格，接受最长 12 个月的交货延迟，并（与其他购买 RB211 的航空公司一样）放弃所有违约索赔。此外，英国政府还将向罗-罗公司提供高达 1 亿英镑的额外财政支持，从而拯救这家制造商。然而，政府不会为发动机的技术成功提供任何保证②。

第二个行动方案就是对罗罗公司实施破产接管。英国政府将在 2 月 4 日任命一名受托人，并立即终止 RB211 合同，收购罗罗公司的军用发动机部门。然后，洛克希德公司将与希思政府就补偿进行谈判③。

与此同时，罗罗公司的困境已为公众所知，内阁必须立即做出决定。希思告诉大臣们，他打算让罗罗公司进入破产管理程序④。12 点 15 分，他给尼克松打了电话，说罗罗公司已经破产，政府将根据法律条文立即任命受托人⑤。

希思强调了罗罗公司破产对洛克希德公司可能造成的影响。在与霍顿的会面中，希思曾暗示可与政府管理的罗罗公司签订一份新合同。

① TNA CAB128/49，CM (71) 7th，Annex I Report by Sir Henry Benson. Read to, and accepted by, both the Rolls-Royce Board and Lockheed Representatives, 3rd February 1971.

② TNA CAB128/49，CM (71) 7th，3rd February 1971.

③ 同上。

④ 同上。

⑤ TNA PREM15/229，Record of Telephone Conversation between the Prime Minister and President Nixon on Wednesday，3rd February 1971 at 12. 15 p. m.

尼克松要求确认这一立场——希思适时地答应了。尼克松表示希望罗罗公司与洛克希德公司签订一份新合同。他说,政府的目标是确保洛克希德公司能够继续研发和生产飞机,英国和美国在努力实现这一目标时"应该尽可能积极"。希思表示同意①。

首相对内阁成员解释说,如果洛克希德公司能够提供令人满意的条件,以确保政府管理的罗罗公司能够完成 RB211 研发,那么双方就有可能谈判新合同。希思向大臣们保证,尼克松总统将亲自参与,尽量满足英国的要求,这可能包括向洛克希德公司提供额外的资金②。

下午 1 点半,霍顿和希思再次见面。霍顿解释说,他到英国来是为了了解罗罗公司的困难处境。他表示,"三星"客机在没有 RB211 的情况下仍然可以继续下去,但是这会使项目推迟一年多。如果洛克希德公司能保证罗罗公司最终能交付 RB211,银行财团将继续向洛克希德公司提供贷款。然而,为了实现这一目标,洛克希德公司必须向罗罗公司注入更多资金。这就要求霍顿向洛克希德公司董事会、银行和航空公司解释情况③。

希思表示,英国政府已经向罗罗公司提供了大量援助。前工党政府向罗罗公司注入了 4 700 万英镑,而希思政府则进一步提供了 4 200 万英镑。希思随后概述了停止向罗罗公司提供更多支持的法律依据。如果罗罗公司的董事们在公司实际上处于资不抵债的状态下继续交易,他们个人要承担责任。如果继续向这家境况不佳的发动机制造商注入资金,那么最终将由英国政府买单。总的来说,希思强调,关键因素是洛克希德公司在合同条款上向罗罗公司做出让步。没有洛克希德

①　TNA PREM15/229，Record of Telephone Conversation between the Prime Minister and President Nixon on Wednesday，3rd February 1971 at 12.15 p.m.

②　TNA CAB128/49，CM (71) 7th，3rd February 1971.

③　TNA PREM15/229，Note for the Record，5th February 1971.

公司的保证，即接受延迟、成本上升，并放弃任何违反合同的索赔，英国政府无法证明对罗罗公司的进一步财政支持是合理的①。

事实上，RB211 的取消也会导致洛克希德公司的破产。因此，"三星"项目的生存取决于霍顿个人的组织拯救行动能力，其规模在美国或英国的商业史上可能是前所未有的。他不得不说服两国政府、24 家银行、10 家客户和 25 家重要供应商为其提供援助。对霍顿来说，幸运的是，洛克希德公司的客户航空公司和供应商已经在"三星"投资了总共 5.5 亿美元——航空公司通过预付款，分包商通过积累库存。他们和他一样急于挽救这个项目。如果拯救行动失败，其中许多组织也将面临破产。此外，一旦合同终止，银行家们将失去借给洛克希德公司的 4 亿美元中的大部分甚至全部②。

然而，在这些相当乐观的讨论之后，有一个不容忽视的事实：商定的行动方案不会使罗罗公司免于破产。第二天，即 2 月 4 日，罗罗公司发布声明，宣布破产。

7.14　英国政府重新调查 RB211

1971 年 2 月 5 日，也就是罗罗公司宣布破产的第二天，希思任命国防大臣彼得·卡林顿（Peter Carrington）来处理这家问题越来越多的公司③。五天后，卡林顿与帕卡德通了电话，了解更多关于美国航空产业的情况。他又惊又喜地发现美国航空公司还没有十分关切"三星"客机的延迟。然而，他们确实希望罗罗公司和英国政府就 RB211 的交付时

---

①　TNA PREM15/229，Note for the Record，5th February 1971.
②　Eddy et al.（1976，pp. 102 - 103）.
③　TNA CAB129/155，CP（71）18th，5th February 1971.

间、价格和性能做出保证。卡林顿发起了一项由威廉·库克爵士（Sir William Cook）主持的独立调查。他想知道继续研发 RB211 的确切成本①。

英国政府允许罗罗公司进入破产管理程序的决定，在美国金融界引起了不小的恐慌。毕竟，美国的银行不仅在国内飞机制造业，而且在这种特定的机型中都进行了大额的投资。2 月 12 日，英国商业银行家肯尼思·基思爵士（Sir Kenneth Keith）（后来的罗罗公司董事长）在与希思的私人秘书罗伯特·阿姆斯特朗的电话会议中，向英国政府明确表示了这一点。基思爵士警告称，他"实际上（现在）正与一群商人和银行家在奥古斯塔，所有人都在关注"②。

在这个电话的前一天，基思爵士咨询了美国信孚银行（Bankers Trust）总裁威廉·穆尔（William Moore），该银行代表着参与"三星"客机融资交易的银行。根据穆尔的说法，洛克希德公司的技术人员仍然相信，RB211 很快就会投入使用。还有一个基本的信念是，其他航空公司将有能力为发动机多付一点钱——而银行将提供额外的资金③。

尽管如此，穆尔认为英国方面缺乏合作可能是一个绊脚石。这肯定会导致洛克希德公司破产。他表示："没有人认为，我们（英国）通过让罗罗公司破产清算，略微规避了我们的责任。"然而，"如果由于英国方面缺乏合作，这件事失败了，洛克希德公司倒闭了，其影响将非常严重，我们将在很多很多年里都不会被原谅④。"阿姆斯特朗答应把基思爵士的观点直接传达给卡林顿和希思⑤。

---

① TNA PREM15/229，Note for the Record，11th February 1971.

② TNA PREM15/230，Record of Conversation between Mr. Robert Armstrong and Sir Kenneth Keith at 2. 45 p. m. on Friday，12th February.

③ 同上。

④ TNA PREM15/230，Record of Conversation between Mr. Robert Armstrong and Sir Kenneth Keith at 2. 45 p. m. on Friday，12th February.

⑤ 同上。

至少，银行的态度是慷慨大方的。1969 年年中，24 家银行为"三星"项目提供了 4 亿美元的信贷额度。罗伊·A. 安德森（Roy A. Anderson）是洛克希德公司的一名会计师（后来成为洛克希德公司董事长），他估计，在 4 亿美元信贷额度的基础上，再追加 3.5 亿美元的资金，洛克希德公司就能继续开展"三星"项目。他预计，有了政府的担保，24 家银行将再贷款 2.5 亿美元，而"三星"的三家客户航空公司——环球航空公司、东方航空公司和达美航空公司——将提前支付 1 亿美元。如果洛克希德公司真的破产了，那么这些航空公司极有可能（就东方航空公司而言，几乎肯定）和制造商一起破产，因为他们已经预付了 2 亿美元①。

　　24 家银行中的两家主要银行——美国信孚银行和大通曼哈顿银行（Chase Manhattan Bank）同意分别向环球航空公司和东方航空公司提供必要的现金贷款。而达美航空公司的财务状况本身相对强劲。因此，当危机来临的时候，银行和航空公司同意向"三星"项目注入更多的资金②。

　　2 月 12 日，美国财政部长约翰·康纳利（John Connally）向英国驻华盛顿大使克罗默勋爵（Lord Cromer）发表了对罗罗公司破产的看法。根据康纳利的说法，当罗罗公司即将破产时，洛克希德公司认真地考虑了改用普惠公司或 GE 公司的发动机。然而，洛克希德公司的工程师很快意识到，这将需要对机体进行重大设计修改。所以，继续推进 RB211（即使延迟）项目也是唯一现实的选择③。

　　康纳利还列举了一些吓人的数字。洛克希德公司对客户航空公司

---

　　① West（2001，pp. 121，123 - 125）.

　　② West（2001，pp. 129 - 132）.

　　③ NARA RG59，E(A1)5603，Box 1，AV Rolls Royce 1971—1972，Subject：Rolls Royce Problem，16th February 1971.

（环球航空公司、东方航空公司）的负债为 2 亿美元，对分包商的负债为 7.5 亿美元，对银行的负债为 3.5 亿美元。事实上，洛克希德公司的债主正是向航空公司和分包商提供贷款的同一个银行集团。康纳利警告说，取消"三星"项目将导致洛克希德公司破产，之后将导致客户航空公司纷纷破产，并可能对美国经济造成重大损害①。

康纳利表示，美国对罗罗公司处理危机的方式很不满意。霍顿只有一天的时间来重新谈判 RB211 合同。正如康纳利相当悲观地观察到的那样，一个愤世嫉俗的观察家可能会认为英国政府早就知道罗罗公司有越来越多的问题。克罗默公司坚称事实并非如此，康纳利否认了罗罗公司和英国政府之间曾达成保持缄默的密约。康纳利宣称自己"很高兴听到这个消息"②——但他还是再次强调了情况的严重性，以及罗罗公司未能交付 RB211 可能带来的灾难性后果③。

通过这次会面，克罗默公司得出结论，康纳利是美国政府内部关于罗罗公司问题的主要人物。帕卡德似乎对它的技术层面负有更大的责任。当希思得知这次讨论的内容后，指示康纳利转告美国政府，在洛克希德公司和罗罗公司的问题上，英国政府不是悲观主义者或失败主义者，而是现实主义者。最重要的是，根据希思的说法，英国政府和美国政府一样急切地希望确保三星/RB211 项目得以生存④。

2 月 19 日，穆尔和美国银行副总裁 R. G. 罗斯（R. G. Ross）一起拜访了奥布赖恩，并向他解释了美国方面的情况。信孚银行和美国银行是准备向洛克希德公司和三家"三星"客户航空公司提供贷款的一群金融家的联合领导。穆尔指出，大约有 15 亿美元的信贷安排已经延

---

① NARA RG59，E（A1）5603，Box 1，AV Rolls Royce 1971—1972，Subject：Rolls Royce Problem，16th February 1971.

② 同上。

③ 同上。

④ TNA PREM15/230，Personal from the Prime Minister.

期,其中超过三分之二的资金已经被提取①。

最重要的是,银行显然非常担心 RB211 失败带来的后果。如果航空公司决定不购买"三星"(并且如果任何一位客户决定"离开")②,那么因为之前做出的财务承诺,严重的损失将随之而来。就像银行一样,出于国防、国内就业和国际收支的考虑,美国政府对洛克希德公司的生存非常关心。考虑到所有这些因素,穆尔强调了按时完成 RB211 项目的必要性③。

奥布赖恩承诺将把美国银行业和官方的意见转达给英国政府④。与此同时,洛克希德公司开始与客户航空公司(环球航空公司、东方航空公司、达美航空公司和加拿大航空公司)就可能的价格和运营日期进行谈判。洛克希德公司还与银行以及英国和美国政府就进一步贷款展开谈判。这些都是提高发动机价格所必需的。

1971 年 2 月 17 日,英国通过了《罗罗(采购)法》,并成立了一家新公司——罗罗(1971)有限公司,接管英国政府收购的业务⑤。与洛克希德公司的谈判是 2 月 25 日内阁会议的焦点。国防大臣兼罗罗(1971)有限公司部长级委员会主席卡林顿首先报告了库克爵士调查委员会的调查结果。该委员会被要求调查三个问题。第一,RB211 发动机项目是否可行? 第二,如果可行,何时可以完成? 第三,如果要避免严重的损失,发动机价格需要比原合同提高多少⑥?

针对这些问题,库克爵士得出了以下结论。首先,发动机研发中的

① TNA T225/3677，Note for Record，19th February 1971.
② 同上。
③ 同上。
④ 同上。
⑤ Department of Trade and Industry, *Rolls-Royce Ltd and the RB211 Aero-Engine*, Cmnd. 4860 (London，HMSO，1972)，para. 39 (https://www.legislation.gov.uk/ ukpga/1971/9/introduction/enacted [accessed 13.8.2020]).
⑥ TNA CAB128/49，CM (71) 11th，25th February 1971.

技术问题肯定可以克服。第二,关于交付时间,输出推力为3.7万磅的发动机将比最初商定的时间晚6个月准备就绪,而输出推力为4.2万磅的发动机将在1973年完成研发。第三,据估计,为了收回初始生产成本,每台发动机的价格需要提高15万英镑①。

在此基础上,卡林顿就即将进行的谈判提出了以下政策建议。第一,每台发动机的价格应该提高,以覆盖发动机生产的全部成本。第二,剩余的研发成本应该由洛克希德公司和新近国有化的罗罗(1971年)有限公司以50∶50的比例分摊。第三,洛克希德公司应该放弃任何违反原合同的索赔。第四,应接受9个月至12个月的交付延迟周期,并且不产生任何罚款。第五,英国应寻求洛克希德公司财务状况和履约能力的充分保证②。这五条都是严苛的条件③。

3月3日至4日,霍顿与英国政府代表进行了初步谈判。3月3日下午,卡林顿首先提出了在2月内阁会议上概述得相当严苛的提议。第一,他接受了英国政府提供高达6 000万英镑的额外研发成本,但也表示,洛克希德公司在这一领域将不得不付出更多。第二,他强调罗罗(1971)有限公司是罗罗公司的国有继承公司,将与洛克希德公司共同开展RB211项目,利润和损失将由两家公司共同承担。第三,每台发动机的价格提高14万英镑,则646台发动机价格总计增加近9 100万英镑。第四,双方将对实施该项目的财力和能力提供一定的保障。第五,原合同中交付延迟的罚款无效④。

① 　TNA CAB128/49,CM (71) 11th, 25th February 1971.
② 　TNA CAB129/155,CP (71) 24th, Aircraft Industry: The RB-211, Note by the Secretary of State for Defence, 24th February 1971; TNA CAB128/49,CM (71) 11th, 25th February 1971.
③ 　TNA CAB128/49,CM (71) 11th, 25th February 1971.
④ 　TNA CAB134/3446, Record of a Meeting with Representatives of the Lockheed Corporation at 1530 hours 3rd March 1971.

霍顿相当老练地将这些提议描述为"非常困难"①。这对洛克希德公司来说是一个额外的、令人反感的财政负担。而且，1967 年英镑贬值，当时英镑兑美元汇率稳定在 1 英镑 = 2.4 美元左右。因此，每台 RB211 的价格提高 14 万英镑，则三台发动机的总价将增加约为 100 万美元。洛克希德公司愿意为每台发动机多支付 4.2 万英镑，但双方的估值还相差近 10 万英镑。由合资公司开展 RB211 项目的设想也是不可接受的。航空公司不会信任这样的公司，而银行几乎肯定会为了减少损失，而不再向洛克希德公司提供贷款。最后，霍顿指出，让美国政府或银行保证完成"三星"项目几乎是不可能的②。

　　3 月 18 日，卡林顿带着新的计划回到内阁。与霍顿的初次会晤似乎并没有软化英国的立场。卡林顿承认，为了实现 4.2 万磅的推力，英国政府应该承担所有必要的额外费用。但他仍然坚持认为，洛克希德公司要承担每台发动机 15 万英镑的价格，并且免除合同规定的因交付延迟而产生的罚款。此外，卡林顿仍在为洛克希德公司寻求美国银行甚至政府的债务担保。最后一个条件是决定性的：没有它，项目失败和洛克希德公司破产的风险将转移到英国政府③。

　　这些紧张的谈判一直持续到 1971 年 2 月和 3 月。此外，就在与希思政府谈判期间，洛克希德公司与客户航空公司（环球航空公司、东方航空公司、达美航空公司、加拿大航空公司）就配备 RB211 的"三星"的价格和交付日期展开谈判，并与美国银行就一笔新的大规模贷款也进

　　① TNA CAB134/3446，Record of a Meeting with Representatives of the Lockheed Corporation at 1530 hours 3rd March 1971.

　　② TNA CAB134/3446，Record of a meeting with representatives of the Lockheed Corporation at 1530 hours 3rd March 1971；TNA PREM15/230，RB211 Engine：British Proposal，4th March 1971；TNA PREM15/230，Note of a Meeting at 10 Downing Street，S. W. 1 on Thursday，4th March 1971，at 2. 15 p. m. ；TNA CAB128/ 49，CM (71) 12th，4th March 1971.

　　③ TNA CAB128/49，CM (71) 15th，18th March 1971.

行了谈判。双方最终就发动机价格达成了妥协。然而，在由美国银行或尼克松政府提供债务担保的问题上，双方陷入了僵局。

7.15 担保问题

希思仍然希望尼克松政府为美国银行向洛克希德公司提供的贷款做担保。这是 3 月 22 日康纳利和克罗默之间另一次谈话的话题。克罗默指出，如果洛克希德失败了，那么英国政府将承担约 2 亿英镑的债务，其中包括 1 亿英镑的研发费用。康纳利承认，如果没有美国政府的支持，美国的银行不会提供任何担保。然而，问题在于由哪个政府机构实际负责提供这种担保。康纳利认为，没有任何一个机构拥有这样的权力，总统必须为此开绿灯。事实上，即使有总统的支持，国会的授权仍然是必要的①。

1971 年 3 月 25 日，卡林顿率领一个谈判小组前往华盛顿，与霍顿和康纳利会面。在与霍顿的第一次会面中，卡林顿首先建议，将生产价格增幅从 9 700 万英镑（3 月 4 日已经从 9 100 万英镑再次上调）降至 8 000 万英镑（折合每台发动机约 12.4 万英镑）。然而，霍顿表示，将总价提高 8 000 万英镑依然会使这款飞机失去竞争力。他建议航空公司将每台发动机的价格上浮上限定在 8.1 万英镑左右，总成本为 5 000 万至 6 000 万英镑，总共生产约 555 台发动机②。

同一天，卡林顿会见了康纳利。康纳利透露，他正在尽一切努力争取立法授权，要求国会为"三星"项目提供保障。总检察长彼得·罗林

① TNA PREM15/231，From Cromer，22nd March 1971.

② TNA PREM15/231，Meeting of the Defence Secretary and the Attorney General with the Lockheed Corporation in Washington，25th March 1971.

森(Peter Rawlinson)指出，英国政府愿意支持罗罗(1971年)有限公司；如果美国政府准备向洛克希德公司提供类似的支持，那么美国银行将支持"三星"项目①。

卡林顿接着提出发动机价格和政府担保这两个关键因素应该被视为一个的问题。他重申了希思内阁的立场，即没有美国政府的适当保证，任何发动机价格都不会达成协议。康纳利原则上承认，如果没有美国政府的支持，"三星"项目是无法完成的。为了说服银行将洛克希德公司的贷款从3.5亿美元增加到5亿美元，美国政府必须为2.5亿～3亿美元的贷款进行担保②。

在这一点上，康纳利重申他的主张，这样的保证需要得到总统和国会的批准。他坚称，当务之急是英国政府和洛克希德公司就发动机价格达成一致。这样洛克希德公司才能够向航空公司报价，并向银行提供合理的预测。在洛克希德公司与各方达成令人满意的协议后，美国政府将与国会共同制定一项担保③。

3月29日，卡林顿向英国内阁通报了这次会议的结果。他现在确信洛克希德公司对发动机价格的反向提议(5 000万～6 000万英镑)是他们最后的报价。他认为，制造商无法再动用任何现金储备，无论如何，高于这个价格将使"三星"在与DC-10的竞争中失去优势④。

卡林顿随后提出了一个越来越棘手的问题，即政府为洛克希德公司的贷款提供担保。他对康纳利能够成功地向美国银行施压，将洛克希德公司的贷款从3.5亿美元增加到5亿美元表示了一定程度的信

---

① TNA PREM15/231，Meeting of the Defence Secretary and the Attorney General with the US Secretary of the Treasury in Washington，25th March 1971.

② 同上。

③ 同上。

④ TNA PREM15/232，Record of Telephone Conversation between the Defence Secretary & Lord Cromer，29th March 1971.

心。卡林顿还希望康纳利能获得总统和国会的支持，为洛克希德公司的贷款提供官方担保，让银行有信心进一步放贷。所有这一切的结果是，洛克希德公司和英国政府之间的任何新协议都将由美国政府担保。这几乎是所有金融交易中最安全的，从英国的角度来看，这将完全消除任何风险①。

因此，卡林顿向希思施压，在美国政府提供担保的情况下，要求他接受洛克希德公司关于发动机价格的最终报价。希思得出结论，拒绝洛克希德公司的最新提议将会产生严重的后果。他相信，没有比卡林顿在华盛顿提出的方案更好的选择了②。那天晚些时候，在与克罗默的电话会议上，卡林顿转达了英国政府接受洛克希德公司的修改方案，将发动机价格提高5 000万英镑——条件是美国政府提供担保③。然而，这仍然有许多障碍需要克服。

7.16　华盛顿的障碍

4月6日，康纳利将洛克希德公司的融资问题通知给了信孚银行和美国银行。该银行已经向制造商提供了3.5亿美元的贷款，并正在考虑是否再提供1.5亿美元的贷款。康纳利询问是否有可能再提供3亿～3.5亿美元的贷款时，银行家们表示这将取决于是否有美国政府的担保。然而，在获得这样的担保之前，面对不断上涨的发动机价格，客户航空公司有必要订购"三星"客机。一旦满足了这些条件，就一定

① TNA PREM15/232，Record of Telephone Conversation between the Defence Secretary & Lord Cromer，29th March 1971.
② TNA CAB128/49，CM（71）18th，29th March 1971.
③ TNA PREM15/232，Record of Telephone Conversation between the Defence Secretary & Lord Cromer，29th March 1971.

会得到尼克松的批准①。

4月中旬,康纳利制订了以下拯救"三星"项目的三步计划。首先,罗罗(1971)有限公司和洛克希德公司就条款和条件达成一致协议。其次,银行将在没有美国政府担保的情况下,提供1.5亿美元的额外贷款,一旦政府提供担保,将提高贷款额度。最后,航空公司将承诺以新的(更高的)价格订购相同数量的飞机②。

4月28日,卡林顿会见了霍顿,询问其与银行和航空公司谈判的进展情况。霍顿表示,这些银行确实同意再提供5 000万美元的贷款,然而,超过这个数字就需要政府的担保。霍顿预计这将很快实现,正如他预计环球航空公司和东方航空公司将同意新的飞机价格一样。如果提供更多贷款,达美航空公司也会签署购机协议。加拿大航空公司是一个问题案例,因为它对罗罗(1971)有限公司的财务困境表现出了相当大的担忧。但就目前而言,这一点可能会被忽略③。

5月5日,英美两国官员在华盛顿进行了深入谈判。讨论结束后,康纳利最终决定冒险一试,请求国会批准为洛克希德公司提供2.5亿美元的债务担保④。5月10日,卡林顿向下议院宣布,如果美国国会批准2.5亿美元的担保,并且航空公司同意新的条款,那么英国政府将对罗罗(1971)有限公司做出类似的财政承诺⑤。各方已经行动起来。现在所有的目光都聚集在美国国会上。

问题在于这笔交易并不符合所有人的意愿。5月初,GE公司开始

① NARA RG59, E(A1)5603, Box 1 AV Rolls-Royce 1971—1972, Memorandum for the Files-♯9, Subject: Rolls-Royce Problem, 8th April 1971.

② TNAPREM15/232, Sir Alec Douglas-Home to Washington, 15th April 1971; TNA PREM15/232, Cromer to FCO, 19th April 1971.

③ TNA T225/3559, Note of Meeting of the Defence Secretary and the Minister for Aerospace with the Chairman of the Lockheed Aircraft Corporation, 28th April 1971.

④ TNA T225/3687, Washington to FCO, 5th May 1971.

⑤ 318 HC Deb., 10th May 1971, cols. 622-623.

对美国政府的债务担保发起攻势。尼克松和康纳利都收到了来自 GE 公司的信件，信中呼吁用"美国解决方案"①来解决危机。如果没有使用美国的发动机，那么为什么要由美国国会来买单②?

6 月 4 日，美国银行同意向洛克希德公司提供一笔 2.5 亿美元的新贷款，由美国政府担保。实际上，政府担保是在已贷款 4 亿美元的基础上再追加 2.5 亿美元的条件③。这些数字令人震惊，但美国政府（及其巨额现金储备）的参与起了决定性作用。新的贷款实际上意味着洛克希德公司现在可以充满自信地提高 RB211 发动机的价格，并完成与罗罗公司的合同。

众议院银行和货币委员会主席赖特·帕特曼（Wright Patman）也提出了强烈的批评，他质问美国政府为何要参与拯救一家特定（私有）企业的行动。参议院银行、住房和城市事务委员会的威廉·普罗克斯迈尔（William Proxmire）也以同样的理由反对该法案④。

正是在这样的背景下，国会开始对该法案进行审议。7 月 15 日，在众议院银行和货币委员会的听证会上，穆尔坚称"任何一家银行，或多家银行，无论规模有多大，都不能承担这样的风险"⑤——即为庞大的飞机制造业承担责任。他强烈要求通过这项法案⑥。7 月中旬，帕特曼果断地改变了立场⑦。他现在认为，洛克希德公司的破产将导致失业这一

---

① TNA T225/3687，Franklin to FCO，5th May 1971.

② *Congressional Quarterly Almanac*，92nd Congress，1st Session，1971，v. 27 (Washington，Congressional Quarterly Inc.，1972)，p. 154.

③ TNA T225/3691，Summary of Terms of Proposed Bank Loan to Lockheed Corporation.

④ *Congressional Quarterly Almanac*，92nd Congress，1st Session，1971，v. 27 (Washington，Congressional Quarterly Inc.，1972)，p. 152.

⑤ *Congressional Quarterly Almanac*，92nd Congress，1st Session，1971，v. 27 (Washington，Congressional Quarterly Inc.，1972)，p. 154.

⑥ 同上。

⑦ TNA T225/3691，Cromer to FCO，16th July 1971. Young (2000，p. 262).

灾难性的后果,所以也强烈要求批准该法案。最终,7月30日,众议院以192票对189票的微弱优势通过债务担保法案。8月2日,参议院以49票对48票的结果通过了该法案①。

9月14日,罗罗有限公司和洛克希德公司之间的新合同生效②。洛克希德公司现在处于紧急贷款担保委员会的控制之下,该委员会由财政部长、联邦储备系统理事会主席和证券交易委员会主席组成③。这是美国最重要的三个经济组织。对于洛克希德公司和罗罗有限公司这样久负盛名的企业来说,这种由国家管理的状况无疑是一种羞辱。但关键的是,他们避免了破产。

7.17 结论

进入20世纪70年代,英国航空产业仍然试图同时兼顾两个方面。英国与法德两国通过欧洲空客联合体进行合作,显然是为了打破美国制造商对宽体客机的垄断。但与此同时,英国正试图用罗罗RB211发动机为美国洛克希德公司生产的"三星"客机提供动力。事实上,当罗罗公司在1968年3月获得"三星"订单后,这种两难的局面似乎就变得没有意义了。英国政府迅速退出了利润明显少得多的欧洲空客项目。

然而,具有讽刺意味的是,正是这种对欧洲大陆的忽视,导致洛克希德公司和罗罗公司将欧洲远程宽体客机市场拱手让给了麦克唐纳公司和GE公司。其长期影响是洛克希德公司和罗罗公司都出现了严重

---

① *Congressional Quarterly Almanac*, 92nd Congress, 1st Session, 1971, v. 27 (Washington, Congressional Quarterly Inc., 1972), pp. 152, 161.

② Ingells (1973, p. 213).

③ PL 92 - 70, §2, 9th August 1971, 85 Stat. 178 (https://www.law.cornell.edu/uscode/text/15/1841 [accessed 21.5.2021]).

的流动性危机。只有美英两国政府和金融部门进行深度干预,才能确保避免两家公司的灾难性破产。

回想起来,1969 年 4 月英国退出欧洲空客项目,是英国与欧洲合作的一个分水岭。以《普洛登报告》为武器、被"欧洲技术共同体"愿景迷住的威尔逊政府一直是这种合作的积极支持者。然而,在 20 世纪 70 年代初,这种设想似乎越来越不切实际。也就是说,罗罗公司的流动性危机表明,尽管大笔资金似乎在美国,但当英国试图完全背弃欧洲大陆时,坏事发生了:新十年的到来英国并没有走出困境,这一困境仍像以往一样尖锐。

在 20 世纪 70 年代,空客并不是欧洲(包括他们不情愿的英国伙伴)吹捧的对美国航空霸权的唯一挑战。第 8 章研究了另一个挑战:英法"协和"飞机,这是一个重要的民用飞机项目,并与本章讨论的宽体飞机项目同时期研发。

第 8 章
陷入无爱的"婚姻"

1974 年英法"协和"飞机危机

8.1　概述

　　"协和谬误"(Concorde fallacy)一词由英国著名生物学家理查德·道金斯(Richard Dawkins)创造,用来描述动物行为的一个奇怪的子集。这种行为包括对特定项目或行动方针持续进行大量投资,这样做的原因不是为了预期的未来回报,而是纯粹基于前期的大量投资。即使没有从中获得任何东西的机会,动物仍然会在特定的任务中付出相当大的努力。相反,考虑到已经付出的努力,如果没有收获就放弃似乎太令人沮丧了。动物就这样在毫无意义的努力中继续前进,无法面对它所做的事情是徒劳和浪费的事实。

　　道金斯从 20 世纪 60 年代和 70 年代英国航空产业的发展中衍生出"协和谬误"这个词,当时英国正持续参与灾难性的英法"协和"飞机项目①。"协和"飞机曾一度获得 16 家主要航空公司的 74 架选择权订单,其中包括英国航空公司、法国航空公司以及泛美航空公司。当项目被取消时,它只不过是英法之间长期冲突的一个根源,而且被广泛认为是彻底的商业失败。

　　本章重点研究注定要失败的"协和"飞机项目,以及其外交和经济

---

①　Dawkins and Brockmann (1980).

影响。为什么这种革命性的飞机技术没有宣告航空领域超声速运输机（supersonic transport，SST）时代的开始？为什么历届英国政府坚持支持这场迅速发展的商业灾难？这些国家的政府是如何鼓起勇气叫停整个项目的？此举标志着英法十多年的航空航天合作的终结。

部分答案是"协和"飞机超前于它的时代。在 20 世纪 50 年代末和 60 年代初，它在绘图板上确实给人留下了深刻的印象。然而，20 世纪 70 年代下线的"协和"飞机噪声太大，价格太贵，需要的燃料过多，而当时是一个对能源消耗极其敏感的年代。美国联邦航空管理局（FAA）对该机型授予着陆权的态度晦暗不明，这实际上阻止了该机型在全球范围内的销售。

事实证明，这些问题的重要性，表明了在整个西方和美国本土，一场影响力越来越大的环境运动正在兴起。但是，正如负责国际事务和特别项目的美国运输部助理部长唐纳德·G. 阿格[1]所指出的那样，"协和"飞机未能获得在美国的着陆权也反映了"一系列技术、法律、社会、经济和政治问题"[2]。因此，本章将重点探讨 20 世纪 60 年代至 70 年代美国、英国和法国所谓的超声速政治（supersonic politics）。本章还主要从英国的视角，研究了这些政治因素对全球飞机研发合作的长期影响，尽管重点自然是主要放在英国的视角上。

约翰曼和林奇全面分析了《1962 年英法条约》（以下简称"1962 年条约"），该条约中包含超声速客机的合作研发计划。他们对英国长期和明显自我伤害式地坚持该项目给出了自己的解释。首先，他们认为英国的主要政客们最初确信，取消该项目将比继续进行花费更多。当

---

① 阿格制定了决定性的"发动机备忘录"，允许美国航空公司购买罗罗公司发的动机。参见第 7 章。

② *FRUS*，*1964—1968*，*Volume XXIV*，Document 129.

事实并非如此时，技术和政治动机逐渐取代了经济考虑①。相比之下，安娜贝勒·梅（Annabelle May）曾表示，英国对"协和"飞机项目的支持，从一开始就与非经济原则有关，比如短期外交政策目标，以及英国对其在"后苏伊士时代"②的角色和影响力根深蒂固的"错觉"③④。

从英国方面来看，"协和"飞机历史上的另一个关键因素是，从 20 世纪 60 年代初开始到约 10 年后终止这段时间，该项目受制于政府的反复更迭。这一时期英国先后经历了四届政府：哈罗德·麦克米伦领导的保守党政府、哈罗德·威尔逊领导的工党政府、泰德·希思领导的第二届保守党政府，以及 1974 年威尔逊重返唐宁街再次执政。总的来说，保守党对"协和"飞机项目持赞同态度，而工党则要冷淡得多（威尔逊政府的技术大臣托尼·本是个例外），尤其是威尔逊第二届政府，对"协和"飞机缺乏兴趣。这是意料之中的，因为到 1974 年，该项目已经出现了一连串的问题。

然而，法国并没有放弃梦想。直到最后，法国仍然继续按照最初达成的协议推动项目完成。事实上，他们甚至试图扩大规模。因此，就像中世纪欧洲的君主们一样，英国和法国发现自己陷入了一种"无爱的权宜婚姻"。在这段没有爱情的结合中，起关键作用的是可被视为原始结婚证书的文件，即 1962 年首次提出的条约。

8.2 1962 年条约

20 世纪 50 年代初，英国将全球第一架商用喷气飞机——"彗星"推

---

① Johnman and Lynch（2002）.
② 译者注：这里指 1956 年苏伊士运河危机之后的英国战略收缩时期。
③ May（2009，p. 508）.
④ May（2009，p. 505）.

向市场,并为此感到非常自豪。这一成就似乎巩固了英国在民航领域无可争议的领导者地位。遗憾的是,当约三分之一的"彗星"机队遭遇一系列致命事故后,自豪很快变成了恐惧。英国启动了一项最早也是最广泛的事故调查,很快确定金属疲劳是造成事故的一个重要因素。

"彗星"的失败对英国的自尊心造成了重大打击。这也代表英国在全球民航领域的领导地位遭遇了巨大挫折。尽管遇到了挫折,1956 年 11 月,英国把注意力转向了一个更具挑战性和前瞻性的项目——SST[1]。此时,美国波音公司和道格拉斯公司已经分别凭借波音 707 和 DC‑8 站在了民用航空市场顶端。麦克米伦的保守党政府决心对抗这种发展势头。他的政府资助了几家选定的英国企业,目的是重新进入民用航空市场[2]。

在 20 世纪 50 年代末,人们预计 SST 技术将彻底改变航空出行。英国政策制定者认为,这项技术可能是超越美国的关键。1959 年 9 月,航空大臣邓肯·桑蒂斯从布里斯托尔公司和霍克·西德利公司订购了 SST 原型机。布里斯托尔公司的设计被选中,并转交给了 BAC。这就是"协和"飞机的前身[3]。

然而,在争夺民用航空领域的唯一领先地位时,英国的决策者们意识到不能独自开展 SST 项目:他们需要一个合作伙伴。英国最初希望与美国合作,因此在 1959 年与美国政府接触,提出了一项联合研发 SST 的计划[4]。在 1960 年 7 月的一次内阁会议上,首相哈罗德·麦克米伦甚至授权对 2.2 马赫超声速客机进行设计研究[5]。

然而,从美国的角度来看,SST 是一个令人垂涎的技术成就奖杯,

---

[1] Johnman and Lynch (2002,p. 255).

[2] Simons (2012b,p. 19).

[3] Lynn ([1995] 1998,p. 62).

[4] Owen (1997,p. 19);Simons (2012b,p. 21).

[5] TNA CAB128/34,CC (60) 44th,21st July 1960.

自己打算独自赢得这个"奖杯"。美国正在这一领域与苏联竞争，因为此时苏联开始研究自己的超声速项目。事实上，美国已经把目光投向了生产更有野心的 3 马赫 SST，并且倾向于独自完成一项完全属于美国的项目。所以，英国对美国的追求是徒劳的①。

法国是英国建立国际伙伴关系的第二选择，也是最后的希望。在1961 年 6 月的巴黎航展上，法国南方飞机公司展示了能够以超声速飞行的超级"卡拉维尔"（Super-Caravelle）机型。这次航展之后，英法两国的设计师和工程师启动了密集的技术交流项目，涉及机体和发动机。然而，这些项目被技术问题所困扰，特别是在机体方面②。

此时，政治因素开始发挥作用。英国政府正在考虑向欧洲经济共同体提出加入申请，而英法两国合作开展 SST 研究可能有助于实现这一目标。从戴高乐的角度来看，法英在 SST 的合作是欧洲对美国技术优势的宣示③。事实上，美国对这一事态表现出了一定程度的焦虑。前世界银行行长、美国 SST 委员会非官方主席尤金·R. 布莱克（Eugene R. Black）曾试图说服英国航空大臣朱利安·埃默里不要启动"协和"飞机项目。然而，埃默里也看到了"协和"飞机与英国可能加入欧洲经济共同体之间的联系。他认为，这"实际上是同一件事的重要组成部分"④。

正是在这种背景下，英法两国决定推进 SST 项目⑤。然而，他们采取了一个很有力的步骤，通过国际合同将商业协议正式化，来保护各自的利益。1962 年 11 月 29 日的英法谅解备忘录在联合国登记为条约，可由国际法院强制执行⑥。该备忘录于 1962 年签署，为英法两国研发

---

① Simons（2012b，p. 57）.
② Lynn（[1995] 1998，p. 63）.
③ Knight（1976，pp. 25 - 26）.
④ May（2009，p. 493）.
⑤ Lynn（[1995] 1998，p. 64）.
⑥ TNA CAB129/150，CP（70）17th，17th July，1970.

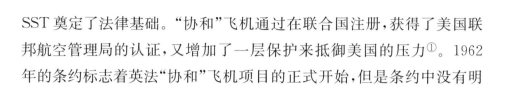

SST 奠定了法律基础。"协和"飞机通过在联合国注册，获得了美国联邦航空管理局的认证，又增加了一层保护来抵御美国的压力[①]。1962年的条约标志着英法"协和"飞机项目的正式开始，但是条约中没有明确允许任何一方退出的条款。

"协和"飞机被认为是英法在先进技术领域合作（以及欧洲实力）的象征。该项目承诺，即使面对美国飞机，也将保持自己的地位。然而，如果英国希望参与这个项目能立即获得外交回报，他们就会迅速醒悟。1963 年 1 月，就在 1962 年条约签署六周后，戴高乐宣布反对英国加入欧洲经济共同体，理由是英国与美国之间令人不快的紧密关系。这对"协和"飞机项目来说并不是好事。

8.3　SST 的国际政治

泛美航空公司总裁胡安·特里普曾因做出过一些大胆的商业决策而闻名。他通过购买波音 707 或 DC‑8，有效地将喷气飞机出行引入了商业航班，同时通过购买波音 747，将宽体飞机出行也引入了商业航班。他现在决定在 SST 方面采取类似的措施，鼓励美国制造商着手生产 SST 的策略是订购"协和"飞机。多年前，他也曾玩过类似的把戏，通过订购"彗星"飞机，他试图迫使波音公司研发波音 707。特里普也知道，这样的举动会对肯尼迪总统产生影响，因为肯尼迪总统对美国 SST 的前景持矛盾态度[②]。

1963 年 6 月 5 日，特里普宣布泛美航空公司订购 6 架"协和"飞机——这一天肯尼迪将发表关于美国 SST 的声明。总统对此感到愤

---

① Costello and Hughes (1976，p. 49).

② 同上。

怒是可以理解的。尽管如此，肯尼迪表示，美国将着手制造 SST："我认为，这一承诺对一个强大和具有前瞻性的国家至关重要，并预示着载人飞机的未来，就像我们进入导弹时代那样①。"

在肯尼迪宣布这一消息后不久，泛美航空就签订了 15 架美国 SST，该机型设计时速 1 800 英里（2.4 马赫），可搭载 200 人。特里普成功地在美国和欧洲之间两面下注，但他可能希望美国制造的 SST 会比欧洲机型更快、更大。他设想到 20 世纪 70 年代初，这种技术将唾手可得②。

1963 年 8 月，肯尼迪正式任命尤金·R. 布莱克和斯坦利·德·J. 奥斯本（Stanley de J. Osborne）为商用 SST 项目的财务特别顾问。1964 年 2 月 29 日，约翰逊总统公布了布莱克和奥斯本的报告。该报告称：

> 我们建议美国继续推进超声速运输机项目。这样做符合国家利益，对国家的经济具有重要性，如果不这样做，重要的航空运输业和飞机制造业很可能会陷入潜在的危险竞争局面中③。

布莱克和奥斯本认为美国没有必要加入英法"协和"联合体。他们相信，美国有能力制造出一种更高级的飞机，在第一架"协和"飞机交付后的两到三年内就能制造出来。从长远来看，他们对美国 SST 能够主导全球市场充满信心④。约翰逊总统显然和他们一样有信心：他成立

---

① Lynn（［1995］1998，pp. 67 - 68）；*FRUS*，*1964—1968*，*Volume* XXW，Document 111；Public Papers of the Presidents of the United States：John F. Kennedy，1963，p. 441.

② Bender and Altschul（1982，pp. 500 - 501）.

③ *FRUS*，*1964—1968*，*Volume* XXW，Document 111.

④ 同上。

了一个超声速运输机咨询委员会,由美国国防部长罗伯特·麦克纳马拉担任主席①。

1964 年春天,"协和"飞机的成本上涨问题首次出现。埃默里透露了一项 2.5 亿英镑的新的成本估算,而在 1962 年 11 月,成本预估为8 500 万英镑②。在 1962 年条约中,根据与法国五五分的原则,英国预计承担 8 000 万英镑的研发费用。到 1964 年,这一费用已经上升到1.4 亿英镑③。然而,英国和法国并不是唯一在 SST 的成本和技术问题上遇到困难的国家。美国也很快面临这种技术带来的音量过大问题——"声爆"。

在此背景下,美国、英国和法国在 1964 年就 SST 问题举行了一系列非正式会议。第三次会议是当年 6 月在巴黎举行的。美国国务卿迪安·腊斯克向美国代表之一、助理国务卿亚历克西斯·约翰逊(Alexis Johnson)做出明确指示,告诉约翰逊应该如何进行谈判。腊斯克认为,SST 的形势"仍然不稳定"④。他建议约翰逊"不要承诺美国参与'协和'飞机项目的任何可能性,要听取英国和法国的意见,但不表明任何立场"⑤。然而,与此同时,腊斯克又建议约翰逊"不要给人留下与美国合作的大门已经关闭的印象"⑥。总的来说,腊斯克认为,"让这个问题悬而未决,等待这里的进一步研究和英法两国的进一步发展"最符合美国的利益⑦。显然,即使是到了 20 世纪 60 年代中期,人们对 SST 技术仍有很大的疑虑。

1964 年,英国举行大选,工党获胜。在竞选期间,工党就对"协和"

---

① Simons (2012b, pp. 70 - 71).

② Hayward (1983, p. 125).

③ TNA CAB129/125, C (66) 88th, The Concorde Project, 27th June 1966.

④ *FRUS, 1964—1968, Volume XXVII*, Document 112.

⑤ 同上。

⑥ 同上。

⑦ 同上。

飞机和 TSR-2 等成本高昂的"威望项目"发起了正面攻击[①]。1964 年 10 月 24 日，在搬进唐宁街 10 号后不久，威尔逊首相给约翰逊总统发去一封电报。威尔逊告诉约翰逊，英国政府正在"与法国政府沟通，希望紧急重新审查'威望项目'"[②]，其中可能包括"协和"飞机。威尔逊的目标是，立即改善英国的国际收支平衡状况，削减经济优先级较低的项目的支出。

然而，法国人的麻烦正在酝酿。11 月 13 日，美国驻法国大使查尔斯·波伦(Charles Bohlen)向美国国务院报告称，英国大使向他分享了法国总理乔治·蓬皮杜(Georges Pompidou)给威尔逊的信息："根据信息内容，英国似乎不希望完成这个项目，因此对于英国的意图，法国希望得到肯定或否定的回答[③]。"看起来，即使没有英国的参与，法国也可能会继续推进该项目。

12 月 5 日，法国驻美国大使埃尔韦·阿尔芳(Herve Alphand)就 SST 项目向美国将军埃尔伍德·理查德·克萨达(Elwood Richard Quesada)做出了几点声明。他首先承认，法国对英国在"协和"飞机上明显的矛盾态度感到非常不安。如果英国完全撤出，他怀疑法国不一定会独自继续下去。他还要求美国与法国就 SST 进行直接对话，而不是让英国在其中充当没完没了的中间对话者。他甚至暗示美法可能合作推进 SST 项目[④]。

1965 年 1 月 11 日，新任航空大臣罗伊·詹金斯秘密访问法国，与公共工程和交通部长马克·雅克(Marc Jacque)进行了讨论[⑤]。詹金斯

---

① Hayward (1983，p. 125).
② FRUS，1964—1968，Volume Ⅷ，Document 13.
③ FRUS，1964—1968，Volume ⅩⅩⅩⅣ，Document 112，footnote 3.
④ FRUS，1964—1968，Volume ⅩⅩⅩⅣ，Document 114.
⑤ FRUS，1964—1968，Volume ⅩⅩⅩⅣ，Document 115.

后来指出,这次会议"远没有我担心的那么糟糕"①。他表示雅克"自始至终都很友好"②,但这只会引起詹金斯的怀疑。他知道美国联邦航空管理局局长纳吉布·哈拉比(Najeeb Halaby)计划在 2 月 11 日至 12 日访问巴黎。哈拉比访问的主题可能是美法 SST 合作(吝啬的英国被冷落)③。

1965 年 1 月 19 日,詹金斯通知美国驻英国大使戴维·布鲁斯(David Bruce),在法国巨大的政治压力下,新工党政府最初取消"协和"飞机的决定被推翻了④。10 天后,詹金斯正式公开宣布了这一意向⑤。然而,与此同时,美国驻伦敦大使馆向美国国务院报告称,詹金斯一直"小心翼翼地不向政府承诺是否会保留原来的项目"⑥。根据这份报告,英国政府的目的是"根据与法国(可能还有美国)进一步讨论的情况,灵活调整行动方针"⑦。

1 月 21 日,詹金斯向布鲁斯呼吁,北约盟国应该尽量减少争夺 SST 主导权的经济压力。美国和欧洲的项目应该错开进行,以避免相互施压,英国项目"至少在近期减少投入"⑧。詹金斯还呼吁对 SST 的技术问题进行进一步研究,尤其是声爆问题⑨。第二天,布鲁斯向国务院转达了詹金斯的立场。他认为,SST 不仅仅是一个航空话题,更是一个关乎国家威望的问题。詹金斯质疑让美国在这一领域远远落后于其欧洲伙伴(和竞争对手)是否明智⑩。

---

① Jenkins (1991, p. 163).
② 同上。
③ *FRUS*, *1964—1968*, *Volume XXXIV*, Document 115.
④ 同上。
⑤ 705 HC Deb., 20th January 1965, cols. 197 - 198.
⑥ *FRUS*, *1964—1968*, *Volume XXXIV*, Document 115, footnote 3.
⑦ 同上。
⑧ *FRUS*, *1964—1968*, *Volume XXXIV*, Document 116.
⑨ 同上。
⑩ *FRUS*, *1964—1968*, *Volume XXXIV*, Document 117.

4月2日至3日，威尔逊和法国总统戴高乐会面讨论英法航空航天合作。威尔逊向戴高乐解释说，取消 TSR‐2 的主要目的是为英法项目释放资源。他坚称，这些项目绝不会受到英国关于 TSR‐2 的决定的负面影响①。威尔逊的立场显然不太让美国国防部满意。这一点从国防部负责国际安全事务的副助理部长兼 ILN 负责人小亨利·J. 库斯在5月15日普洛登委员会会议上的讲话中可以清楚地得知。库斯明确表示，英国应该在美国市场上展开竞争，并警告称，"如果英国与法国合作，就要认识到美国竞争的威胁，就像在'协和'飞机项目上遭遇的那样。我们的价格可能还会低于你的价格，因为美国的国防预算是英国加法国的五倍②。"

　　《普洛登报告》原定于 1965 年 11 月发表。10 月 22 日，布鲁斯给国务院发了一份电报，明确地谈到了即将发表的报告。电报内容让华盛顿读起来很不安。布鲁斯警告称，该报告的主要建议是，英国和欧洲之间应该深化合作，建议不要与明显更难相处的美国广泛合作。但布鲁斯也注意到，"普洛登委员会中的少数人并不支持多数人的这个结论③。"他甚至预测，可能这些人会发布一份少数派报告，呼吁除了与欧洲大陆之外，也要与美国合作④。

　　布鲁斯心中的"少数人"以奥布里·琼斯为代表，奥布里·琼斯是普洛登委员会中最狂热的英美合作支持者。布鲁斯认为，美国国防部对 SST 的经济研究（题目为《"协和"飞机的有限市场》）将极大地暴露《普洛登报告》建议中的缺陷。他希望这能加强亲美少数派的地位。

---

　　① TNA PREM13/714，Record of a Conversation between the Prime Minister and President de Gaulle at the Elysee Palace at 10 a. m. on Saturday，3rd April 1965.

　　② NARA RG59/E5172/Box 17，Discussion with the Lord Plowden Committee on the Future of the British Aircraft Industry，15th May 1965.

　　③ FRUS，1964—1968，Volume XXXI，Document 121.

　　④ 同上。

11月11日，美国驻伦敦大使馆经济事务部长威利斯·阿姆斯特朗将两份美国国防部研究报告交给詹金斯。阿姆斯特朗后来在把报告交给詹金斯时指出：

> ……我们并没有试图"打败'协和'飞机"。我简单地告诉他，大使馆已经了解到国防部正在进行一项关于 SST 问题的研究，我们已经请求许可将这项研究交给英国政府，无论华盛顿当局认为是否合适，这就是结果①。

阿姆斯特朗以为詹金斯会把美国国防部的报告交给普洛登委员会②。果不其然，当报告最终发布时，尽管继续优先考虑与法国合作，但并没有排除英美合作的可能性。所有这些都无法消除英欧航空航天合作中，尤其是"协和"飞机项目上日益增加的阴霾和矛盾情绪。

8.4 1968年9月27日：托尼·本和沙芒的通信

这些外交阴谋出现的背景是"协和"飞机的价格没有降低。事实上，到 1966 年中期，该项目的估计成本已经上升至 2.5 亿英镑。此外，飞机的回报前景非常渺茫。这还是在将飞机售价定为 650 万英镑，并预计销售数量为 150 架的情况下——而实际上这是一个乐观的数字③。

在威尔逊和蓬皮杜定于 1966 年 7 月在伦敦举行会议之前，英国内

① *FRUS*，*1964—1968*，*Volume XXIV*，Document 121，footnote 4.
② 同上。
③ TNA PREM13/1308，The Concorde Project，Burke Trend to Prime Minister，29th June 1966.

阁必须就该项目的未来达成共识。于是，6月30日举行了一次重要会议。航空大臣弗雷德·马利认为，1962年的条约成功地将英国困在了这个项目中。他主张一项耗资1.45亿英镑、为期5年的研发计划①。同样，在6月27日提交给内阁的一份文件中，外交事务大臣迈克尔·斯图尔特强调了英国单方面退出该项目可能对英国与欧洲外交关系造成的重大损害②。总检察长埃尔温·琼斯（Elwyn Jones）附和马利，对该项目进行了法律上的评估。他认为，英国没有法律上站得住脚的退出方式。如果退出的话，英国可能会面临国际法院的制裁，并被要求向法国支付约1.4亿～2亿英镑的赔偿。这可能使法国能够在没有英国参与的情况下，用英国资金完成该项目——这是一个不合理的前景③。

在这次讨论之后，首相哈罗德·威尔逊承诺，在接下来与蓬皮杜的讨论中，他将提出"协和"飞机的问题。威尔逊想知道法国总理对这件事的看法。他还计划等待航空大臣马上要发布的一份关于"协和"飞机商业方面和声爆影响的报告。有了这些资料，内阁就能更好地进一步评估这个问题④。

与蓬皮杜在伦敦的讨论上，法国的立场没有任何含糊的余地。从他们的角度来看，项目取消的可能性为零。不过，法国同意针对该项目的商业方面成立一个联合委员会。此外，到1966年7月21日，内阁可以参考航空大臣新发布的报告了。报告证实了声爆并不是飞机成功推出的技术障碍，尽管项目的成功与否确实取决于公众对其庞大体积的接受程度。总的来说，英国退出"协和"飞机的前景似乎很渺茫⑤。

与此同时，美国SST合同的竞争者包括波音2707和洛克希德L-

① TNA CAB129/125，CP（66）88th，The Concorde Project，27th June 1966.
② TNA CAB129/125，CP（68）89th，Concorde，27th June 1966.
③ TNA CAB125/29，C（66）90th，The Concorde Project，27th June 1966.
④ TNA CAB128/41，CC（66）33rd，30th June 1966.
⑤ TNA CAB128/41，CC（66）39th，21st July 1966.

2000,波音最终在 1966 年 12 月 19 日中标①。1967 年 12 月,"协和"原型机终于从装配线上下线。BOAC 和法国航空公司立即选择订购该飞机。很快,泛美航空、大陆航空公司、美国航空公司、印度航空公司、日本航空公司、比利时航空公司和汉莎航空公司等世界领先的航空公司也纷纷效仿。这些初步订单总计为 74 架。波音公司还订购了 122 架选择权订单②。

然而,到 1968 年初,"协和"飞机面临被完全取消的风险。这主要是因为英国内阁已经开始考虑大幅削减开支。"协和"飞机和 F‐111 项目可能都会受到影响。1 月 3 日,这一决定体现在国防大臣丹尼斯·希利(F‐111 的主要支持者)和技术大臣托尼·本("协和"飞机的强烈支持者)之间的对抗中。托尼·本警告希利,如果"协和"飞机被取消,将导致整个英法防务一揽子计划("美洲虎"项目)完全终止。国防大臣的回应是一些"非常粗暴的政治活动"③:如果本支持 F‐111,那么希利就会努力保护"协和"飞机④。

1 月 4 日,内阁开会讨论是否取消 F‐111 项目。10 位大臣赞成继续推进 F‐111 项目,9 位大臣建议取消。根据托尼·本的日记,他投了慎重的一票。他认为如果 F‐111 继续推进,英国将被迫削减"北极星"级潜艇或"鹞"式战斗机的开支。后者具有巨大的出口潜力,这让托尼·本有理由投票反对保留 F‐111。内阁直接分裂为两派,威尔逊投了决定性的一票,赞成取消⑤。实际上,这帮助英国从预算中淘汰了"协和"飞机的一个主要竞争对手。

然而,"协和"飞机项目的命运仍悬而未决。托尼·本知道,外交事

---

① Lynn [(1995)1998, p. 69].
② Lynn [(1995)1998, p. 71].
③ Benn [(1988) 1989a, p. 2].
④ Benn [(1988) 1989a, pp. 1‐2].
⑤ Dockrill (2002, p. 204); Benn [(1988) 1989a, pp. 3‐4].

务大臣乔治·布朗已向所有六个欧共体国家①的英国大使发去电报,表示有可能单方面取消该项目。大家的回应都是一致表示反对。英国驻西德大使弗兰克·罗伯茨爵士表示,这样的退出"将证实法国人的所有怀疑都是对的,即'英国人是欧洲坏人',也将摧毁我们作为技术合作伙伴的信誉"②。

1968年1月5日,内阁再次开会,目的是就"协和"飞机项目是否应在1969年春天或初夏之后继续进行达成一个共识。布朗对四个欧共体国家政府将英国的单方面退出解释为"主要出于对法国否决英国加入欧共体申请的愤怒"③感到震惊。他还担心欧洲人会认为,英国不再对有意义的技术合作感兴趣④。

意料之中的是,托尼·本也表示反对立即取消。他强调了此举对外交和财政方面的影响,还指出了机体和航空发动机产业的重大利益。然而,他确实认识到,英国需要向法国提出一些条件,以便在1969年春天或初夏之后继续实施该计划。到那时,3月2日"协和"飞机第一次飞行的结果就可以公布了。托尼·本在结束讲话时补充说,如果英国退出"协和"飞机项目,那么肯定也会退出空客项目。这意味着英国参与民用航空项目的终结⑤。

内阁一致认为,英国不应在这个关键时刻退出"协和"飞机项目。托尼·本被要求概述他认为应该向法国提出的条件⑥。在与其他大臣进行磋商后,托尼·本制定了两个标准:① 研发成本的上限为6亿英镑(1966年的价格);② 1969年12月31日之前获得四家主要航空公司

---

① 译者注：即最早成立欧共体的六国：西德、荷兰、比利时、卢森堡、法国和意大利。
② Benn［(1988) 1989a，p. 5］.
③ TNA CAB128/43，CC (68) 2nd，5th January 1968.
④ 同上。
⑤ TNA CAB128/43，CC (68) 2nd，5th January 1968；Benn［(1988) 1989a，p. 8］.
⑥ TNA CAB128/43，CC (68) 2nd，5th January 1968.

的确认订单,其中一家应为美国的航空公司①。

1968年9月24日,托尼·本和法国交通部长让·沙芒在伦敦会面,进行了长达8小时的(显然相当亲切的)会谈。根据沙芒的说法,法国政府从来没有把"协和"飞机视为一个威望型项目,尽管它无疑是一个"骄傲之源"②。在讨论中,沙芒承认,如果到1969年底订单数不足,那么"协和"飞机将不得不被取消。托尼·本表示英国可能会退出该项目。沙芒给出了令人印象深刻的政治答复,他表示,尽管法国官员愿意"向他们的政府建议解除另一方继续的义务",但同样"不承诺法国政府会接受这一行动"③。

这次会面结束后,托尼·本有了一个清晰的印象,沙芒及其所支持的项目在法国有一些敌人。例如,法国总理莫里斯·顾夫·德姆维尔(Maurice Couve de Murville)就非常反对"协和"飞机项目。尽管如此,托尼·本在日记中指出,谈判"非常成功,而且相当……令人愉快"④。事实上,沙芒和托尼·本继续进行了通信,并试图形成衡量飞机商业前景的标准。在1968年9月27日的一封信中,沙芒同意,为了使项目继续,需要从四家主要航空公司获得订单,其中包括至少一家美国航空公司。如果这些订单未能实现,该项目将被取消。同样,如果估计的费用超过6亿英镑,托尼·本和沙芒特就会向各自的政府建议修改1962年条约。这样一项修正案将允许任何一方在不承担任何法律后果的情况下退出。然而,托尼·本和沙芒再次只为自己保留了顾问的职能——他们没有对彼此做出承诺⑤。

---

① TNA CAB129/139,C(68)109th,The Concorde Criteria:The Next Step,15th October 1968.

② 同上。

③ Benn[(1988)1989a,p. 103].

④ 同上。

⑤ TNA CAB129/139,C(68)109th,15th October 1968.

8.5 "协和"飞机、A300B/BAC3 – 11 和 MRCA

1969 年春天是英国内阁决定是否继续参与"协和"飞机项目的非正式最后期限。然而，在 1969 年初，BAC 计划中的 250 座客机 BAC3 – 11 与三款主要的欧洲合作机型（英法"协和"飞机、英法德 A300B 和英德 MRCA）之间开始形成某些联系。这将对内阁的决策进程产生深远影响。

在第一次研发中，"协和"飞机指导委员会报告称，"协和"飞机研发项目的成本估计已经上升至 5.96 亿英镑。这与托尼·本和沙芒谈判的 6 亿英镑上限非常接近。现在看来，可以肯定的是，取消"协和"飞机似乎更有理由继续推进 A300B 或 MRCA，特别是"协和"项目高昂的成本，项目取消后甚至可以同时推进两款机型①。

1968 年 12 月，空客联合体（法国南方航空公司、德国空客集团和英国霍克·西德利公司）宣布将 300 座的 A300 缩小为 250 座的 A300B，并可能采用美国生产的发动机（来自普惠公司或 GE 公司）。该新机型将与 BAC3 – 11 直接竞争②。英德 MRCA 不是一个紧迫的问题，因为该机型要很久之后才会开始生产。尽管如此，英国政府还是为该项目支出了大笔资金③。

因此，英国面临多个民用和军用航空航天项目，必须从日益减少的资金中为这些项目提供费用。1969 年 3 月 20 日和 25 日，内阁集中讨论了这个问题。在这些会议上，托尼·本再次把自己定位为"协和"飞

---

① TNA CAB128/44，CC（69）13th，20th March 1969.

② TNA CAB129/141，C（69）28th，European 250-Seater Aircraft，17th March 1969.

③ TNA CAB129/141，C（69）31st，The European Project for A Multi-Role Combat Aircraft，17th July 1969.

机的坚定捍卫者，尽管该机型成本不断上升。然而，首席财政大臣约翰·戴蒙德提出反对意见，理由是到 1970 年中期，"协和"飞机的成本几乎肯定需要增加 1 亿英镑。英国总检察长埃尔温·琼斯预计，如果英国在现阶段退出"协和"飞机项目，它将有 50％ 的可能性因违反 1962 年英法条约而被国际法庭起诉①。

英德 MRCA 的问题较少。这个项目还没有从定义阶段过渡到研发阶段。德国似乎更喜欢美国发动机，而不是罗罗公司的发动机，这是潜在的冲突来源，但在现阶段没有什么严重的问题。而一个更困难的问题是欧洲 250 座飞机的研发。法国和德国曾邀请英国联合研发 A300B，甚至还保证使用罗罗公司的发动机。这意味着英国需要放弃 BAC3 - 11 的研发。这是一个症结所在，因为英国的大臣们显然认为，BAC3 - 11 是一个非常有前景的项目。英国欧洲航空公司和美国东方航空公司②对其都非常青睐，同时英国飞机公司和洛克希德公司在该机型上的合作也在快速推进。美国东方航空公司已经表示想要 50 架飞机，而与洛克希德公司的合作实际上保证了该机型在美国市场的高销量。然而，优先考虑 BAC3 - 11 意味着，拒绝与欧洲国家合作研发 250 座飞机③。事实证明，"骑两匹马"很困难（这不是第一次，也不是最后一次）。

总的来说，很明显，如果英国同时退出"协和"飞机和 A300B 项目，将造成严重的政治和外交后果。1969 年 3 月 25 日，内阁决定推迟到年底再抉择"协和"飞机的去留。然而，正如我们在第 7 章中所看到的，英国已做出了退出 A300B 的决定，但在洛克希德公司和英国飞机公司之间的合作产生更切实的成果之前，这一决定不会公开。这意味着托

①　TNA CAB128/44，CC（69）13th，20th March 1969；TNA CAB128/44，CC（69）14th，25th March 1969.

②　译者注：原文作者提到的 Eastern Air Lines 指 1926 年成立，1991 年倒闭的美国东方航空公司，而不是于 2011 年成立的同名公司。

③　TNA CAB128/44，CC（69）14th，25th March 1969.

尼·本必须（有些虚伪地）就英国对欧洲空客的承诺与法国和德国政府争取时间。与此同时，希利被授权推动英国加入争议较小的 MRCA[1]。

虽然"协和"飞机还活着，然而，到了 1969 年底，英法两国政府之间的分歧开始加剧。沙芒告诉托尼·本，如果他真的试图说服法国政府修改 1962 年的条约，以保持项目 6 亿英镑的上限，那么他几乎肯定会被拒绝。法国似乎不像他们的英国伙伴那样关心"协和"飞机的经济可持续性。这些分歧一直没有得到解决，威尔逊计划在 1970 年 6 月对该项目进行重新评估[2]。

讽刺的是，英国一直是"协和"飞机项目的主要推动方。1962 年，他们积极地向法国示好。然而，十年后，当"协和"飞机即将推出时，英国又不得不面对一个严峻的现实：整个项目注定要失败，但他们的合作伙伴拒绝叫停。法国认为，"协和"飞机是国家威望的象征，还能推动就业。最重要的是，1962 年的条约仍然像一把达摩克利斯之剑悬在英国头上，以致退出项目比继续参与的成本更高。

与此同时，美国正密切关注着事情的进展[3]。华盛顿仍然深感关切的是，应该保持其作为全球航天和航空技术创新者的地位。毫无疑问，"协和"飞机项目所取得的进展值得称赞。但与此相反，美国更有可能为该项目的成功推出设置障碍。

8.6　继续推进"协和"飞机

在 20 世纪 70 年代，英国政府一直处在工党和保守党的轮流执政

①　TNA CAB128/44，CC（69）14th，25th March 1969.

②　TNA CAB129/150，CP（70）17 Concorde：The Legal Position in July 1970，17th July 1970.

③　*FRUS*，*1964—1968*，*Volume* XXⅧ，Document 123.

之下。显然,这对英国关于"协和"飞机的政策产生了重大影响。20 世纪 70 年代初的大部分谈判,都是由泰德·希思领导的保守党政府进行的。尽管该项目存在明显的问题,而且政界和公众都迫切希望取消,但希思政府还是倾向于把退出项目的最终决定时间推迟。可以肯定地说,正在进行的有关英国加入欧洲经济共同体的谈判在这方面发挥了重要作用。

1970 年 7 月 17 日,总检察长彼得·罗林森在向内阁提交的文件中提出了一个关键问题。如果英国这个阶段单方面退出项目,国际法院会要求英国对法国的损失承担责任吗?罗林森的评价是乐观的。他认为,自 1962 年以来,情况发生了根本性变化,当年签署的条约肯定不再具有约束力。此外,商业和研发成本显然将超出托尼·本和沙芒在通信中商定的 6 亿英镑的上限。考虑到这些因素,罗林森认为,如果英国退出该项目,国际法院有六成可能不采取任何行动。英国可能支付的费用约为 2 000 万~3 000 万英镑①。

然而,考虑到已经在该项目上投入了巨额资金,英国政界人士非常清楚,退出和继续都是同样令人不快的选择。1970 年 7 月 28 日召开的内阁会议就讨论了这一主题。单方面退出的弊端包括对英法关系造成不可弥补的损害、对英国航空产业国际地位的沉重打击,以及给英国整体国家威望蒙上污点。罗林森再次提出,英国可能会被国际法院起诉,并面临 0.4 亿~2.3 亿英镑的损害赔偿。希思指出,英国退出"协和"飞机项目可能会对正在进行的、微妙的欧洲经济共同体谈判产生影响②。

7 月 30 日内阁会议的主要议题是,美国国会关于是否继续向美国 SST(波音 2707)提供政府补贴的辩论。这些辩论产生了一批殊途同归的盟友。反对继续补贴的有民主党参议员威廉·普罗克斯迈尔、由威

① TNA CAB129/150,CP (70) 17th,17th July 1970.
② TNA CAB128/47,CM (70) 9th,28th July 1970.

廉·A. 舒克利夫教授领导的环保游说团体、反声爆市民联盟(Citizens' League Against the Sonic Boom，CLASB)，以及原则上反对政府干预，推崇自由市场的共和党人①。

然而，这个奇异联盟的组成并不是英国内阁主要关心的问题。似乎可以肯定的是，如果美国国会决定停止补贴SST，那么美国波音2707的订单将急剧减少。这种发展趋势的后果是不确定的。一方面，美国SST的终止将对环境游说团体更有利。他们将继续坚决反对任何可能给美国海岸带来可怕"声爆"的项目，那么"协和"飞机将不可能在全球最大的航空市场上取得成功。另一方面，由于缺乏国内的SST项目，可能会迫使一些美国航空公司选择"协和"飞机作为替代机型②。

内阁无法预测未来。事实上，这次会议确定的唯一具体事项是完全可以预见的，即关于"协和"飞机的任何决策都将推迟到夏末决定。目标日期定为1970年9月③。然而，随着夏季接近尾声，单方面退出或继续参与"协和"飞机项目的全部影响令人不安地逐渐清晰起来。内阁秘书伯克·特伦德在1970年9月10日的一份备忘录中对这些影响进行了说明。他认为这个项目前景暗淡。项目现有的损失已经很大，而且未来的支出还会使损失进一步扩大。特伦德概述了两种选择：立即退出，或再次推迟至1971年3月31日再下决定④。

9月17日的内阁会议至少可以根据即将进行的飞行试验的结果，以及各航空公司对这些结果的反应做出决定。然而，在这次会议召开时，"协和"飞机不是一个有利可图的项目这一点是显而易见的。

---

① TNA CAB128/47，CM (70) 11th，30th July 1970；Lynn ([1995] 1998，pp. 72 - 73)；Simons (2012b, p. 140).

② TNA CAB128/47，CM (70) 11th，30th July 1970.

③ 同上。

④ TNA CAB129/151，CP (70) 40th，Concorde，Note by the Secretary of the Cabinet，10th September 1970.

讨论基本上围绕着继续支持一个经济上不再可行的项目是否明智而展开①。

这次会议达成了一个明显的共识，即关键问题是 1962 年条约的约束性。大臣们也在摸索着得出结论，即退出战略变得越来越有必要。即便如此，技术大臣约翰·戴维斯坚决支持特伦德的第二种方案，即推迟到 1971 年 3 月再做决定。他的同事们也在此时不再坚持立即退出该项目。相反，他们建议首相直接领导的智库——中央政策评议小组（Central Policy Review Staff，CPRS）②编写一份"协和"飞机的评估报告③。

在 9 月 17 日的内阁会议上，希思表示，该项目将至少持续到 1971 年 3 月收到试验结果为止。然而，到 1970 年、1971 年冬天过后，情况几乎没有什么变化。正如航空供应大臣弗雷德里克·科菲尔德在 1971 年 3 月 18 日的内阁会议上指出的那样，备选方案与 1970 年 9 月基本相同④。

1971 年 3 月的内阁会议，旨在为即将于 3 月 29 日在伦敦与让·沙芒举行的会谈确定英国的立场。第一种选择是通知沙芒，英国希望退出该项目，这样做有被国际法院起诉的风险。第二种选择是告诉沙芒，要在掌握有关有效载荷和噪声水平等技术问题的所有真实情况之后，才会做出明确的决定。这些信息可能会让人们对"协和"飞机的商业前景更加清晰⑤。

希思断然拒绝了直接退出的想法，因为他不想冒英国被送上国际

①　TNA CAB128/47，CM (70) 19th，17th September 1970.
②　CPRS 是内阁办公室的一个独立智囊团，负责规划长期经济和政治战略。
③　TNA CAB128/47，CM (70) 19th，17th September 1970.
④　TNA CAB128/47，CM (70) 19th，17th September 1970；TNA CAB128/49，CM (71) 15th Conclusions，18th March 1971.
⑤　TNA CAB128/49，CM (71) 15th，Conclusions，18th March 1971.

法院受审的风险。只有第二种选择是可以接受的①。然而，英国政府很清楚，随着时间的推移，"协和"飞机的经济可行性不会有所提高。就这样，事情又被推到了 1971 年 12 月 7 日，科菲尔德与沙芒会面的那一天②。

1971 年 11 月底，CPRS 的负责人罗思柴尔德勋爵（Lord Rothschild）（纳撒尼尔·梅尔·维克多·罗思柴尔德）终于提交了一年前委托撰写的报告。他强烈建议，立即单方面取消"协和"飞机项目。他说话毫不拐弯抹角：该项目是"一场商业灾难"③，"根本不应该开始"④；纳税人 3.5 亿～4.75 亿英镑的钱消失在一个黑洞里；任何关于外交、法律或威望的考虑都不能成为对公共财政造成如此严重损害的理由。他表示，"目前，英国政府正处在两种情况中最糟糕的境地——既花了钱，又得不到任何好处⑤。"不幸的是，"牛奶已经洒了一大半"⑥——政府现在只能救剩下的部分。任何其他的项目——英吉利海峡隧道、莱茵集团军两年的维护费用、购买 200 架 MRCA——都可以用原计划投入"协和"飞机项目上的资金⑦。

然而，仍有强烈迹象表明，内阁的重要成员并不认同罗思柴尔德勋爵的经济逻辑。例如，英国贸易和工业大臣约翰·戴维斯⑧仍然坚定地支持"协和"飞机项目。11 月 30 日，他在一份备忘录中表示，任何单方

---

① TNA CAB129/49，CM（71）15th，Concorde，Memorandum by the Minister of Aviation Supply，15th March 1971；TNACAB128/49/15，CM（71）15th，Conclusions，18th March 1971.

② TNA CAB129/160，CP（71）144th，30th November 1971.

③ TNA CAB129/160，CP（71）140th，29th November 1971.

④ 同上。

⑤ 同上。

⑥ 同上。

⑦ 同上。

⑧ 译者注：约翰·戴维斯，英国政治家，1970 年 7—10 月任技术大臣，1970—1972 年任贸易和工业大臣。

面退出"协和"飞机项目的行为,都将对英法关系造成不可挽回的损害。戴维斯略带嘲讽地指出,只有在英国成功加入欧洲经济共同体之后,才能冒这样的风险①。

1971 年 12 月 2 日,希思内阁终于结束了关于"协和"飞机项目无休止的讨论。内阁决定全力支持该项目,这一戏剧性的决定有些出人意料。做此决定的关键因素无疑是英国希望加入欧洲经济共同体。内阁也确实承诺,对"协和"飞机开展最初协议之外的进一步技术研发。事实上,在这个时候,法国正在推动加长型"协和"飞机的研发②。

尽管如此,到 1971 年年末,英国政府显然接受"协和"飞机项目不能被取消的事实。飞机的短期未来得到了保证,法国也得到了安抚。从希思的角度来看,最重要的是,"协和"飞机不会成为英国加入欧洲经济共同体的潜在障碍。

8.7　1974 年危机的累积

20 世纪 70 年代初,围绕 SST 的环境发生了很大的变化。首先,现有的环境问题并没有得到缓解。相反,"协和"飞机很明显没有希望达到美国现行的居住区环境保护标准。美国政府在州和国家层面都没有表现出降低这些标准的倾向,也没有计划为欧洲研发的 SST 破例③。更糟糕的是,宽体喷气飞机这种新技术的问世,将被证明是"协和"飞机几乎不可逾越的障碍。

正如前文所提到的,在 20 世纪 70 年代初,美国对 SST 的态度变得

---

① TNA CAB129/160,CP (71) 144th,30th November 1971.
② TNA CAB128/49/61,CM (71) 61st,2nd December 1971.
③ TNA PREM16/2,Concorde.

明显消极，这在很大程度上是由于紧迫的环境问题。在此背景下，1971年 3 月 24 日美国国会投票反对美国政府资助 SST，这标志着波音公司结束了在该领域的探索①。在这次投票之后，CLASB 的威廉·舒克利夫（William Shurcliff）将目光投向了"扼杀'协和'飞机"②。

到 1971 年初，尼克松政府面临来自两方的压力：一方面是英法两国的压力，其要求批准在美国国内和国际航线上使用"协和"飞机；另一方面是美国国会和公众的压力，其要求以环境原因禁止使用"协和"飞机。尼克松总统已经向爱德华·希思首相表示过，"协和"飞机将被允许"根据其优点在国内竞争销售"③。然而，事实上，美国联邦航空局提出一项裁决，将禁止美国航空公司在加州到夏威夷等美国国内航线上使用"协和"飞机。最终，"协和"飞机的首飞目的地将是纽约——尽管美国的环保标准使这种飞机或多或少不可能在美国市场上销售④。

从"协和"飞机制造商的角度来看，更令人头疼的是，泛美航空公司总裁胡安·特里普的下台。特里普是超声速的传道者。遗憾的是，他购买的波音 747 被证明是灾难性的。该航空公司 1971 年的亏损为4 550 万美元，前三年期间的累计赤字为 1.2 亿美元⑤。"协和"飞机失去了它在大西洋西岸最有力的支持者。

1972 年是风平浪静的一年，在"协和"飞机的问题上，双方都没有什么进展——如果我们忽略了继续投入其中的巨额资金的话。然而，1973 年 1 月 30 日，泛美航空公司宣布不再行使"协和"飞机的选择权，这引发了一场相当大的危机。泛美航空公司在引进新飞机时乐于冒险

---

① Lynn（[1995] 1998，pp. 72 - 73）；Simons（2012b，p. 91）。
② Simons（2012b，p. 186）。
③ Simons（2012b，p. 201）。
④ Simons（2012b，pp. 199 - 202）。
⑤ Bender and Altschul（1982，p. 519）。

的倾向,显然已经和特里普一起被赶出了公司①。但这家航空公司仍具有影响力。在该消息公布后不久,其他航空公司迅速效仿,选择不行使其期权。不久之后,只有英法两国的国家航空公司——英国航空公司和法国航空公司——仍然坚定地承诺购买该飞机。

当时,"协和"飞机在经济上已经存在问题。从商业角度看,这一连串的取消,使它实际上成了一只"跛脚鸭"。英国很快意识到绝望的形势,但法国的反应却截然不同。英国外交部断定,法国总统蓬皮杜对该项目的支持是毫不动摇的。蓬皮杜显然认为,取消这一计划将损害法国和他个人的威望。法国政府也不认为,持续的能源危机背景下需要对该项目的状态进行任何审查②。

法国眼前的关切,似乎也与国家航空航天工业所在地图卢兹地区的就业密切相关。法国政治阶层内部也存在一些焦虑,他们担心如何维持法国在先进技术领域独立于美国的国际领先地位。飞机项目取消将被法国视为对美国压力的屈服,任何这样的屈服都是完全不能接受的③。

1974年初,哈罗德·威尔逊回到唐宁街,担任工党政府的首相。新政府想要取消整个"协和"飞机项目,尽管该飞机原定于1976年投入使用。正如我们在本章的其他地方所看到的,威尔逊从来不是"协和"飞机的拥护者。1965年1月,只是因为担心美法可能在当时具有创新性的SST技术上合作,他才没有终止"协和"飞机项目。1969年1月,在估计研发成本接近6亿英镑的情况下,威尔逊再次提出取消计划。只是因为担心退出会对外交造成伤害,他才没有出手。

---

① Costello and Hughes (1976,pp. 221–223).

② TNA FCO33/2451,Concorde,21st January 1974.

③ TNA FCO33/2451,Concorde,21st January 1974;TNA FCO33/2451,Future of Concorde–Elements in the French Position,6th February 1974.

1974年是威尔逊取消其保守党前任耗资巨大的"威望项目"的最后机会。可以肯定的是，在内阁内部，托尼·本仍然是该项目的热心支持者。然而，总的来说，新工党内阁确信取消"协和"飞机项目只是时间问题。但是，大家都认识到，在做出最后决定之前，有必要对项目进行审查。

托尼·本极力反对取消计划，用尽了所有办法来延缓执行。他的手中有两张关键的牌：工会牌和法国关系牌。1974年3月19日，托尼·本利用自己与英国飞机制造业的密切联系，为保留"协和"飞机项目做了最后的努力，他在日记中写道：

> 如果内阁决定取消，那么我可能不得不宣布，我打算咨询我在布里斯托尔（罗罗公司布里斯托尔分公司）的人，让他们决定我是否应该继续在政府工作①。

在1974年3月21日的内阁会议上，威尔逊政府很明显面临与他的保守党前任完全相同的选择：单方面退出或继续保持经济上渺茫的前景。托尼·本主张再一次推迟最终决定的时间。他提醒同僚们，如果英国单方面退出一项国际条约，将会面临法律风险。英国财政大臣埃尔温·琼斯也强调，单方面退出将给英国带来极大的政治后果②。

然而，财政大臣希利立即给这些支持"协和"飞机项目的初步迹象泼了一盆冷水。希利指出，取消这一项目的经济理由是压倒性的。如果"协和"飞机项目继续推进，那么飞机的生产、销售和运营都将遭受巨大的损失。项目取消虽然会导致已经投入的巨额资金被灾难性地一笔勾销，但对航空产业的就业只会产生有限的影响。总而言之，财政大臣

---

① Benn [（1988）1989b，p. 124].

② TNA CAB128/54，CC（74）5th，21st March 1974.

估计,对英国来说,继续该项目将比实际向法国支付项目取消罚款的代价更大①。

威尔逊的结论是,内阁内部的广泛共识是赞成取消项目。不过,他也承认,现在还不是做出如此重大和深远决定的时候。首先,此举对社会、工业和区域的影响,以及对英国飞机制造业的影响都需要仔细研究,也需要进一步审查。特伦德的任务是,组建一个跨部门的官员小组,调查项目取消对社会、行业和地区造成的影响②。威尔逊政府又把问题拖延了。

这份受特伦德委托的报告于 1974 年 4 月 24 日发布。这份报告仔细研究了取消"协和"飞机项目对英国飞机制造业规模和形态的影响。它的结论是,"协和"飞机项目在该行业中发挥的作用相对较小,该行业已经承担了大量其他方面的工作。取消"协和"飞机项目,似乎不会对国内造成太大影响③。

8.8　法国说"是"

20 世纪 70 年代的前半段,英国一直想要单方面退出"协和"飞机项目。但是,他们当时并未退出是因为,尽管该项目在经济上是不可行的,但单方面退出在政治上也是不可行的。然而,从 1974 年开始,英国政策制定者们开始为这一僵局寻找可能的解决方案。这一解决方案将使英国能够阻止资金的大量快速流失,同时使法国能够将"协和"飞机

---

① 　TNA CAB128/54,CC（74）5th,21st March 1974.
② 　同上。
③ 　TNA CAB130/735,MISC18（74）22nd,Official Group on Concorde:Aircraft Industry,Final Report of the Group,24th April 1974.

项目作为民族自豪感的持续性象征。

从英国的角度来看，主要的问题是，尽管该项目的财务前景暗淡，但法国可能不会考虑完全取消这个项目。事实上，法国实际上想通过在现有的 16 架飞机的生产计划上增加 3 架飞机来扩展该项目。其中 2 架将留作内部测试，不会投放市场，而 BOAC 和法国航空公司分别订购了 5 架和 4 架。新增的 3 架飞机将使"协和"飞机的总数达到 19 架①。

英国意识到，即使"协和"飞机投入运营，该项目的损失仍将持续增加，这进一步影响了英国的态度。BOAC 估计，在未来 10 年里，它将产生 1.1 亿英镑的运营亏损。在 1974 年 5 月 21 日的一份备忘录中，"协和"飞机部长委员会主席埃尔温·琼斯指出，英国没有义务授权超过 16 架飞机。根据该委员会的说法，在这种情况下，英国有两个"现实的选择"②——完成 16 架飞机，或者完全终止该项目。他们认为，前一种选择是"正确的道路"③。尽管如此，委员会承认，该项目肯定会造成进一步的严重损失，任何生产出来的"协和"飞机都可能成为"白象"④。

在 1974 年 5 月 23 日的内阁会议上，大臣们集中精力试图找出一个既能得到法国同意，又能"保全颜面"的取消理由。托尼·本继续坚持进行"协和"飞机的研制，但到现在，"游戏"肯定已经结束了。似乎是为了强调这一点，希利发表了一篇长篇演讲，阐述了取消"协和"飞机项目的不可避免的经济逻辑，以及继续坚持的愚蠢之处。詹金斯同意他的观点，而埃尔温·琼斯则提出了在纽约、东京和悉尼的着陆权这一棘手问题，强调了退出的理由。英国可能会说，不仅生产"协和"飞机会无利可图，而且那些已经投入使用的飞机也将无处降落⑤。

---

① TNA CAB129/176，C (74) 48th，21st May 1974.
② 同上。
③ 同上。
④ 译者注："白象"（white elephant）指的是华而不实的事物。
⑤ TNA CAB128/54，CC (74) 17th，23rd May 1974.

似乎是为了承认英国退出的必然性,威尔逊明确表示,他希望与现任法国政府合作,而不是与下一届政府展开新的谈判。所有人都同意,重要的是确保法国同意退出,但关键的是,这不是绝对必要的。内阁确实讨论了单方面退出的负面影响,并简要考虑了完成 16 架飞机的前景。但是,总的来说,绝大多数人显然倾向于取消[①]。

这一立场显然没有受到唐宁街 10 号外大批"协和"飞机工人的影响。托尼·本"去和他们聊了聊,然后从侧门溜到了大臣们中间"[②]。然而,工业大臣仍然没有放弃拯救"协和"飞机——即使需要采取一些肮脏的手段。6 月 10 日,托尼·本会见了 BAC 的乔治·爱德华兹(George Edwards),并发表了以下评论:

> 内阁建议我们停止生产,但如果法国坚持生产 16 架飞机,我们就继续生产。因此,你从我这里听到的一个字也不能透露,你的工作是说服法国提出这样的要求,我们必须建造它们……乔治完成了他的工作[③]。

1974 年 6 月 26 日,威尔逊在布鲁塞尔会见了法国总理雅克·希拉克(Jacques Chirac)。尽管英国希望取消或冻结该项目,但希拉克明确表示,法国希望再生产 3 架"协和"飞机。在他看来,关于环境的争论只不过是"一个借口"[④]。他相信,一旦眼下的石油危机被克服,航空公司的订单就会增加[⑤]。威尔逊重申,在他的政府看来,"协和"飞机在经济上是不可持续的。他不相信技术的进一步发展,会实质性地改变该项

---

① TNA CAB128/54,CC (74) 17th,23rd May 1974.
② Benn [(1988) 1989a, p. 160].
③ Adams (1992, p. 348).
④ TNA PREM16/2,R. T. Armstrong to Sir John Hunt.
⑤ 同上。

目的经济前景①。"如果我们建议停止，你会怎么说？你的答案是什么？"威尔逊问道。"不，不"（原始强调），这是对方的回答②。

显然，英国要从这场迅速发展的商业灾难中退出绝非易事。威尔逊于 6 月 27 日向内阁报告了他与希拉克的讨论。他说，法国总理曾说要"生产 200 架'协和'飞机"③，且几乎不可能让英国（极其可观的资金）不战而退。当然，最后的决定取决于法国总统吉斯卡尔·德斯坦（Giscard d'Estaing）。然而，总的来说，似乎可以肯定的是，英国任何取消该项目的企图，都会遭到他们的合作伙伴的压倒性反对④。

因此，内阁中越来越多的人不情愿地接受，单方面退出不再是可行的选择。政府的精力最好用在如何说服雄心勃勃的法国将飞机产量限制在 16 架上。此外，还需要采取措施保护英国的财政利益，并限制他们的债务⑤。

7 月 12 日，英国大法官埃尔温·琼斯发布了一份备忘录，概述了"协和"飞机的历史，并权衡了英国政府各种可用的选择。他指出，法国总统吉斯卡尔·德斯坦几乎肯定不会接受任何取消的想法。在威尔逊和吉斯卡尔·德斯坦即将举行的会议上，英国的目标是，接受继续生产双方商定的 16 架飞机，但不接受这一数字基础上的任何增加。事实上，英国加入生产 16 架"协和"飞机将"以交换信函为条件，明确任何一方没有法律义务同意该计划之外的任何研发或生产工作"⑥。

埃尔温·琼斯的备忘录还进一步提出了一个全新的目标，那就是

---

① TNA PREM16/2，R. T. Armstrong to Sir John Hunt.
② Benn［(1988,1989b, p. 185)］.
③ TNA CAB128/54/21，CC (74) 21st，27th June 1974.
④ 同上。
⑤ 同上。
⑥ TNA CAB129/177，C (74) 72nd，Concorde，Note by the Lord Chancellor，12th July 1974.

成为"协和"飞机历史上的一个转折点。简而言之,英国应该确保法国同意就该项目起草一份全新的协议。这项协议将充分考虑"协和"飞机的发展历史,并对 1962 年的条约进行任何必要的修改①。

从本质上说,英国最终坚定地提出了这个想法,那就是即使不是"离婚",至少也是"合法分居"。这一"分居"协议将明确规定,除最初的 16 架飞机外,任何一方对另一方都没有任何财务义务。它将在纸面上明确规定任何一方拒绝批准进一步生产的权利(这项权利只在 1962 年条约中有所暗示)。该备忘录为进一步的讨论和可能的生产恢复(如果新的和不可预见的情况出现)打开了大门。然而,这同样需要双方的同意②。

威尔逊和吉斯卡尔·德斯坦于 1974 年 7 月 19 日在巴黎会面,以达成一项协议。威尔逊明确表示,英国将履行总数为 16 架飞机的原始协议,但不会超过这个数量。希拉克也许是希望让英国做出更长期的承诺,他再次表达了对石油危机平息后"协和"飞机未来的乐观态度。然而,吉斯卡尔·德斯坦接受了威尔逊的提议③。这标志着英国不再在"协和"飞机问题上犹豫不决,同时法国也接受了对 1962 年条约中规定的两国合作关系进行严格的限制。尽管如此,双方似乎都带着某种失望而离开了这次会议,因为他们无法取得更多的成果。

就这样,备受瞩目的"协和"飞机项目,在声势浩大、充满民族自豪和对未来充满希望中开始,在略带可怜的啜泣声中落幕。英法之间修改后的协议也标志着 SST 时代的结束,以及英法航空航天十多年合作的结束。此外,它还向英国表明了在航空航天发展领域与欧洲建立具

---

①　TNA CAB129/177,C (74) 72nd,Concorde,Note by the Lord Chancellor,12th July 1974.

②　同上。

③　TNA PREM16/296,Record of a Meeting between the Prime Minister and the President of France held at the Elysee Palace in Paris on 19th July 1974 at 11:45 a. m.

有约束力的伙伴关系的危险性。

8.9 结论

"协和"飞机被认为是英法伙伴关系和欧洲对美国技术竞争力的象征。然而，该项目很快就成了英国的巨大经济负担，引发了英国多年的犹豫不决，在经济上继续推进该项目的徒劳无益，被退出该项目所带来的政治和外交问题所抵消。最终，英国得以用一种不太伤害法国自尊心的方式，从这个项目中脱身，但代价相当昂贵。

从本书的角度来看，"协和"飞机事件最重要的结局，或许是它包含的教训，即英国与欧洲航空合作的危险性。罗罗公司特别重视这一教训。这家英国航空发动机制造商决心在民用航空领域展开更深的英美合作，"协和"飞机项目的失败似乎印证了这一点。随后，罗罗公司成为美国宽体飞机制造业的重要合作伙伴。

尽管英国可能在二战后的大部分时间里都"骑两匹马"，但似乎一匹马比另一匹马跑得更快。本书的第 9 章，将对这个主题进行扩展，聚焦 20 世纪 80 年代几家英国航空公司——罗罗公司、BAe 公司和英国航空公司——为了在欧洲空客和波音之间寻求自己定位而进行的斗争。

第 9 章
耍两面派

第三代喷气机时代的英国飞机制造业

9.1　概述

在剑桥郡达克斯福德的帝国战争博物馆（Imperial War Museum）里，展示着一个罗罗公司的遄达 800 航空发动机模型。在附文中，这台令人印象深刻的机器被描述为：

> ……一种为波音 777 系列飞机提供动力的高涵道比涡扇航空发动机。这是一种非常可靠的发动机，并取得了重大的商业成功。自 1997 年以来，超过 80％的 777 飞机都已经安装了遄达 800 航空发动机[①]。

1978 年之后，罗罗公司将其大部分资源集中在使用 RB211 为波音客机提供动力。这对公司的商业成功产生相当大的影响。到了 20 世纪 80 年代，罗罗发动机已成为美国和欧洲机体的首选发动机。

本书主要关注以下问题：二战后英国飞机制造业的复兴主要是通过英欧合作还是英美合作来实现的？直到 1978 年，英国仍在同时走这

---

① 遄达系列发动机相关信息，参见 Pugh（2002），Chapter 6：The Trent Family。

两条路。英国机体制造商 BAe 希望主要与欧洲伙伴合作①。然而,航空发动机制造商罗罗公司和英国航空公司更愿意继续与美国飞机制造商波音公司合作②。

　　本书认为,商业和地缘政治因素,经常使英国飞机制造业同时追求欧洲和美国的选择复杂化。正如本章所述,这种困难在 20 世纪 70 年代末变得尤为严重。詹姆斯·卡拉汉领导下的工党政府,发现自己面临一个熟悉的英国式困境。它是如何试图解决这一困境的?

　　欧洲空客的崛起及其与波音的激烈竞争,激发了马修·林恩(Matthew Lynn)、斯蒂芬·阿里斯(Stephan Aris)和约翰·纽豪斯(John Newhouse)等商业作家的想象力③。这种引人入胜,但又带有新闻色彩的典型文学倾向于将冲突描述为"欧洲与美国的对抗"。这种描述无疑促进了图书的销售。尽管如此,但它还是在某种程度上简化了对抗,因为它忽略了其他航空发动机制造商,包括罗罗公司以及美国的普惠公司和 GE 公司,这些制造商的利益无法被轻易纳入这种二分法的叙述中。总的来说,本章旨在将罗罗公司在波音/空客对抗期间的战略概念化为英国航空产业生存的目标。正如我们将看到的,卡拉汉政府密切参与了这一努力行为。

9.2　波音和空客之间的英国

　　从 20 世纪 50 年代到 70 年代,波音的产品线涵盖了小型的波音

---

　　①　1977 年 4 月 29 日,BAC 和霍克·西德利合并,国有化后成立 BAe,Gardner (1981), p. 287。

　　②　1974 年 3 月 31 日,BOAC 和 BEA 合并,成立英国航空公司,Higham (2013), p. 303。

　　③　Lynn [(1995) 1998];Aris (2002);Newhouse (1982).

727 和波音 737 客机、中型的波音 707 客机，以及大得多的 747 客机。到 20 世纪 70 年代末，这家美国制造商占据了全球客机市场 60% 的份额①。他们过去的国内竞争对手麦道公司和洛克希德公司，在围绕宽体客机的激烈竞争中筋疲力尽。这是本书第 7 章的主题。

20 世纪 70 年代初，欧洲空客销量平平。1974 年至 1976 年，该公司只售出了 15 架飞机。这段时期受到 1973 年石油危机的打击，客机业务急剧下滑②。从 1976 年起，美国和欧洲制造商试图推出波音 727 中型喷气式客机的替代机型。波音 727 一经推出就被证明是巨大的商业成功，但在 15 年后，它开始过时了。这些新机型将成为 20 世纪 80 年代所谓的"第三代"客机。与包括波音 727 在内的前辈相比，它们更经济、耗油更少、发动机效率更高。

20 世纪 80 年代，波音公司和麦道公司开始忙着寻找合作伙伴。美国反托拉斯法禁止美国制造商之间的合作，而与外国公司的合作则不受此类规定的约束。这种合作关系实际上也保证了来自外国政府的融资，以及来自外国国家航空公司的订单③。因此，美国制造商主要把寻找合作者的重点放在欧洲和日本。波音公司很快就与意大利航空公司达成了一项协议，后者将购买其拟议的飞机④。与此同时，麦道公司正在与欧洲空客讨论一个联合项目——200 座的 DCX200。麦道公司还与法国达索达成了一项协议，将推出 175 座的"水星"飞机⑤。

---

① TNA，CAB130/1041，GEN 130（8）2nd，16th May 1978.
② Aris（2002，p. 85）.
③ Newhouse（1982，p. 196）.
④ Newhouse（1982，pp. 197 - 198）.
⑤ Aris（2002，p. 92）.

9.3　波音公司的双重计划

在这种竞争日益激烈的情况下,波音公司计划用一个双项目(波音757/波音767)来取代波音727。意大利和日本的飞机公司很快就获得了波音767的订单。与此同时,波音757将专注于英国。波音公司的宏伟设计是,该项目将拥有所有三家英国国家飞机公司/航空公司(BAe公司、罗罗公司和英国航空公司)的参与。BAe公司将为757飞机提供机翼,罗罗公司将用其新研发的RB211-535(RB211的缩小版本)为飞机提供动力,而英国航空公司将成为启动客户。波音公司是否有意将英国从欧洲大陆拉出来,与美国进行更深入的合作,很难从现有的信息来源中重新推断。然而,它的地缘政治影响不太可能逃过华盛顿或伦敦,甚至巴黎和波恩政策制定者的注意[①]。

当时,欧洲空客大力参与了新A310的启动计划。它比A300B更小,事实上,它代表着波音757/波音767的竞争对手。1976年春,BAe公司董事长贝斯威克勋爵(Lord Beswick)和法国宇航公司(Aérospatiale)[②]董事长(未来法国总统弗朗索瓦的弟弟)雅克·密特朗(Jacques Mitterrand)讨论了英国企业参与该项目的可能性[③]。

在这次会议上,很明显空客工业公司需要英国的资金和机翼技术[④]。1969年,英国退出了欧洲空客联合体,但霍克·西德利作为一家私营企业的一部分,继续从事机翼的研发工作。在德国和法国政府的

---

① Newhouse(1982, p. 201); Lynn [(1995) 1998, pp. 137-138]; Aris(2002, pp. 105-106).

② 1970年,法国南方飞机公司和其他法国航空企业合并,成立了法国宇航公司。

③ Lynn [(1995) 1998, p. 137]; Aris(2002, pp. 104-105).

④ Aris(2002, p. 95).

出口融资支持下,空客得以大幅降低飞机的价格。这种折扣,加上令人惊讶的"先飞后买"计划,说服了美国东方航空公司在 1978 年 4 月购买 23 架 A300B,包括 9 架的选择权订单①。这里有一个明确的信息：美国航空公司准备忽略三发动机飞机,而购买更经济的双发动机机型,这表明他们放弃了之前的共识,即双发动机飞机的危险性是无法接受的。

因此,美国和欧洲之间正在兴起的战斗主要集中在吸引英国的机体和发动机制造商加入各自的阵营上。正如英国财经记者马修·林恩所言,"和以前一样,关键在于英国人②"。如果英国重新被纳入空客项目,那么不仅将强化该欧洲联盟,而且也将标志着波音公司争取英国公司作为分包商和启动合作伙伴的宏伟计划的实际失败。

9.4 英国对波音 757 报价的回应

对于英国航空公司和罗罗公司来说,波音公司的波音 757 报价很有吸引力。自引进波音 707 以来,英国航空公司一直是美国制造商的主要客户之一。该航空公司也更倾向于使用波音 757 的窄体机体来重新装备短途机队,并排除了波音 767 和 A310③。在罗罗公司与洛克希德公司"三星"拥有相当痛苦的经历后,该航空公司主席肯尼思·基思爵士对公司能通过为波音公司的新飞机提供动力而恢复声誉寄予厚望④。

---

① McGuire (1997，pp. 51 - 52).
② Lynn [(1995) 1998，p. 136].
③ Lynn [(1995) 1998，p. 138].
④ TNA CAB130/1123，Rolls-Royce，Presentation to Prime Minister，16th October 1979.

然而，BAe 公司对波音的报价不那么感兴趣。最初的提案包括该公司作为分包商、负责制造机翼盒，但在研发或生产中不扮演任何角色。波音公司将保留对设计和项目管理的全面控制权。此外，BAe 公司的管理层对波音 757 有些质疑，他们认为这是波音 727 的改进型。该公司被要求建造一个需要大量投资的新机翼。然而，机身的责任在于波音公司，这个部件实际上与波音 727 完全相同。因此，与 BAe 公司相比，波音公司的投资相对较少，但 BAe 公司仍被视为临时分包商①。出于这些原因，与罗罗公司相比，BAe 公司倾向于欧洲合作中更平等的条款，并对波音的报价持慎重的保留态度。

正是在这里，我们看到了本章所述故事的关键细节。简而言之，法国和德国坚持认为，BAe 公司重返空客工业公司的条件是，英国航空公司购买 A310。这必然会导致英国航空公司拒绝购买波音飞机，从而破坏了罗罗公司成为这家美国航空巨头的启动合作伙伴的机会。所罗门王②的角色不可避免地落到了卡拉汉的内阁身上。英国政府实际上面临来自英国飞机制造业的三大支柱，即英国航空公司、BAe 公司和罗罗公司相互矛盾的要求。英国的大臣们是如何处理这种困难局面的？

卡拉汉的第一个举措是成立飞机政策部长级小组（GEN130），讨论这一领域的商业和政治敏感问题。在 1978 年 4 月 26 日委员会的第一次会议上，卡拉汉概述了三家国有公司的利益冲突和存在的问题：英国需要更换现有的机队，在波音 757、空客的 A310 和相对而言算"黑马"的麦道 ATMR（中程先进技术）之间做出选择。在这次会议上，几位亲欧洲的大臣表示，他们担心波音的报价是一个"搅局者"，意在破坏

---

① Lynn［（1995）1998，p. 139］；*AWST*，24th April 1978，p. 30.

② 译者注：所罗门（Solomon）是古代以色列-犹太王国国王（约前 960—约前 930 年在位），善于辨别是非，洞察正义。

BAe 公司与欧洲的合作①。

然而，在 1978 年 5 月 16 日的一次会议上，一些英国大臣发现波音公司的报价非常有吸引力。他们公开猜测，罗罗公司可能会有一个辉煌的未来，该公司将向主要客户（特别是在美国）提供 RB211 系列。虽然波音公司没有保证 RB211‐535 将是主发动机，但是，罗罗公司的进度领先其主要竞争对手普惠公司和 GE 公司 18 个月，这几乎保证了罗罗公司能占据波音公司在初期销售中的巨大份额。英国大臣们还辩称，波音公司的计划甚至会被证明对 BAe 公司有利，因为它扩大了与波音独一无二的成功市场组织合作的机会。这占据了民用客机市场 60% 的份额。BAe 公司对波音 757 的参与可能开启进一步长期合作的前景②。

尽管卡拉汉明显支持美国的提议，但事实证明，他不愿完全排除欧洲的选择。他决定亲自写信给法国总统吉斯卡尔·德斯坦和德国总理施密特，讨论空客工业公司和 BAe 公司之间可能的合作。他将告诉对方，这种合作似乎"在商业上不确定，对罗罗公司的贡献微乎其微"③。但他也想向欧洲强调，英国的决定是在"与欧洲合作的任何可行的可能性都没有被忽视"的情况下做出的④。卡拉汉之所以不愿意拒绝空客，主要是出于外交原因而非商业逻辑⑤。

此时，罗罗公司向英国国会议员发送了一份有 12 个要点的备忘录，游说英国航空公司购买波音 757。正如这份文件所言，"全球民用飞机业务由波音公司主导"⑥。波音 757 为罗罗公司提供了"有史以来第

---

① TNA CAB130/1041，GEN130（78）1st，26th April 1978.
② TNA CAB130/1041，GEN130（78）2nd，16th May 1978.
③ 同上。
④ 同上。
⑤ 同上。
⑥ *AWST*，29th May 1978，p. 31.

一次成为波音新飞机的启动发动机"的机会①。如果没有英国航空公司的波音 757 订单,启动发动机将是 GE 公司的 CF6。失去这样一个享有盛誉的机会,不仅对该公司来说是一场灾难,对整个英国航空航天业来说也是一场灾难②。

在这份文件中,罗罗公司还呼吁 BAe 公司也加入波音 757 项目。然而,从 BAe 公司的角度来看,这一提议仍然是不利的。公司高管告诉《航空周刊与空间技术》(*Aviation Week & Space Technology*)杂志,这一报价非常不经济,而且风险很高,因为它需要 BAe 公司的业务完全集中到一个商业联盟中。对 BAe 公司来说,问题是:波音公司能卖出多少架飞机? 如果成千上万的预期订单都没有实现呢③? 除了波音 757,BAe 公司未来还会参与制造哪些飞机④? 至少在这一点上,空客的报价明显更胜一筹。

英国议会的几位议员对罗罗公司的游说表示不满。5 月 26 日,国会议员特里·沃克(Terry Walker)(金斯伍德选区)表达了他对建立一个强大的欧洲协同飞机制造业的偏好。只有在这一目标实现后,英国才应该探索与北美合作项目的可能性。沃克认为,优先考虑与美国合作将构成"一种愚蠢的行为,它将使我们从飞机生产的主流降低到最终为美国人充当分包商的角色"⑤。他总结道,这样的结果"绝不能允许发生"⑥。

1978 年 6 月 13 日,英国高层官员召开会议,商讨如何对波音和空客的报价做出最佳回应。出席会议的有首相詹姆斯·卡拉汉、工业大

---

① *AWST*,29th May 1978,p. 32.
② 同上。
③ 同上。
④ Lynn〔(1995) 1998,p. 139〕.
⑤ 950 HC Deb.,26th May 1978,col. 1911.
⑥ 同上。

臣埃里克·瓦利(Eric Varley)、罗罗公司董事长肯尼斯·基思爵士和CPRS(首相直接控制下的智囊团)负责人肯尼斯·贝里尔(Kenneth Berrill)爵士。卡拉汉立即指出，BAe、英国航空公司和罗罗公司的利益并不一致。基思爵士指出，波音公司的报价为罗罗公司带来了根本性的优势，并指出BAe公司是这一领域的"问题"。他非常怀疑后者的生产率能否与波音或麦道相比。他还表示，如果英国继续犹豫不决，那么为波音757提供启动发动机的机会就会与罗罗公司擦肩而过①。

接着，会议议程转向了欧洲问题。卡拉汉再次援引法国总统吉斯卡尔·德斯坦和德国总理施密特的观点，即一个独立的欧洲飞机制造业是绝对必要的。他注意到，吉斯卡尔·德斯坦和施密特对于允许美国飞机制造业直接主宰世界的局面产生严重的疑虑。他相信，两国都准备为本国航空航天业提供补贴，以防止这种情况的发生②。

卡拉汉进一步表示，他希望找到一个能让所有三家英国公司都满意的解决方案，而不仅仅只是罗罗公司。基思爵士回答说，罗罗公司是一家规模太大的公司，无法被局限于相对较小的欧洲市场。如果它要以目前的形势生存下去，就必须被允许在欧洲以外的地区运营——这实际上意味着在美国市场运营③。

1978年6月21日，英国大臣们再次开会，考虑波音公司的报价以及接受该报价对BAe公司可能产生的后果。后者现在公开希望加入空客工业公司，这将允许该公司继续按照目前的条款签订A300B翼盒合同。但波音公司的报价仍然没有激起BAe公司高管的热情。该报

---

① TNA PREM16/1934，Notes of a Meeting Held in the Prime Minister's Study at 10 Downing Street at 10.30 on Tuesday，13th June 1978.

② 同上。

③ 同上。

价与 BAe 公司的估计成本之间仍有 30％的价差,而 BAe 公司的关键人物对波音公司霸道的管理风格不太认同。最后,BAe 公司认为它已经得到了一个次要项目的工作,显然,波音公司对波音 767 的重视程度高于对波音 757[①]。

6 月,瓦利向内阁其他成员分发了一份关于航空航天政策的备忘录。他对目前的形势做了详细的总结。罗罗公司想用 RB211‐535 发动机为波音 757 提供动力。英国航空公司和美国东方航空公司准备订购使用这种发动机的波音 757。然而,BAe 公司希望成为空客工业公司制造 A300B 和新型 A310 的全面合作伙伴。瓦利提出了以下建议:如果英国航空公司和美国东方航空公司的启动订单变得更加具体,应授权罗罗公司与波音合作;如果波音 757 确实安装了罗罗发动机,英国航空公司应该被授权购买;BAe 公司应该考虑与波音公司、麦道公司和空客工业公司三家公司合作的可能性[②]。

瓦利正在两面下注。遗憾的是,对于首相来说,他面临来自巴黎和波恩的越来越大的压力,他被要求批准 BAe 公司全面加入空客联合体。正如卡拉汉后来的观察:

> 当时的局势具有强烈的政治色彩。如果我们没有加入空客联合体,这将被理解为一种政治行为。吉斯卡尔会用它来对付我们,施密特也会得出类似的结论。我们希望英美合作。美国工业可以为我们提供一些东西。英国有一项重要的嫁妆要送给求婚者。问题是谁会为这笔嫁妆支付合适的价格[③]?

---

① TNA CAB130/1041,GEN130（78）3rd,21st June 1978.

② TNA PREM16/1934,Aerospace Policy（A Note by the Secretary of State for Industry）.

③ Newhouse（1982,p. 203）.

9.5 卡拉汉在华盛顿

6月24日，卡拉汉亲自访问华盛顿，试图找到摆脱这种正在出现的僵局的办法[①]。首相议程上的关键事项之一是与美国东方航空公司总裁弗兰克·博曼(Frank Bohman)共进午餐。在这次会面中，卡拉汉试图从博曼那里得到一个承诺：如果波音757安装了罗罗发动机，那么他就会订购。博曼表示，他愿意这样做。然而，博曼接着向首相表达了对欧洲空客的看法，这一看法"与卡拉汉的顾问在伦敦兜售的观点略有不同"[②]。他认为，欧洲机型的质量很高，美国东方航空公司会很乐意购买。这一结论可能并没有使卡拉汉解决英国困境的工作变得更容易。

法国人知道总理访问华盛顿的事。巴黎人是时候采取一些令人震惊的策略了。法国官员正式宣布，如果BAe公司想重新加入空客工业公司，那么英国必须承诺购买A310[③]。宣布这一消息当晚，卡拉汉会见了波音公司董事长T. A. 威尔逊(T. A. Wilson)。首相坦率地问威尔逊，波音公司的提议是真正想在一个激动人心的项目中争取英国的技术知识，还是仅仅是一种防止欧洲统一战线形成的战术策略。威尔逊回答说，波音对波音757是完全认真的，无论英国是否参与，该项目都将继续进行[④]。

第二天晚上，卡拉汉会见了麦道公司的主席桑福德·麦克唐纳(Sanford McDonnell)。首相在这次会议上的主要目的是，就BAe公

---

① Lynn［(1995) 1998，p. 141］。

② 同上。

③ Lynn［(1995) 1998，p. 141］；Newhouse (1982，p. 208)。

④ Lynn［(1995) 1998，p. 141］。

司、欧洲空客和麦道公司在研发中程客机方面的联合前景获得一些反馈。出于时间和金钱的考虑,麦克唐纳对卡拉汉的提议表现得有些冷淡①。

卡拉汉回来后深信,"欧洲的承诺为 BAe 公司提供了最好的未来②。"具有讽刺意味的是,1978 年 7 月 4 日,英国首相对美国在英国未来航空航天政策上的立场向他的大臣们做出了不太乐观的评估。局势显然极其复杂多变。一方面,如果 BAe 公司合作生产波音 757,那么与其竞争的第三代飞机麦道 ATMR 将不会被制造出来。另一方面,美国东方航空公司或多或少承诺购买带有 RB211 - 535 发动机的波音 757,尽管其首席执行官也对空客表示了一些积极的看法③。

卡拉汉指出,美国东方航空公司和麦道公司都相信,波音公司的意图是优先考虑波音 767 而不是波音 757,因为波音公司没有人说过任何反驳这一观点的话。相反,英国参与波音 757 似乎会增强美国巨头和BAe 公司之间的工业合作的长期前景。然而,从首相的角度来看,英国手中"最强的牌"仍然是罗罗公司和英国航空公司④。

在会议进行到这一步时,贝里尔爵士指出,世界航空市场的一半在美国。也就是说,美国公司只有在产品有市场保证的情况下,才会投入生产项目。相比之下,法国和德国的企业可以依靠来自中央政府的更多支持,而这些中央政府并不一定会出于纯粹的经济原因而投入此类项目。因此,A310 将在没有任何确定订单的情况下获得融资和建造。总的来说,贝里尔爵士似乎确信,试图调和这些相互竞争的欧美项目几乎是不可能的。英国必须做出选择⑤。

① Lynn [(1995) 1998,p. 142].
② Lynn [(1995) 1998,p. 142];*AWST*,3rd July 1978,p. 13.
③ TNA CAB130/1041,GEN130 (78) 4th,4th July 1978.
④ 同上。
⑤ 同上。

卡拉汉认为，即将在不来梅和波恩举行的，分别与吉斯卡尔·德斯坦和施密特的会谈使这个问题变得极为紧迫。法国和德国想要的是实实在在的东西。内阁向卡拉汉建议，这些会议上的重点应该是为罗罗公司在欧洲找到一个重要的角色。他们指出，法德两国忙于建立一个欧洲航空产业，却依赖 GE 公司生产的美国发动机，这是很愚蠢的。事实上，他们的家门口就有一个世界知名的发动机制造商——罗罗公司。毕竟，如果与波音公司的合作能提供更好的长期前景，英国的大臣们为什么要批准与欧洲建立更深入的关系呢①?

7 月 28 日，CPRS 为英国大臣们提供了一份关于飞机政策的报告。在他们看来，毫无疑问，罗罗公司和英国航空公司的最佳利益在于与波音公司的合作。他们强调需要对这个项目做出及时和果断的承诺，如果不做出明确的决定，波音 757 的主要上市客户美国东方航空公司可能会从罗罗发动机转向 GE 公司发动机②。

BAe 公司在这一决策过程中一直是一个复杂的因素。在瓦利访问巴黎和波恩之后，这家英国公司与空客工业公司进行了商业谈判，前提是其加入该联盟，成为生产 A300B 和新 A310 的完全风险分担伙伴。CPRS 报告向大臣们建议，英国政府应该为该项目提供 5 000 万英镑的资金。然而，法国总统吉斯卡尔·德斯坦坚持要求做出更坚定的承诺——如果 BAe 公司被空客工业公司接受，那么英国航空公司将承诺购买 A310。此外，BAe 公司仍然没有对成为波音 757 的分包商表示感兴趣，除非它能控制设计元素③。

在 1978 年 8 月 1 日的内阁会议上，BAe 公司可能重新进入空客工

---

① TNA CAB130/1041，GEN130（78）4th，4th July 1978.

② TNA CAB130/1041，GEN130（78）14th，Decisions on Aircraft Policy，Note by the Central Policy Review Staff，28th July 1978.

③ 同上。

业公司再次成为讨论的话题①。瓦利概述了他在谈判中向法国和德国提出的五个条件，具体如下：① BAe 公司在空客工业公司持有 20％的股份。法国和德国各持有 47.9％的股份，而西班牙持有剩余的 4.2％。预计这两个占主导地位的伙伴将把持股比例从 47.9％降至 37.9％；② BAe 公司对未来任何空客工业公司项目均拥有否决权；③ 现有 A300B 翼盒分包合同的价格维持到第 150 套翼盒；④ 豁免 BAe 公司对空客工业公司过去的研发成本和损失的任何责任；⑤ BAe 公司表态会努力（但不是承诺）确保英国航空公司购买空客飞机②。

第五个条件是最有问题的。法国和德国仍然希望获得一个有保证的来自英国航空公司的 A310 订单，以此作为 BAe 公司重新加入联盟的条件③。对卡拉汉来说，当务之急是，是否认可 BAe 公司重新加入空客工业公司的前景。做出这一决定时，不能不考虑罗罗公司的地位——对英国来说，罗罗公司与 BAe 公司一样重要，甚至更重要。

英国航空公司的立场也是一个问题，该公司董事会通过正式寻求政府批准 19 架波音 757 飞机的订单，明确了他们的立场。加上美国东方航空公司已经承诺的 21 架波音 757 飞机的订单，波音公司有足够的潜在买家来证明推出这款飞机的合理性。最关键的是，这些订单中的波音 757 都使用了罗罗 RB211 - 535 发动机。这将使这家英国发动机制造商明显领先于其美国竞争对手。这也标志着罗罗公司几十年来首次拥有如此大的市场优势。然而，如果英国航空公司进一步推迟购买波音 757，这一切都可能受到威胁，因为这可能使美国东方航空公司转向使用 GE 公司的发动机④。

---

① 　TNA CAB130/1041，GEN130（78）5th Meeting，1st August 1978.

② 　TNA PREM16/1934，Aerospace：the latest development，Note by the Secretary of State for Industry.

③ 　TNA CAB130/1041，GEN130（78）5th，1st August 1978.

④ 　同上。

因此，英国航空公司的订单是这个决策过程中的关键因素。英国政府不能做出推迟购买 757 的决定，因为它实际上会导致可能是英国航空航天工业关键支柱的罗罗公司失去在美国几乎有保证的销售前景。然而，英国航空公司将订购 19 架波音 757 飞机的声明，又将严重损害甚至可能排除 BAe 公司进入空客工业公司的可能性。这将给该公司的未来带来不确定性，并可能带来严重的政治惩罚。法国和德国将认为，这是英国对于欧洲合作的一种明确拒绝，而亲欧洲的议员，以及 BAe 公司及其附属工会都将会强烈反对①。

在卡拉汉看来，压力越来越大。他的目标是尽量把这两个问题分开。他希望确保任何关于波音 757 和 RB211 - 535 的决定，都不会影响与空客工业公司的谈判，同时也保证 BAe 公司可能进入空客工业公司而不会破坏 RB211 - 535 的前景。从外交角度来看，他还担心（特别是）法国把谈判的任何失败归咎于英国，或者给（特别是）德国一种英国"耍两面派"的印象②。

瓦利在 1978 年 8 月 2 日的内阁会议上进一步阐述了情况。他首先强调，确保罗罗的 RB211 发动机作为 757 的启动发动机是当务之急。如果实现这一目标，该公司几乎肯定会获得一笔可观的意外之财。英国的大臣们似乎已经达成共识，认为罗罗公司在欧洲没有真正的未来。空客的主要客户似乎都是美国 GE 公司的发动机——事实上，似乎"法国已经与美国航空发动机制造商达成了为这些飞机生产发动机的联盟"。因此，罗罗公司没有选择，只能转向美国市场，而波音公司为它提供了这个机会。根据瓦利的说法，卡拉汉应该准备好告诉法国和德国，只有保证"罗罗在欧洲发挥真正的作用"③，才能说服英国的大臣们批准

---

① TNA CAB130/1041，GEN130（78）5th，1st August 1978.

② 同上。

③ TNA CAB128/64，CM（78）29th，2nd August 1978，Limited Circulation Annex.

英国航空公司采购空客①。

然而英国航空公司是否会默许这样的采购似乎还不确定。该公司显然认为 757 最匹配其需求,因此试图获得政府批准采购 19 架这种飞机。法国不相信英国政府对英国航空公司的采购政策没有控制权。然而,这一政策是基于财政预测,而不是英国大臣们的心血来潮②。

波音公司继续为 BAe 公司提供一个选择,如果采用这个选择,英国的困境就会迎刃而解。但 BAe 公司和波音公司在为波音 757 提供 400 套机翼的估计成本上仍有 2.5 亿英镑的差距。此外,BAe 显然拒绝接受这样一个事实:它只是作为一个分包商参与波音项目,对设计没有任何影响。相比之下,重新加入空客工业公司,将需要重新谈判一份利润丰厚的 A300B 机翼建造合同。与法国和德国在民用飞机上的合作,也将显著改善 BAe 公司未来在军事项目上的工作前景。但是,法国坚持将一个有保证的来自英国航空公司的 A310 订单作为 BAe 公司加入该项目的条件,这一直是症结所在③。

卡拉汉最终得出的结论是,罗罗公司确实会推出 RB211‑535,而与此同时,BAe 公司将被授权与空客工业公司进行谈判。然而,首相指示他的大臣们不要就这两项进展做任何官方宣布,以免影响任何一项谈判。至少目前看来,谨慎比勇敢更重要④。英国确实在玩"两面派"。

---

① 同上。
② 同上。
③ 同上。
④ 同上。

9.6 英国航空公司下订单

1978 年 8 月中旬,英国政府授权英国航空公司购买公司高管要求的 19 架波音 757 飞机。然而,这里有一个问题:英国航空公司的高管被要求与美国东方航空公司联系,以便在法国和德国不知情的情况下联合订购由罗罗公司提供动力的波音 757 飞机①。

8 月 30 日,飞机政策部长级小组会议(GEN130)召开。瓦利建议大臣们应该支持 BAe 公司缔结的加入空客工业公司的工业协议,政府也应该拨款 5 000 万英镑来推动这一安排。但这项拨款遭到了财政大臣乔尔·巴尼特(Joel Barnett)的反对。在巴尼特看来,这项投资无论从短期还是从中期来看,都没有回报的前景。而且,这也完全不符合瓦利自己的标准,即 BAe 公司不应参与那种违背英国工业战略的有商业问题的项目②。

随后,讨论转向了空客工业公司明显依赖的"欧洲集团"和国家支持③。这在冷战时期是一个敏感的问题。毕竟,有人可能会说,这种经济结构更类似于苏联地区的计划经济,而不是西方自由放任的资本主义。如果 BAe 公司真的加入了欧洲联盟,那么这可能被视为对民用航空领域自由市场原则的否定。相比之下,波音公司正以一种更具辨识度和让人安心的资本主义方式开展业务,在国际上寻找客户,并试图尽可能多地与多个国家合作④。

---

① TNA PREM16/1934，Keith to Prime Minister，1st September 1978；TNA CAB130/ 1041，GEN130（78）6th，30th August 1978.

② TNA CAB130/1041，GEN130（78）6th，30th August 1978.

③ 同上。

④ 同上。

此外，正如一些与会者指出的那样，这种真正的欧洲"市场集团概念"①可能更多地存在于理论中，而不是现实中。德国急于与美国合作，而法国斯奈克玛公司已经与 GE 公司建立了密切的关系。"建立一个独立的欧洲机身制造业的想法"②可能更多的是一种修辞手段，而不是具体政策的指导。尽管如此，在这一特定领域，法国似乎更认真地想要实现他们的"欧洲集团"愿景。巴黎的既定目标是，确保空客工业公司代表国家的所有国家航空公司都能使用空客飞机。这自然包括英国最大、最赚钱的航空公司——英国航空公司③。

但这似乎是英国的大臣们无法接受的。英国航空公司的立场不应受到任何偏见，而且英国应该"绝对清楚地向法国政府说明这一点，以免存在任何误解的理由"④。之前英国航空公司购买使用罗罗发动机的波音 757 飞机的决定"不应再推迟执行"⑤。正如我们在第 3 章中看到的，自"飞行英国"政策结束以来，英国航空公司的采购政策绝大多数是由商业考虑决定的。公司必须盈利，而且英国的大臣们也不打算改变这一政策。

在这次讨论中，卡拉汉得出结论，他的大多数大臣都接受了建立一个强大的欧洲民用飞机制造业的广泛理由。BAe 公司成为空客工业公司的正式成员显然得到了一些支持。然而，首相对"在目前由美国制造商主导的世界市场上建立另一个欧洲集团"的想法表示了强烈的怀疑⑥。相反，欧洲的合作应该旨在使欧洲制造商"能够有效地与美国同

---

① TNA CAB130/1041，GEN130（78）6th，30th August 1978.
② 同上。
③ 同上。
④ 同上。
⑤ 同上。
⑥ 同上。

行谈判未来的合作"①。

卡拉汉政府对空客有兴趣，主要是希望加强欧洲（和英国）与美国讨价还价的能力。在这个非常有限的基础上，英国的大臣们准备批准工业协议的条款，使 BAe 公司成为空客工业公司的完全风险分担成员。至于英国航空公司的 19 架波音 757 的订单，这次会议实际上显示了部长级的共识，即法国坚持英国购买 A310 是不可接受的②。

卡拉汉因此同意提前宣布批准英国航空公司订购 19 架波音 757 飞机和推出罗罗 RB211-535 的决定。当然，法国交通部长约尔·勒泰勒（Joel le Theule）可能仍然会坚持他之前的立场——BAe 公司加入空客工业公司的条件是英国航空公司订购空客飞机。如果事实果真如此，卡拉汉表示他打算写信给法国总统和德国总理。正如他对大臣们说的那样，"到时将由法国政府来决定他们是否准备放弃他们的条件③。"

9 月 1 日，肯尼斯·基思爵士给首相写了一封措辞强硬的信。他确信英国航空公司购买波音 757 是"一个国家不会后悔的决定"。他进一步对法国的评价是"不讲理、不理性——但这并不是什么新鲜事"。这位罗罗公司总裁表示："显而易见的事实是，他们（法国）需要我们（英国），就像我们需要他们一样。毫无疑问，随着时间的推移，他们也会这样看待这件事。④"收到这封信 10 天后，卡拉汉回了信。他祝贺罗罗公司赢得了美国东方航空公司为波音 757 订购 RB211-535 的订单。他称这是"罗罗公司的一个伟大机遇"⑤，并表示自己"非常高兴看到美国东方航空公司决定在购买波音 757 飞机时指定使用这款发

---

①　TNA CAB130/1041，GEN130（78）6th，30th August 1978.

②　同上。

③　同上。

④　TNA PREM16/1934，Keith to Prime Minister，1st September 1978.

⑤　TNA PREM16/1934，Prime Minister to Keith，11th September 1978.

动机"①。

与此同时,BAe 公司的工业合作伙伴原则上同意该公司重新加入空客工业公司。然而,由于法国政府坚持要求英国航空公司购买 A310,这一行动被搁置。巴黎的官员想要一份这样的意向书,但瓦利通知法国交通部长约尔·勒泰勒,这样的意向书不会很快就有②。

僵局被一个意想不到的消息来源打破了。9 月中旬,英国一家名为莱克航空公司(Laker Airways)的小型航空公司的董事长弗雷迪·莱克爵士(Sir Freddie Laker)订购了 5 架麦道 DC－10－30 和 10 架 A300B。法国和德国政府不情愿地接受了莱克航空公司的采购,认为这是针对空客飞机的必要"英国采购"。这成为 BAe 公司重新加入欧洲联盟的入场券③。

但是莱克航空公司的采购并没有让巴黎完全放弃英国航空公司。1978 年 10 月 16 日,瓦利通知英国的大臣们,法国官员仍在寻求英国航空公司订购空客飞机。但可以肯定的是,法国不再把这作为 BAe 公司参与该项目的必要条件。尽管如此,英国认为,如果谈判破裂,巴黎将试图从这个问题中获取政治资本。事实上,BAe 公司参与的唯一障碍就是法国总统。尽管大多数法国官员和实业家都愿意接纳这家英国公司,但吉斯卡尔·德斯坦对英国航空公司拒绝空客的影响很敏感。卡拉汉在这一点上表现得很坚定,他说:"在已经做出的让步之外,不应向法国做出进一步让步。④"

10 月 24 日,英国、法国和西德政府宣布达成了一项协议。伦敦将向 BAe 公司提供 5 000 万英镑,而巴黎和波恩预计将为 A310 项目提供

① TNA PREM16/1934,Prime Minister to Keith,11th September 1978.

② *AWST*,4th September 1978,p. 20.

③ Aris (2002,pp. 112-113);Newhouse (1982,p. 210);*AWST*,25th September 1978,pp. 20-21.

④ TNA CABI30/1041,GEN130 (78) 7th,16th October 1978.

2.5 亿英镑。BAe 公司将拥有空客工业公司 20％的股份（5 000 万英镑／2.5 亿英镑），这意味着法国和德国的持股比例将都从 47.9％降至 37.9％。西班牙拥有剩下的 4.2％。至关重要的是，对重大决定的否决权门槛也从 75％提高到了 80％。这意味着，英国和西班牙将能够阻止他们反对的任何对该计划的修改，即使这些修改得到了法国和德国的支持①。BAe 公司和卡拉汉政府已经从欧洲得到了他们想要的东西。

RB211－535 的经济理由是压倒性的。这主要取决于波音公司的承诺，即使用罗罗公司产品作为第一架波音 757 的认证发动机。这得益于英国航空公司和美国东方航空公司首批订购的 40 架飞机。唯一的竞争对手来自 GE 公司的 CF32。然而，它至少要到罗罗发动机认证 8 个月后，才能获得认证。在售出的波音 757 中，超过 40％安装了 RB211－535 发动机。在接下来的 15 年里，该发动机总数可能达到 1 000～1 500 台②。

事实上，波音 757 并没有取得商业上的成功。然而，罗罗公司在这一机型项目中的角色具有历史意义。罗罗公司官方历史的作者彼得·普（Peter Pugh）曾指出，波音 757"将是第一架搭载普惠公司发动机以外发动机的波音飞机"③。这是罗罗公司和波音公司建立密切合作的开始，此后双方在这种合作中生产了一些航空史上最畅销的飞机。事实上，从波音 757 的中型 RB211－535，到波音 747 的大型 RB211－524，罗罗公司制造了一个完整的发动机家族④。RB211 还为遄达提供了蓝图，遄达是最畅销的波音 777 的启动发动机。在 20 世纪 80 年代和 90

---

① Aris（2002，p.115）.
② TNA CAB130/1123, Rolls-Royce, Presentation to Prime Minister, 16th October 1979.
③ Pugh（2001，p.265）.
④ TNA CAB130/1123, Rolls-Royce, Presentation to Prime Minister, 16th October 1979.

年代,遄达发展成为一个发动机系列,为美国飞机和欧洲空客飞机提供动力。通过在波音 757 项目中获得关键角色,罗罗公司走上了一条将产品推向国际航空产业巅峰的道路。

9.7 结论

随着 20 世纪 70 年代接近尾声,英国航空航天业开始出现明显的分化。这种分化只不过是英国在美国和欧洲之间摇摆不定的传统的最新表现,这种传统可以追溯到二战结束。这种分化将三个英国公司分成两个阵营。亲美阵营由罗罗公司和英国航空公司组成,而亲欧阵营则由 BAe 公司组成。法国已将 BAe 公司重新加入空客工业公司的条件设定为英国航空公司订购欧洲空客飞机。然而,罗罗公司迫切希望该订单能给波音公司,从而保证美国飞机安装罗罗公司的发动机。利益冲突似乎难以解决。

回顾过去,20 世纪 70 年代末欧洲空客工业公司崛起,为英国官员创造了有利的谈判环境。在与波音公司就使用罗罗发动机为美国公司的下一代客机提供动力进行谈判时,英国可以找到一个可替代的商业伙伴,从而加强自己的地位。事实上,这些资料显示,在关键时刻,英国决策者并没有优先考虑选择欧洲。他们从一开始就或多或少地将欧洲视为与美国对比更重要,也可能更有利可图的谈判筹码。

最终,英国在波音和空客之间的商业战争中的"两面派"做法让其在很大程度上获得了回报。尽管英国航空公司承诺使用美国(罗罗公司提供动力)的飞机,BAe 公司还是被空客工业公司重新接纳。这一历史性的成功凸显了罗罗公司与美国的普惠公司和 GE 公司并列成为三大航空发动机生产商的地位。到 20 世纪 90 年代，罗罗公司同时为美国和欧洲的飞机提供发动机①。在某种程度上，英国的飞机制造业终于成功地学会了如何同时"骑两匹马"。

---

① 1997 年，遄达 500 发动机（RB211 系列的改型）被选为 A340 - 500/A340 - 600 唯一装配的发动机[Owen（1999，p. 324）]。

第 10 章
结　语

从军事装备的角度来看，英国在 1982 年福克兰战争中获胜的主要原因是，海军特遣部队与皇家海军"海鹞"和皇家空军的"鹞"式垂直/短距起降(V/STOL)战斗机的合作。这些飞机在与阿根廷的"幻影"Ⅲ 和"超军旗"战斗机的空战中获胜。事实上，在敌对行动爆发时，247 架阿根廷战斗机与 20 架英国"海鹞"战斗机的数量比为 12：1。英国不得不使用"海鹞"V/STOL 战斗机，因为这是唯一可以从远离大陆的航母甲板上起飞的飞机①。

不过，大约在这次英国战胜阿根廷的 15 年前，"鹞"式战斗机的命运就已岌岌可危。在 1966 年 12 月 22 日的英国内阁会议上，财政大臣詹姆斯·卡拉汉要求取消该飞机，他对 20 亿英镑的国防上限目标表示担忧。然而，航空大臣弗雷德·马利和国防大臣丹尼斯·希利为"鹞"式战斗机项目进行了激烈的辩护。最后，首相哈罗德·威尔逊决定继续这个项目，并向美国授予了生产许可②。威尔逊政府(以废除保守党的"威望"项目而闻名)决定继续生产独特的 V/STOL 飞机。1982 年，这种飞机让英国在南大西洋取得了胜利。

1982 年 4 月 14 日，英国首相玛格丽特·撒切尔在对下议院的一次讲话中表示，"(福克兰)群岛的主权"不会"受到侵略行为的影响"③。通过与阿根廷战斗获得的胜利，英国展示了自己作为世界强国的形象，以

---

① Ethell and Price [(1983) 1986，pp. 19 - 20，213].

② TNA CAB128/41，CC (66) 68 Conclusions，22nd December 1966.

③ 21 HC Deb. ，14th April 1982，col. 1146.

及在大西洋南部使用军事力量的能力。今天,在经历了苏伊士危机的耻辱约半个世纪后,英国显然又一次成为一支不可忽视的力量。这场战争本身成为撒切尔领导下英国复兴的象征,在战后各种灾难和耻辱之后,讲述了凤凰涅槃般重生的故事。

我们如何解释这两种形象(苏伊士危机中破产和受挫的前帝国,以及福克兰战争中看似强大的世界强国)之间的鲜明对比? 这本书试图从这几十年英国飞机制造业的角度来讲述这个故事。在任何时候,本书的目的都是对经常被提及的英国"衰落"叙述进行一种历史批判,并表明尽管经历了痛苦和困难,英国决策者仍能够以不折不扣的隐蔽性和技巧在战后时期进行谈判。到撒切尔发表演讲时,英国已经为自己开辟了一个新角色,即美国主导的全球化进程中的关键支柱。

正如本书第一部分所示,事情的开始毫无疑问并不顺利。在战后初期,英国决策者的首要任务是努力维持英国在世界政治中的大国地位。这对远程民用客机市场的影响是显而易见的。在"飞行英国"政策下,英国政府推广英国客机,与美国机型展开了一场命运多舛的竞争。可以肯定的是,这场竞争的初始阶段是由英国"彗星"1型和VC2"子爵"飞机引领。即使在苏伊士运河危机之后,哈罗德·麦克米伦领导的保守党政府仍试图继续与美国飞机抗衡。这需要对英国飞机制造业进行整合优化和提供大量的资金支持,特别是通过 TSR-2 战斗轰炸机和 VC10 客机项目。

然而,到了20世纪50年代末,波音707和道格拉斯DC-8完全扭转了市场形势。这使 BOAC 面临长期的财务困难。随着时间的推移,BOAC 退出了"飞行英国"政策,并越来越多地在宽体远程客机的更新换代中寻求久经考验的美国客机。英国在远程和中程民用客机市场的最终挫折,促使其机体制造商通过空客和英法"协和"飞机等欧洲项目,探索在欧洲大陆的选择。

因此，从英国决策者的角度来看，20 世纪 50 年代似乎是一个发人深省的十年。然而，就在英国飞机制造业似乎在各方面都遭遇挫折的时候，目标明确的保守党政府领导其进行合理化改造，并提高了效率。此外，一家英国航空发动机制造商（罗罗公司）正在争取成为美国航空公司的主要供应商。事实上，波音 707 是由强大的罗罗康威发动机驱动的。在二战后的 20 年里，复苏的萌芽很难被发现，但它们仍然存在。

正如本书第二部分所指出的，英国在欧洲和美国之间的困境在 20 世纪 60 年代变得尤为尖锐。1965 年，哈罗德·威尔逊政府决定取消 TSR－2 后，英国显然必须选择一个航空合作的主要伙伴。然而，随之而来的是一些相互矛盾的政策决定和举措。一方面，英法国防一揽子计划、"美洲虎"和 AFVG 部分实现了英法合作的宏伟欧洲雄心；另一方面，"协和"飞机和英国早期在"欧洲技术共同体"的名义下支持的欧洲空客等项目也是如此。

到 20 世纪 60 年代结束时，法国已经停止参与 VG 项目，伦敦也在 1966 年北约危机之后与巴黎越来越疏远。与此同时，威尔逊和美国林登·B.约翰逊政府在华盛顿达成了一项协议，主要内容是英国购买美国 F－111 战斗轰炸机，以及英国免受"购买美国货"政策的限制。通过这些决定，英国飞机制造业发出了它有意进入美国军事市场以及之前由美国主导的中东军事市场的信号。

当然，从英国飞机制造业的角度来看，欧洲和美国两者的选择不是非此即彼的。然而，正如第三部分所示，英国"骑两匹马"的尝试充满了危险。首先，飞机制造不仅仅是商业活动，而且具有重要的地缘政治影响，这就是为什么戴高乐在 1966 年的戏剧性举动，对英国飞机制造业政策产生了如此重大的影响。此外，在 20 世纪 60 年代末和 70 年代初，波音和欧洲空客在大型喷气式客机研发方面的商业竞争变得越来越令人担忧。这一系列的商业和地缘政治因素让英国公司面临选择，要么为波音公司提供发动机,要么进一步参与欧洲空客项目。

最终,英国用某种技巧解决了这个困境,罗罗公司确实继续为波音公司提供发动机,而 BAe 公司则获准重新加入欧洲空客联合体。当然,这一事件可能比其他任何事件都更生动地展示了英国试图在大西洋两岸站稳脚跟的内在矛盾。然而,在某种程度上,英国确实完成了这种外交和商业壮举,罗罗公司巩固了自己作为航空发动机制造业三大公司之一的地位。

上述这些历史构成了本书的基本结论,即英国飞机制造业的复兴主要是由于参与了美国主导的全球化趋势。这让人们对英国自 19 世纪以来一直在经历一个直接的衰落过程的观点产生了质疑。事实上,英国能够在全球市场上保持良好的份额——英国飞机制造业就是这一成就的典范。

罗罗公司的具体案例与此密切相关。在 2001 年出版的《罗尔斯-罗伊斯:英国飞翔女神的崩溃》(*Rolls-Royce: Collapse of the British Spirit of Ecstasy*)一书中,日本商业历史学家大河内昭夫(Akio Okochi)将 1971 年罗罗公司的破产作为英国工业精神最终衰落的象征[①]。事实上,情况恰恰相反。罗罗公司的破产,以及最终被尼克松和希思拯救,实际上只是该公司在 20 世纪 80 年代戏剧性崛起的历史脚注。在这种情况下,黎明前的夜晚确实是最黑暗的,"飞翔女神"作为英国制造业的象征,直到 20 世纪末仍然没有变弱。

本书表明,战后英国的制造业(特别是飞机制造业)相对于美国和欧洲大陆,保持了竞争力——事实上,它们是不可或缺的。这与杰弗里-欧文在《从帝国到欧洲》(*From Empire to Europe*)一书中得出的结论相反,这条成功的道路,在很大程度上取决于与美国的合作。当然,英

[①] Okochi (2001).

国的"伟大斗争"[1]有时会步履蹒跚。1956年的苏伊士危机、1967年的英镑危机和撤出苏伊士以东，以及1976年的国际货币基金组织危机都可以被视为英国衰落的标志。《华尔街日报》(*The Wall Street Journal*)将这一最新进展称为"再见，大不列颠"，而伯克(Burke)和凯恩克罗斯(Cairncross)则将其描述为撒切尔主义的前奏[2]。

撒切尔的新自由主义被一位记者斥为"衰落的双重障碍"之一[3]，与托尼·本[4]代表的国家主义社会主义齐名。值得注意的是，撒切尔和托尼·本都高度重视英国的飞机制造业。本书的前言讲述了一名狂热的工党支持者因TSR-2被取消而转向保守党的轶事。在关键时刻，英国的飞机制造被证明是一个跨阶层、跨议会的问题。这是否也可以被视为一种有助于确保英国在失去帝国后，仍能保持世界大国地位的基本爱国主义的证据？

---

① Holland (1991).
② Burk and Cairncross (1992，p. 228).
③ Jenkins，Peter (1996，p. 145).
④ Tomlinson [(2000) 2001，p. 96].

附录一　20 世纪 50—70 年代的
　　　　喷气飞机

英 国 和 欧 洲		美　　　国	
机　　体	发动机	机　　体	发动机
第一个喷气飞机时代（推力：3 万磅级以下）			
军用			
霍克"猎人"	罗罗 阿汶	波音 KC-135	普惠 J57
汉德利·佩季"胜利者"	罗罗 康威	洛克希德 C-130	通用汽车 T56
维克斯"勇士"	罗罗 阿汶	洛克希德 F-104	GE J79
维克斯 V-1000	罗罗 康威	波音 B-52	普惠 TF33
民用			
维克斯"子爵"	罗罗 达特	洛克希德"伊莱克特拉"	通用汽车 T56
布里斯托尔"不列颠尼亚"	布里斯托尔 海神	波音 707-120	普惠 JT3(J57)
德·哈维兰"彗星"	德·哈维兰 幽灵	波音 707-320	普惠 JT4(J75)
维克斯 VC10	罗罗 康威	波音 707-420	罗罗 康威

挣扎与融入：英国飞机制造业和全球化

英国和欧洲		美 国	
机 体	发动机	机 体	发动机
		道格拉斯 DC-8	普惠 JT3(J57)
第二个喷气飞机时代（推力：4 万磅级）			
军用			
麦道 F-4	罗罗 斯贝	洛克希德 F-104	GE J7
BAC TSR-2	BSE 奥林	麦道 F-4	GE J7
HSA P.1154	BSE BS100	洛克希德 C-5A	GE CF6
HSA P.1124	罗罗 飞鸟	GD F-111	普惠 TF30
		LTV A-7"海盗"II	罗罗 斯贝
民用			
BAC BAC2-11/BAC3-11	罗罗 RB211	波音 747	普惠 JT9D
空客 A300	罗罗 RB207	麦道 DC-10	GE CF6
空客 A300B	GE CF6	洛克希德"三星"	罗罗 RB211
超声速运输机			
BAC"协和"	罗罗 奥林匹斯	波音 2707	GE 4
第三个喷气飞机时代（民用）			
空客 A310	GE CF6	波音 757	罗罗 RB211-535
		波音 767	普惠 JT9D

资料来源：英美工业合作资料。

附录二　英国 1946—1970 年国际收支

单位：百万英镑

年份	有形贸易	无形贸易	经常余额	特别补助金	投资	平衡项目	货币总流量	(a)[①]	上述总额	(b)[②]	官方储备
1946	−103	−127	−230		235	50	55	−1	54		−54
1947	−261	−20	−381	30	342	−150	−159	−51	−210	58	152
1948	−151	177	26	138	−128	−100	−64	−6	−70	15	55
1949	−137	136	−1	154	−106	−50	−3		−3		3
1950	51	358	307	140	128		575		575		−575
1951	−689	320	−369	43	92	−100	−334		−334	10	334
1952	−279	442	163		−404	66	−175		−175		175
1953	−244	389	145		119	32	296		296	−56	−240
1954	−204	321	117		−48	57	126		126	−39	−87
1955	−313	158	−155		−195	121	−229		−229		229
1956	53	155	208		−409	42	−159		−159	201	−42
1957	−29	262	233		−300	80	13		13		−13

319

（续表）

年份	有形贸易	无形贸易	经常余额	特别补助金	投资	平衡项目	货币总流量	(a)①	上述总额	(b)②	官方储备
1958	29	315	344		−121	67	290		290	−6	−284
1959	−117	269	152		−108	−26	18	−58	−40	−79	119
1960	−406	151	−255		286	294	325	−32	293	−116	−177
1961	−152	158	6		−316	−29	−339		−339	370	−31
1962	−102	224	122		−3	73	192		192	−375	183
1963	−80	204	124		−107	−75	−58		−58	5	53
1964	−519	143	−376		−299	−20	−695		−695	573	122
1965	−237	185	−52		−322	21	−353	−44	−353	599	−246
1966	−73	156	83		−556	−74	−547		−591	625	−34
1967	−552	254	−298		−573	200	−671		−671	556	115
1968	−643	355	−288		−1 005	−117	−1 410		−1 410	1 296	114
1969	−141	581	440		−72	375	743		743	−699	−44
1970	3	576	579		615	93	1 287	133	1 420	−1 295	−125

资料来源：中央统计局，《1971 年英国国际收支》（伦敦，HMSO，1971 年），第 5、第 7 页。

注：① 向国际货币基金组织的黄金认购和特别提款权分配。

　　② 与海外货币当局的净交易，官方储备。

参考文献

档案来源

英国（伦敦邱园国家档案馆）

AIR2 Air Ministry and Ministry of Defence：*Registered Files*.

AIR8 Air Ministry and Ministry of Defence：Department of the Chief of the Air Staff：*Registered Files*.

AVIA63 Ministry of Supply，Air Division，and Ministry of Aviation：*Registered Files*.

AVIA65 Ministry of Supply and successors：*Registered Files*.

AVIA97 Ministry of Aviation and Ministry of Technology：Air ADivision，Air A4 Branch and Air CDivision，Air C2 Branch：Committee of Inquiry into the Aircraft Industry（Plowden Committee），*Registered Files（BM Series）1964—1967*.

BT248 Ministry of Civil Aviation and successors：Safety and General Group：*Papers*.

CAB65 and 66 War Cabinet and Cabinet：*Memoranda*.

CAB87 War Cabinet and Cabinet：Committees on Reconstruction，Supply and other matters：*Minutes and Papers*.

CAB128 and 129 Cabinet Office：*Cabinet Meetings and Memoranda*.

CAB130 Cabinet：Miscellaneous Committees：*Minutes and Papers*.

CAB133 Cabinet Office：Commonwealth and International Conferences and

Ministerial Visits to and from the UK：*Minutes and Papers*.

CAB134 Cabinet：Miscellaneous Committees：*Minutes and Papers*.

CAB148 Cabinet Office：Defence and Oversea Policy Committees and Sub-Committees：*Minutes and Papers*.

CAB164 Cabinet Office：*Subject（Theme Series）Files*.

CAB168 Cabinet Office：Chief Scientific Adviser，Solly Zuckerman：*Registered Files*.

FCO33 Foreign Office，Western Department and Foreign and Commonwealth Office，Western European Department：*Registered Files*.

FCO46 Foreign Office and Foreign and Commonwealth Office：Defence Department and successors：*Registered Files*.

FCO70 Foreign and Commonwealth Office：Export Promotions Department：*Registered Files*.

PREM11 Prime Minister's Office：*Correspondence and Papers*，*1951—1964*.

PREM13 Prime Minister's Office：*Correspondence and Papers*，*1964—1970*.

PREM15 Prime Minister's Office：*Correspondence and Papers*，*1970—1974*.

PREM16 Prime Minister's Office：*Correspondence and Papers*，*1974—1979*.

T225 Treasury：Defence Policy and Materiel Division：*Registered Files*.

美国(马里兰大学公园国家档案馆)

Record Group［RG］56：Department of the Treasury，Office of the Secretary，Office of the Assistant Secretary for International Affairs，Aid Programs，UK9/11，*Mutual Assistance Program*，General（1951—1959）.

Record Group［RG］59：Department of the State.

Central Files［CF］

Lot Files

Record Group［RG］59：Department of the State，subject numeric file，lot files，Entry 1548［E1548］Record of the Mutual Security Program‐*West European Country Files*，*1952—1956*.

Record Group [RG] 59: Department of the State, subject numeric file, lot files, Entry 5172 [E5172] *Subject Files of the Deputy Assistant Secretary for Politico-Military Affairs*, 1961—1963.

Record Group [RG] 59: Department of the State, subject numeric file, lot files, Entry 5178 [E5178] Office of Politico-Military Affairs - *Subject Files of the Office of Operations*, 1962—1966.

Record Group [RG] 59: Department of the State, subject numeric file, lot files, Entry 5179 [E5178] Office of Politico-Military Affairs - *Subject Files of the Combined Policy Office*, 1961—1966.

Record Group [RG] 59: Department of the State, subject numeric file, lot files, Entry A1 5603 [E(A1)5603] *Records Relating to the United Kingdom*, 1965—1974.

私人文件

Edwin Noel Plowden, Baron Plowden: *Papers on Common Market and United States of Europe 1961 - 73* [*PLDN*], Churchill College Archives Centre, Cambridge.

公布的官方资料

英国

Central Statistical Office, *United Kingdom Balance of Payments 1971* (London, HMSO, 1971).

Department of Trade and Industry, *Productivity of the national aircraft effort: report of a committee appointed by the Minister of Technology and the President of the Society of British Aerospace Companies, under the chairmanship of St. John Elstub* (London, HMSO, 1969).

Department of Trade and Industry, *Rolls-Royce Limited, Investigation under Section 165 (a)(i) of the Companies Act 1948, Report by R A MacCrindle P Godfrey FCA* (London, HMSO, 1973).

Department of Trade and Industry, *Rolls-Royce Ltd and the RB211 Aero-Engine,*

Cmnd. 4860 (London, HMSO, 1972).

Hansard, Debates of the House of Commons.

Minister of Aviation, *Report of the Committee of Inquiry into the Aircraft Industry*, Cmnd. 2853 (London, HMSO, 1965).

Minister of Defence, *Defence: Outline of Future Policy*, Cmnd. 124 (London, HMSO, 1957).

Ministry of Aviation, *The Financial Problems of the British Overseas Airways Corporation* (London, HMSO, 1963).

Ministry of Civil Aviation, *British Air Services*, Cmd. 6712 (London, HMSO, 1945).

Office of the Minister for Science, *Report of the Committee on the Management and Control of Research and Development* (London, HMSO, 1961).

The Chancellor of Exchequer, *New Policies for Public Spending*, Cmnd. 4515 (London, HMSO, 1970).

The Chancellor of Exchequer, *White Paper on Public Expenditure 1969 - 70 to 1974 - 75*, Cmnd. 4578 (London, HMSO, 1975).

美国

Congressional Quarterly Almanac, 92nd Congress, 1st Session, 1971, v. 27 (Washington, Congressional Quarterly Inc., 1972).

Foreign Relations of the United States, 1958—1960, Volume Ⅶ, Part 1, Western European Integration and Security, Canada (Washington, USGPO, 1993).

Foreign Relations of the United States, 1958—1960, Volume Ⅶ, Part 2, Western European Integration and Security, Canada (Washington, USGPO, 1993).

Foreign Relations of the United States, 1961—1963, Volume ⅩⅢ, Western Europe and Canada (Washington, USGPO, 1994).

Foreign Relations of the United States, 1964—1968, Volume ⅩⅡ, Western

Europe (Washington，USGPO，2001).

Foreign Relations of the United States，The Conferences at Washington，1941—1942，and Casablanca，1943 (Washington，USGPO，1968).

Public Papers of the Presidents of the United States，*John F. Kennedy: containing the public messages*，*speeches*，*and statements of the President*，*January 1 to November 22*，*1963* (Washington，USGPO，1964).

The Commission on International Trade and Investment Policy (1971)，*United States international economic policy in an interdependent world: report to the President* (Washington，USGPO).

U. S. Congress，*Military Air Transportation*，86th Cong.，1st Sess. (Washington，USGPO，1959).

U. S. Congress，*National Aviation policy: Report of the Congressional Aviation Policy Board of the United States*，80th Cong.，2d Sess. (Washington，USGPO，1948).

U. S. Congress，*United States Aid to British Aircraft Program*，*Report of the Investigations Divisions of Senate Appropriations Committee*，83rd Cong.，2nd Sess. (Washington，USGPO，1954).

报纸和杂志

Air view (Koku-Joho).

Aviation Week.

Aviation Week & Space Technology.

Business Week.

Flight International.

Fortune.

Interavia.

日记、回忆录和传记

Adams，Jad (1992)，*Tony Benn: A Biography* (London，Macmillan).

Arnold，Henry H. (1951)，*Global Mission* (London，Hutchinson).

Benn，Tony［1988］（1989a），*Office Without Power，Diaries 1968 - 72* (London，Arrow books Limited)．

Benn，Tony［1988］(1989b)，*Tony Benn: Against the Tide*，*Diaries 1973—1976* (London，Hutchinson)．

Crossman，Richard［1975］(1978)，*The Diaries of a Cabinet Minister*，Volume 1，*Minister of Housing 1964—1966* (London，Hamish Hamilton and Jonathan Cape)．

Healey，Denis (1989)，*The Time of My Life* (London，Michael Joseph)．

Jenkins，Roy (1991)，*A Life at the Centre* (London，Macmillan)．

McGhee，George C. (1989)，*At the Creation of a New Germany from Adenauer to Brandt: An Ambassador's Account* (New Haven；London，Yale University Press)．

Pearce，Edward (2002)，*Denis Healey: A Life in Our Times* (London，Little，Brown)．

Shapley，Deborah (1993)，*Promise and Power: The Life and Times of Robert Mcnamara* (Boston，Little，Brown)．

Slessor，John (1957)，*The Central Blue: The Autobiography of Sir John Slessor，Marshall of the RAF* (New York，Praeger)．

Stonehouse，John (1975)，*Death of an Idealist* (London，W. H. Allen)．

Wilson，Harold (1971)，*The Labour Government，1964 - 70: A Personal Record* (London，Weidenfeld & Nicolson and Michael Joseph)．

Zuckerman，Solly (1988)，*Monkeys，Men，and Missiles: An Autobiography，1946 - 88* (London，Collins)．

书籍、文章和书中的章节

Aris，Stephen (2002)，*Close to the Sun: How Airbus Challenged America's Domination of the Skies* (London，Aurum)．

Ashton，Nigel K. (2002)，*Kennedy，Mcmillan and the Cold War: The Irony of Interdependence* (London，Palgrave Macmillan)．

Badrocke, Mike and Gunston, Bill (1998), *Lockheed Aircraft Cutaways: The History of Lockheed Martin* (London, Osprey Aviation).

Barnett, Correlli (1995), *The Lost Victory: British Dreams, British Realities, 1945—1950* (London, Macmillan).

Baylis, John (1981), *Anglo-American Defence Relations 1939—1980: The Special Relationship* (London, Macmillan).

Baylis, John (1995), *Ambiguity and Deterrence: British Nuclear Strategy, 1945—1964* (Oxford, Clarendon Press).

Bender, Marylin and Altschul, Selig (1982), *The Chosen Instrument: Pan Am, Juan Trippe, the Rise and Fall of an American Entrepreneur* (New York, Simon & Schuster).

Bluth, Christoph (1995), *Britain, Germany and Western Nuclear Strategy* (Oxford, Clarendon Press).

Bozo, Frederic (2002), *Two Strategies for Europe: De Gaulle, the United States, and the Atlantic Alliance* (Lanham, Md., Rowman & Littlefield).

Brooke, Peter (2018), *Duncan Sandys and the Informal Politics of Britain's Late Decolonisation* (Cham, Palgrave Macmillan).

Buckley, John (1995), 'Atlantic Airpower Co-operation, 1941—1945', Gooch, John (ed.) *Airpower: Theory and Practice* (London, Frank Cass), pp. 175 – 197.

Burk, Kathleen and Cairncross, Alec (1992), *'Goodbye, Great Britain': The 1976 IMF Crisis* (New Haven, Conn. ; London, Yale University Press).

Cain, P. J. and Hopkins, A. G. (2002), *British Imperialism, 1688—2000*, 2nd ed. (Harlow, Longman).

Camps, Miriam (1964), *Britain and the European Community 1955—1963* (Princeton, N. J., Princeton University Press).

Churchill, Winston S. (1950), *Europe Unite: Speeches, 1947 and 1948* (London, Cassell).

Cole, Lance (2017), *VC10: Icon of the Skies, BOAC, Boeing and a Jet Age Battle* (Barnsley, South Yorkshire, Pen & Sword Aviation).

Commission on International Trade and Investment Policy (1971), *United States International Economic Policy in an Interdependent World: Report to the President* (Washington, Commission on International Trade and Investment Policy).

Costello, John and Hughes, Terry (1976), *The Concorde Conspiracy: The International Race for the SST* (New York, Scribner).

Darby, Phillip (1973), *British Defence Policy East of Suez, 1947—1968* (London, Oxford University Press for the Royal Institute of International Affairs).

Davies, R. E. G. [1964] (1967), *A History of the World's Airlines* (London, Oxford University Press).

Dawkins, Richard and Brockmann, H. Jane (1980), 'Do digger wasps commit the Concorde fallacy?', *Animal Behaviour*, 28 (3), pp. 892 – 896.

Dockrill, Saki (2002), *Britain's Retreat from East of Suez: The Choice between Europe and the World?* (Basingstoke; New York, N. Y., Palgrave Macmillan).

Eddy, Paul, Page, Bruce, and Potter, Elaine (1976), *Destination Disaster* (New York, Quadrangle/The New York Times Book Co. , Inc.).

Edgar, Alistair (1989), 'The MRCA/Tornado: The Politics and Economics of Collaborative Procurement', Haglund, David G. (ed.), *The Defence Industrial Base and the West* (London, Routledge), pp. 46 – 85.

Edgerton, David [2006] (2008), *Warfare State: Britain, 1920—1970* (Cambridge, Cambridge University Press).

Ellison, James (2007), *The United States, Britain and the Transatlantic Crisis: Rising to the Gaullist Challenge, 1963 – 68* (Basingstoke, Palgrave Macmillan).

Endress, Gunter (1999), *Airbus A300* (Shrewsbury, Airlife Publishing Ltd.).

Engel, Jeffrey A. (2009), *Cold War at 30,000 Feet: The Anglo-American Fight for Aviation Supremacy* (Cambridge, MA, Harvard University Press).

Ethell, Jeffrey and Price, Alfred [1983] (1986), *Air War South Atlantic* (London, Sidgwick & Jackson).

Gardner, Charles (1981), *British Aircraft Corporation: A History* (London, Batsford).

Garvin, Robert V. (1998), *Starting Something Big: The Commercial Emergence of GE Aircraft Engines* (Reston VA, AIAA).

Gavin, Francis J. (2004), *Gold, Dollars, and Power: The Politics of International Monetary Relations, 1958—1971* (Chapel Hill; London, University of North Carolina Press).

Giffard, Hermione (2016), *Making Jet Engines in World War II: Britain, Germany, and the United States* (Chicago, The University of Chicago Press).

Gold, Bonnie (1995), *Politics, Markets, and Security, European Military and Civil Aircraft Collaboration 1954—1994* (Lanham, Md.; London, University Press of America).

Haftendorn, Helga (1996), *NATO and the Nuclear Revolution: A Crisis of Credibility, 1966—1967* (Oxford, Clarendon Press).

Hartley, Keith (1965), 'The Mergers in the UK Aircraft Industry, 1957 - 60', *The Aeronautical Journal*, 69 (660), pp. 46 - 52.

Hartley, Keith (1983), *NATO Arms Co-operation: A Study in Economics and Politics* (London, Allen & Unwin).

Hartung, William D. (2011), *Prophets of War: Lockheed Martin and the Making of the Military-Industrial Complex* (New York, Nation Books).

Hastings, Stephen (1966), *The Murder of TSR - 2* (London, Macdonald).

Hayward, Keith (1983), *Government and British Civil Aerospace: A Case Study in Post-War Technology Policy* (Manchester, Manchester University Press).

Hayward, Keith (1986), *International Collaboration in Civil Aerospace*

(London，Pinter)．

Hayward，Keith（1989）．*The British Aircraft Industry*（Manchester，Manchester University Press)．

Hayward，Keith（2012）．'The Formation of the British Aircraft Corporation (BAC) 1957—1961'，*Journal of Aeronautical History*，Paper No. 2012/01．

Higham，Robin（2013），*Speedbird: The Complete History of BOAC*（London，I. B. Tauris)．

Hitch，Charles J. and McKean，Roland N.（1960），*The Economics of Defense in the Nuclear Age*（Cambridge，Harvard University Press)．

Hogan，Michael J. [1987]（1989），*The Marshall Plan: America，Britain and the Reconstruction of Western Europe，1947—1952*（Cambridge，Cambridge University Press)．

Holland，Robert（1991），*The Pursuit of Greatness: Britain and the World Role，1900—1970*（London，Fontana Press)．

Ichige，Kiyomi（2016），'From Development to Cancellation of Anglo French Variable Geometry Aircraft（AFVG），1964—1967'，*Journal of Law and Political Studies（Hogaku Seijigaku Ronkyu）*，110，pp. 1 - 31．

Ingells，Douglas J.（1973），*L - 1011 TriStar and The Lockheed Story*（Fallbrook，Calif，Aero Publishers)．

James，D. and Judkins，Phil（2010），'Chute libre avant le decollage: le programme GVFA d'avion a geometrie variable franco-anglais，1965—1967'，*Dans Histoire，economie & societe*，29，pp. 51 - 73．

Jenkins，Peter（1996），*Anatomy of Decline: The Political Journalism of Peter Jenkins*（London，Cassell)．

Johnman，Lewis and Lynch，Frances（2002），'A Treaty too Far? Britain，France，and Concorde，1961—1964'，*Twentieth Century British History*，13 (3)，pp. 253 - 276．

Johnman，Lewis and Lynch，Frances（2006），'Technological non-cooperation:

Britain and Airbus, 1965—1969', *Journal of European Integration History*, 12 (1), pp. 125 - 140.

Jones, Aubrey (1985), *Britain's Economy: The Roots of Stagnation* (Cambridge, Cambridge University Press).

Kaufman, William W. (1964), *The McNamara Strategy* (New York, Harper & Row).

Kawasaki, Nobuki and Sakade, Takeshi (2001), 'The Marshall Plan and the Formation of the Postwar International System', *Research and Study*, 22, pp. 1 - 9.

Kennedy, Paul (1987), *The Rise and Fall of the Great Powers: Economic Change and Military Conflict from 1500 to 2000* (New York, Random House).

Kindleberger, Charles P. (1973), *The World in Depression, 1929—1939* (London, Allen Lane).

Knight, Geoffrey (1976), *Concorde: The Inside Story* (New York, Stein and Day).

Kyle, Keith (1991), *Suez: Britain's End of Empire in the Middle East* (London; New York, I. B. Tauris).

Leigh-Phippard, Helen (1995), *Congress and US Military Aid to Britain: Interdependence and Dependence, 1949 - 56* (Basingstoke, Macmillan, with the Mountbatten Centre for International Studies).

Lichtheim, George (1971), *Imperialism* (New York, Praeger).

Lynn, Matthew [1995] (1998), *Birds of Prey: Boeing vs. Airbus: A Battle for the Skies* (New York, Four Walls Eight Windows).

Magaziner, Ira C. and Patinkin, Mark (1989), *Silent War* (New York, Random House).

May, Annabele (2009), 'Concorde - Bird of Harmony or Political Albatross: An Examination in the Context of British Foreign Policy', *International Organization*, 33 (4), pp. 481 - 508.

McGuire, Steven (1997), *Airbus Industrie* (Basingstoke, Palgrave Macmillan).

Milward, Alan S. [1984] (1992), *The Reconstruction of Western Europe 1945 - 51* (London, Routledge).

Milward, Alan S. [1992] (2000), *The European Rescue of the Nation State*, 2nd ed. (London, Routledge).

Milward, Alan S. (2002), *The UK and the European Community Vol. 1 The rise and fall of a national strategy 1945—1963* (London, Whitehall History Publishing in association with Frank Cass).

Moore, Richard (2010), *Nuclear Illusion, Nuclear Reality: Britain, the United States and Nuclear Weapons, 1958 -64* (Basingstoke, Palgrave Macmillan).

Nardi, Philip P. (1995), *Foreign Military Sales Policy of the Kennedy Presidential Administration* (Ohio, Air Force Institute of Technology).

Newhouse, John (1982), *The Sporty Game* (New York, Alfred A. Knopf).

Oberdorfer, Don (2003), *Senator Mansfield: The Extraordinary Life of a Great American Statesman and Diplomat* (Washington, D. C. ; London, Smithsonian Books).

O'Brien, Patrick (2002), 'Pax-Britannica and the International Order 1688 - 1914', Matsuda, Takeshi and Akita, Shigeru (eds.), *Hegemony Nations and World System* (Tokyo, Yamakawa Publishing), pp. 89 - 134.

Okochi, Akio (2001), *Rolls-Royce: Collapse of the British Spirit of Ecstasy* (Tokyo, University of Tokyo Press).

Onslow, Sue (2008), 'Julian Amery and the Suez Operation', Smith, Simon C. (ed.), *Reassessing Suez 1956: New Perspectives on the Crisis and its Aftermath* (Aldershot, Ashgate), pp. 67 - 77.

Owen, Geoffrey (1999), *From Empire to Europe: The Decline and Revival of British Industry since the Second World War* (London, HarperCollins).

Owen, Kenneth (1997), *Concorde and the Americans: International Politics of the Supersonic Transport* (Washington; London, Smithsonian Institution

Press).

Parr, Helen (2006), *Britain's Policy Towards the European Community: Harold Wilson and Britain's World Role*, *1964—1967* (London, Routledge).

Pearce, David W. (1992), *The MIT Dictionary of Modern Economics*, 4th ed. (Cambridge, Mass. , The MIT Press).

Peden, George C. (2007), *Arms, Economics and British Strategy: From Dreadnoughts to Hydrogen Bombs* (Cambridge, Cambridge University Press).

Phipp, Mike (2007), *The Brabazon Committee and British Airliners 1945— 1960* (Stroud, Tempus).

Phythian, Mark (2000), *The Politics of British Arms Sales since 1964* (Manchester, Manchester University Press).

Pierre, Andrew J. (1972), *Nuclear Politics: The British Experience with an Independent Strategic Force*, *1939—1970* (London, Oxford University Press).

Pincher, Chapman (1978), *Inside Story: A Documentary of the Pursuit of Power* (London, Sidgwick & Jackson).

Priest, Andrew (2006), *Kennedy, Johnson and NATO, 1962–68* (London, Routledge).

Prouty, L. Fletcher [1996] (2011), *JFK: The CIA, Vietnam, and the Plot to Assassinate John F. Kennedy* (New York, Skyhorse Publishing).

Pugh, Peter (2001), *The Magic of a Name: The Rolls-Royce Story*, *Part Two: The Power Behind the Jets* (Cambridge, Icon Books).

Pugh, Peter (2002), *The Magic of a Name: The Rolls-Royce Story*, *Part Three: A Family of Engines* (Cambridge, Icon Books).

Rae, John B. (1968), *Climb to Greatness: The American Aircraft Industry*, *1920—1960* (Cambridge, Mass; London, The MIT Press).

Reed, Arthur (1973), *Britain's Aircraft Industry: What Went Right? What Went Wrong?* (London, J. M. Dent & Sons).

Rice, Berkeley (1971), *The C – 5A Scandal: An Inside Story of the Military-Industrial Complex* (Boston, Houghton Mifflin).

Rodgers, Eugene (1996), *Flying High: The Story of Boeing and the Rise of the Jetliner Industry* (New York, Atlantic Monthly Press).

Rohde, Joachim (2004), 'The Transfer of American Military Technology to Germany', Junker, Detlef (ed.), *The United States and Germany in the era of the Cold War*, 1945—1990. *Vol. 2 1968—1990: A Handbook* (New York, Cambridge University Press), pp. 163 – 170.

Rubinstein, William D. (1993), *Capitalism, Culture, and Decline in Britain, 1750—1990* (London; New York, Routledge).

Sakade, Takeshi (1996), 'NATO Nuclearization and Anglo-American Special Relationship', *Fudai Keizai Ronshu*, 42 (1), pp. 35 – 52.

Sakai, Akio (1998), *International Political Economy* (Tokyo, Aoki Publishing).

Sampson, Anthony (1977), *The Arms Bazaar* (London, Hodder & Stoughton).

Sampson, Anthony (1992), *The Essential Anatomy of Britain: Democracy in Crisis* (London, Hodder & Stoughton).

Sasaki, Yuta (1997), *The British Empire and the Suez War* (Nagoya, The University of Nagoya Press).

Segell, Glen (1998), *Royal Air Force Procurement: The TSR.2 to the Tornado* (London, G. Segell).

Servan-Schreiber, Jean J. (1968), *The American Challenge* (New York, Atheneum).

Shibazaki, Yusuke (2009), 'Technology Collaboration with Europe and British Policies towards Europe: The European Technological Community in the Late 1960s', *International Relations*, 157, pp. 156 – 169.

Simons, Graham M. (2012a), *Bristol Brabazon* (Stroud, History Press).

Simons, Graham M. (2012b), *Concorde Conspiracy: The Battle for American Skies 1962—1977* (Stroud, History Press).

Simons, Graham M. (2013), *Comet!: The World's First Jet Airliner* (Barnsley, South Yorkshire, Pen & Sword Aviation).

Straw, Sean and Young, John W. (1997), 'The Wilson government and the demise of TSR – 2, October 1964-April 1965', *The Journal of Strategic Studies*, 20 (4), pp. 18 – 44.

Thayer, George (1969), *The War Business, The International Trade in Armaments* (New York, Simon & Schuster).

Thornton, David W. (1995), *Airbus Industrie: The Politics of International Industrial Collaboration* (Basingstoke, Macmillan).

Tomlinson, Jim [2000] (2001), *The Politics of Decline: Understanding Postwar Britain* (London, Pearson Education Limited).

Trachtenberg, Marc (1999), *A Constructed Peace: The Making of the European Settlement, 1945—1963* (Princeton, N. J., Princeton University Press).

Verhovek, Sam Howe (2010), *Jet Age: The Comet, the 707, and the Race to Shrink the World* (London, Penguin Group).

Watanabe, Shouichi (2021), 'The Anglo-American Military Aid negotiations in South Asia', Yokoi, Katsuhiko (ed.), *Indigenous Armaments Production and International Assistance in Cold War Asia* (Tokyo, Nihon Keizai Hyoronsha Ltd.), pp. 199 – 232.

Wenger, Andreas (2007), 'NATO's transformation in the 1960s and ensuing political order in Europe', Wenger, Andreas, Nuenlist, Christian and Locher, Anna (eds.) *Transforming NATO in the Cold War: Challenges Beyond Deterrence in the 1960s* (London, Routledge), pp. 221 – 242.

West, James (2001), *The End of an Era: My Story of the L – 1011* (United States of America, Xlibris Corporation).

Wiener, Martin J. (1981), *English Culture and the Decline of the Industrial Spirit, 1850—1980* (Cambridge, Cambridge University Press).

Wood, Derek (1986), *Project Cancelled: The Disaster of Britain's Abandoned*

Aircraft Projects (London, Jane's Publishing).

Worcester, Richard (1966), *Roots of British Air Policy* (London, Hodder & Stoughton).

Young, John W. (1997), *Britain and the World in the Twentieth Century* (London, Arnold).

Young, John W. (2003), 'Technological Cooperation in Wilson's Strategy for EEC Entry', Daddow, Oliver J. (ed.), *Harold Wilson and European Integration: Britain's Second Application to Join the EEC* (London, Frank Cass), pp. 95 – 114.

Young, Nancy Beck (2000), *Wright Patman: Populism, Liberalism, and the American Dream* (Dallas, Southern Methodist University Press).

Zimmermann, Hubert (2000), 'Western Europe and the American Challenge: Conflict and Cooperation in Technology and Monetary Policy, 1965—1973', *Journal of European Integration History*, 6 (2), pp. 85 – 110.

Zimmermann, Hubert (2002), *Money and Security: Troops, Monetary Policy, and West Germany's Relations with the United States and Britain, 1950—1971* (Cambridge, Cambridge University Press).